大贺莲

大贺莲 花开世界

日本的莲花外交

〔日〕大下英治——著

李斌瑛——译

特约编辑——林昶

清华东方文库

社会科学文献出版社
SOCIAL SCIENCES ACADEMIC PRESS (CHINA)

大賀蓮　世界に花開く

題字

衆議院議員

二階俊博

　1947 年 7 月，从位于千叶县的东京大学检见川厚生农场（现东京大学检见川综合体育场）出土了丸木舟，四年后挖掘出"古代莲"的莲子

　　　　　　　　　从检见川泥炭地挖掘出的丸木
　　　　　　　　舟，当时一起出土了莲的果托

大贺莲的莲子

莲的果托（莲蓬）

　　在大贺莲的莲子发掘地修建的"大贺莲发掘碑"（东京大学检见川综合体育场，1964 年 7 月 18 日建成）

大贺池 第一回 観蓮会 昭和 38 年 7 月 27 日

日高郡美滨町三尾的大贺池第一届观莲会

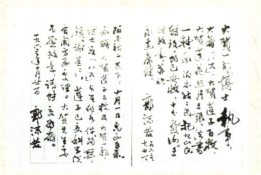

为感谢阪本向中国赠送 100 颗大贺莲的莲子，郭沫若给大贺与阪本寄出的感谢信

大贺出版的《与莲相随六十年》

大贺多次访问阪本家；当时大贺博士与阪本佑二在美滨町的大贺池

阪本弘子携带阪本的遗照在杭州；1982年，以二阶为首、由作家神阪次郎担任团长的"和歌山县传统文化访华团"访问中国杭州

在美滨町大贺池池畔建立的大贺与阪本的表彰碑

"荷风千里"——阪本

"莲为和平之象征也"——大贺

大贺莲

阪本为了证明大贺莲的古代性发现花粉四分体，1979年在日本花粉学会发表

平池绿地公园的观莲会（一）　　　　　平池绿地公园的观莲会（二）

大贺莲·舞妃莲

大贺莲开花

6 月 17 日早晨，在纪之川市平池绿地公园的大贺莲池中拍摄了从花蕾到开花时的情景
随着朝阳绽放的莲花极其神秘，令人感受到花的生命（纪之川市提供）

上午 5:45　　　　　上午 5:53　　　　　上午 6:02　　　　　上午 6:26　　　　　上午 6:45

据说大贺莲的每一朵莲花大约绽放四天时间；由于第二天进行授粉、受精，所以莲花愈加芬芳，第二天绽放的莲花迎来最美丽的时刻

上午 6:48　　　　　上午 7:02　　　　　完全绽放

　　二阶在"大贺莲日中文化交流纪念馆——博鳌东方文化苑之莲花馆"的开园仪式上致辞（2005年3月25日）

中日友谊莲

在博鳌东方文化苑绽放的大贺莲

访问印度人民党总部，与人民党干部拍摄纪念照（2004年7月）

与自民党原干事长古贺一起在印度人民党总部种植大贺莲

醉妃莲

在缅甸的池塘中绽放的大贺莲

在日本驻卡塔尔大使官邸中身穿民族服装种植大贺莲的二阶；右边为日本驻卡塔尔大使堀江（2005年4月）

白光莲

青菱红莲

成田国际机场公司为了打造与国际观光交流门户相符的场所，计划在机场第一航站楼的大楼前修建以大贺莲为中心的日式庭园

目 录

第一章 古代莲

一千两百年前的莲子还活着？

1950 年初，关东学院大学的学院长坂田佑邀请了被誉为"莲博士"的大贺一郎。

"你能来我们大学教书吗？"

坂田与大贺都是内村鉴三的门生，两人交情甚笃。坂田不忍看到大贺不谙营生之道的困窘生活，向他伸出了援助之手。大贺获得了教授的头衔，每周一次在工学院教授通识教育的植物学课程。尽管每个月的薪水只有大约 5000 日元，但对没有收入的大贺来说是颇为宝贵的了。

时值 3 月，国学院大学教授、考古学家大场磐雄送给大贺一颗古老的莲子。

"这颗种子是化石，应该已经死了。送给你用来做试验吧。"

盛装在大约一千两百年前的须惠器之中的这颗古老莲子，于 1932 年在千叶县滑川附近的水渠工程中出土。须惠器是从朝鲜传入的陶器原型，日本从古坟时代到平安时代中期生产。莲子似乎是作为食物储蓄下来的，据说须惠器里塞满了古老的莲子。

大贺心头一震。

"啊！这次的莲子有可能拥有一千两百年的生命。"

1917 年，大贺前往满洲（中国东北地区）的大连，在"南满洲铁道中央研究所"（"满铁调查部"）任植物班主任一职，从事古莲子的研究。当时在普兰店发现了古代莲。不过，以附近的情况为证据，仅能判断出其年代为大约五百年前。

然而，这颗莲子是放在陶器中的，所以可以得知它是一千两百年前的产物。普兰店的莲子由于不清楚年份，反而觉得省心。而这次的莲子，可以明确地说，年代十分古老。

大贺首先测定莲子，为其描绘写生等，后来他终于下定决心切开种子皮，尝试发芽试验。

1950 年 5 月 28 日，大贺种下莲子。

6 月 1 日，莲子出人意料地发芽了。大贺不由为之雀跃："这可是不得了的事情啊！"

中国古代莲子

满洲时代，大贺曾在普兰店发现了古代莲子，当时他"预言"莲子惊人地"长寿"，没想到自己竟能在有生之年目睹这一"预言"实现。大贺喜极而泣。

大贺说："这颗一千两百年前的古莲子的发芽，让我始料未及地在有生之年看到了自己二十五年前预言的实现。这一瞬间，我切身体会到了端坐瞑目、感泪滂沱。"

"二十五年前的预言"是指大贺在 1923 年拜访东京大学恩师藤井健次郎，将普兰店出土的古莲的相关论文提交给恩师阅览时，藤井所说的一番话语：

"今后，人们在写作关于种子的长寿的论文时，相信他们必然会首先引用这篇论文。你也会因此名扬天下。"

大贺已经 67 岁了。所以，他想将萌芽的莲子交予他人管理。

他突然想到了一名女学生。大贺当时在鸥友学园女子高级中学担任外聘讲师，每周一次教授生物课。因此，他想起了一名担任班长的、头脑聪明的女学生。于是，大贺委托她来管理莲子。

然而，聪明反被聪明误。这名女学生对大贺所说的话全盘接受。以前，女学生们曾问过大贺：

"用什么施肥比较好呢？"

大贺回答说：

"用鱼就可以了。"

女学生还记得大贺的这番话，于是她立刻在土中埋入了生的沙丁鱼。之前顺利生长的莲逐渐开始枯萎，叶子也有点儿变黄了。

在将莲子托付给女学生一周后，大贺前来上课时还一心挂念着莲的生长情况。然而，莲已经枯死了，水也散发出恶臭的气味。

大贺看到这一幕，忙叫来女学生，询问事情始末后惊呆了。

"它已经枯了！这下麻烦了……"

女学生买了四个鱼头给莲当肥料。但当时正值盛夏时节，鱼头都高度腐烂了。

本来往盆里施肥是将晒干的鲱鱼或是沙丁鱼扎入旁侧，然后将煮过的大豆埋入接近根部的泥土中。沙丁鱼和鲱鱼作为磷肥、大豆作为氮肥使用。如果施肥过多的话，莲就会枯萎。鲱鱼肥料要少一点儿比较好。女学生将生的沙丁鱼埋入土中，导致沙丁鱼腐烂、分解，阻碍了根部的呼吸作用。

此时，《朝日新闻》的记者木村庸太郎来采访大贺。

"你肯定有些什么发现吧，请告诉我。"

大贺摇了摇头。

"不，没有这回事。"

但记者依然不肯罢休。

"这事是大场老师说的，你正在做些什么吧。"

大贺只能向他坦白事情的原委。接着，7月10日的《朝日新闻》上登载了《一千两百年前的莲子依然存活》一文。

对大贺来说，莲子的消息登上报纸固然是值得高兴的事，但苦恼的是莲子已经死了。莲叶还青着，原想着这样就够了，但是莲毕竟死了。报纸上写还活着，但实际上已经死了。不久后，莲变得越来越黑。

这颗长出了莲叶的一千两百年前的古莲，6月1日发芽，之后长出浮叶五枚，最终在发芽后50天的7月19日枯死。

大贺震惊得迟迟回不过神来，三天三夜无法入眠。他也没法责怪受自己委托管理莲子的女学生，只有怀着"犯了不可挽救的错误"的心情一直向上帝祈祷。

三天后，大贺回想起其师内村鉴三《给后生的最大遗物》中描述的托马斯·卡莱尔的事迹，内心终于平静了。卡莱尔是英国评论家、历史学家、思想家，他的著作《法国革命史》奠定了其作为历史学家的地位。有一天，稿子凌乱地摆放在桌上，女仆误认为是无用的草稿，于是将所有稿子都烧掉了。卡莱尔一时灰心至极，魂不守舍。但他最后终于鼓起勇气重新写作，完成了比烧毁的稿子更加优秀的著作。

大贺受到这个故事的鼓励，认识到重新再来一次就好。

突然，大贺的脑海中浮现出曾经的记忆。

那是位于吉祥寺井之头自然文化园中的武藏野博物馆。

"我记得那家博物馆中陈列着枯萎的莲花果托呀。"

在这件事发生后不久，大贺访问了东京都的武藏野博物馆。没错，莲花果托和丸木舟一起在博物馆中展览。

回顾 1947 年 7 月，人们从位于千叶县的东京大学检见川厚生农场的泥炭层下方 7 米处出土了丸木舟。这里是采掘用于燃料的泥炭的地方。

在第二次世界大战中，由于燃料不足，东京都与农林省计划在东京郊外 50 公里以内的地方采掘泥炭。泥炭是几千年前的草沉入地下，因没有完全分解掉而堆积形成的产物。据说，其生成速度是百年沉积 10 厘米。虽然泥炭质量不好，但在当时是宝贵的燃料。采掘泥炭的场所选择在检见川的泥炭地，东京都将采炭工作的事业委托给东京都燃料林产公会"东燃"经营。由于泥炭地覆盖了东京大学检见川农场内整片广阔的低地，所以东京都经由大学批准后进行采掘与设立事务所。当然，附加了在业务结束后将地形恢复原状的条件。

工人们将泥炭切成方砖一样的大小挖掘，使其干燥后易于搬运。这些泥炭被堆积在卡车或货车中，运往东京用于制作蜂窝煤、煤球。

此外，利用泥炭吸水的性质，还能将其施给盆栽与田地，用来保持肥料。当地将这种泥炭称为"化土"，东京都则为其取名"草炭"，工场事务所上悬挂着"检见川草炭工厂"的招牌。

由于使用铁锹就能轻松地挖掘草炭，所以只要顺利地用泵排水，挖掘工作并不困难。1947 年 7 月，人们在挖掘草炭的作业中发现了丸木舟。

东京都通知了各大学挖掘出丸木舟的消息。庆应大学和东洋大学参与其中，东京都与这些大学开始进行共同开发事业。

挖掘出的丸木舟呈细长形，长 6.5 米，宽 0.5 米，总共有三只。其中有两只顺利出土，而第三只在快要出土时折断成两半。埋在地底深处的丸木舟一直浸在水中，变得十分柔软。无奈之下只能停止挖掘剩下的一半，将其放置于原处。用铁锹可以将舟切裂。等其干燥后，就像石头一样坚固，像炭一样黑，用铁锹也切不动了。

根据三方分担的金额，两只完整的丸木舟由东京都与庆应大学带回，而损坏的那只由东洋大学领取。听说当时现场的水面上漂浮着各种各样树木的种子，尤其是莲子等。东洋大学也用水桶装了一堆种子回去，但之后帮忙的人觉得麻烦就丢弃了。

根据调查的结果，丸木舟是两千五百年前的产物。由于丸木舟本身几千年来一直保持同样的形状，没有发生进化，所以难以确定年代。

但是，与丸木舟一起出土的有一支桨，这是十分罕见的。桨的花纹是用石器削磨的还是用金属削磨的成为决定年代的关键因素。

不久，考古学家、国立音乐大学教授甲野勇判定这支桨是用石器制造的，因此判断其是两千五百年前绳纹时代后期的产物。从同一地层出土的舟也被判断为同时代的产物。

调查结束后，丸木舟被保管在武藏野乡土馆等处。

大贺一郎在武藏野博物馆偶尔看到后得知，当时莲的果托也一起出土。

丸木舟或许是古代当地人为了摘取淡水池塘中生长的莲等作为食物而制造的工具。

从检见川泥炭地发掘的丸木舟

从丸木舟出土的场所朝花园的方向看，会发现旁边有隆起的山冈。山冈的斜坡为埋有大量贝壳的贝冢，还发掘出了竖穴住居遗址。

该贝冢是五千年前的贝冢。其中埋藏的贝壳叫作灰贝，如今在关东已经见不到踪迹了，它生存于温暖的海洋中，有点儿像扇贝。现在，人们在冈山儿岛湾、九州有明海等温暖的海域养殖这种贝作为食用。关东的气候，五千年前似乎比现在更加温暖，海湾的当地人曾经取海中的贝壳为食。之后富士山喷发，灰土飘落在大海与陆地上。落在陆地上的灰土堆积成当地的关东垆埲质土层。落在海湾的灰土，一些随着海水流出，还有一些在位于海湾口的稻毛与幕张之间堆积成一条线，隔断了整条海湾。这时印幡沼的花见川的河水流入，使海湾变成了淡水池。池里长有莲花，当地人摇着丸木舟来摘取莲子。这是三千年前的事情了。

在当地的正北方可以看到关东垆埒质土层的悬崖。挖掘这片低湿地时，从表面挖出 60 厘米厚的土壤后，其下方是 4 米厚的泥炭层。在泥炭层的下方是 30 厘米厚的青泥层，这曾经是池塘里的泥，丸山舟和果托正是从这里出土的。

再往下是厚 30 厘米的黑土层，这是由落下的火山灰堆积、压缩而成的。其下方是 13 米厚的海底黄砂层。从地层上看，三千年前火山灰飘落在这片海湾，使得海湾封闭。

新的莲子果壳表面十分粗糙，而古老的莲子则表面光滑，带有光泽。五百年以上的莲子表面都泛着同样的光泽，所以光从表面不可能分辨出莲子是五百年前还是一千年前的产物。

不过，与舟、桨同时出土的果托同样也被认为是两千五百年前的产物。莲的年代只能依靠丸木舟的年代来确定，但这带来了极大的启发。

大贺马上去往乡土馆。丸木舟陈列于乡土馆的中央，上面放着一个盒子，盒子里盛装着莲的果托。

大贺看到果托后，在心里确信了：

"只要挖掘发现丸木舟的检见川泥炭地，肯定会有莲子。"

千叶县东京大学检见川厚生农场（现东京大学检见川综合体育场）

大贺向担任乡土馆主任、研究员的吉田格询问了详细情况。

此外，他还访问了参加丸木舟的挖掘并对年代进行判定的甲野勇。

"还有没有莲子留在甲野教授您这儿呢？"

在发掘丸木舟时，甲野也觉得莲子十分珍奇，于是尽可能地带了一堆回家。

但是甲野记不得把莲子放在哪儿了。他想着会不会是在书斋里，但寻找后一颗也没有发现。

"好像是觉得碍事，就都给丢了。当时的确是有莲子。"

大贺夜不能寐，他在心中思索：

"正是这个。这次一定要……"

1950 年秋天，大贺单手拿着一把铁锹来到检见川。放眼眺望，发掘出丸木舟和果托的遗迹已经成为广阔的原野。挖掘草炭的痕迹呈现出凹凸形状，处处留着收获稻米的迹象。

大贺并没有因为这番情景而灰心，他再次下定决心：

"就挖这儿了。既然有果托，这里头肯定会有莲子。"

大贺亲自开始挖掘。然而，他毕竟拖着 67 岁的衰老身躯，光凭一己之力实在是无济于事。

挖掘古代莲子

1950 年秋，位于东京大学检见川厚生农场一角的穗积建设的氏家为了进行平日的业务联络，拜访了高野忠兴。

高野从 1948 年 3 月开始担任厚生农场的管理人。他受学生部厚生课管辖，工作是种番薯、挤牛奶、种花生提供给员工与学生。

高野出生于兵库县赤穗，1945 年毕业于东京大学文学院，从研究生院毕业后曾去往北海道就职。但后来由于战争愈演愈烈，他被征召至满洲，后被扣留在苏联，直到 1948 年才复员。

穗积建设负责农场内沼泽区域的填埋工程，氏家是工程事务所的主任。当时，穗积组负责印幡沼排水开垦的工程。

氏家完成业务联络后，对高野说：

"我前些天碰到一位自称研究植物的老先生，他说了些奇怪的话。说是挖掘这块湿地的话，会发现莲子。他希望给他挖出莲子来。"

"莲？"

"是的。我跟他说，因为这里是东京大学的土地，所以要挖的话需要大学的许可。他好像是研究莲的老师。"

老先生所说的湿地，正是穗积建设现在要填埋的地方。那里原来是一片低湿地，生长着茂盛的芦苇等植物，附近的朝鲜居民开垦了一部分区域作为水田。当然，里头连一株莲花都没有。

高野不解地心想：

"为什么挖那儿会出现莲子呢？……"

总之，学者想要研究植物。既然这家农场是大学的一部分，就应该为其提供帮助。

高野对氏家说：

"这样吧，下次如果那位老师再来的话，跟他说让他来这家事务所好了。"

又过了一阵子，在一个秋高气爽的晌午，一位客人拜访了高野。他便是氏家所说的那位研究莲花、头发半白的老先生，手里还拿着铁锹。

高野与这位自称大贺一郎的老先生在事务所的阳光房中交谈了一个小时左右。

高野听到大贺的梦想，惊讶得目瞪口呆。

"我自己用铁锹去挖过了，但是完全不行。能不能请你帮忙在农场挖掘一下？或者能不能请青年团的人来挖掘，或是请中小学校来帮忙？"

听到这番话，高野恍然大悟。

"这位老先生还停留在过去的感觉，以为日本还和战前一样。"

当时正值战后不久，社会上频频发生叫作"某某事件"的凶恶事件。而且这一年的6月25日爆发了朝鲜战争，日本依然处于群情骚然的状态。表面看上去十分平静的这家农场，实际上也迎来了许多商人造访。

"养牛怎么样？挤牛奶可以卖个好价钱。"

"在这家宽阔的农场里种栗子吧。卖栗子的利润平分。"

"养猪吧！"

"养鸭子吧！"

大家都在念叨着听来很诱人的赚钱经。诚然，进行生产并没有错，但这些人说的全都是关于如何做生意、赚钱的内容。

可眼前的这名博士却如此不谙世事，这令高野感觉十分奇妙。在这动乱不堪的世道中，还有人在严肃地思考与实践这么荒谬的事情。高野在感觉惊讶的同时，也深感钦佩。

"跟赚钱没有一点儿关系的事情，这位经验丰富的伟大学者还真会说一些像梦想一样的东西啊……"

然而，高野的心弦被他的这番话触动了。在思考埋藏在地底深处的莲子时，大贺的梦想逐渐感染了高野。

高野请大贺再次过来，并向他询问：

"老师您说想要挖掘，您想怎么去挖呢？"

大贺回答说：

"府中妇女会捐给我 1 万日元作为基金，用这笔钱来挖吧。"

高野心想，仅凭 1 万日元肯定是不够，于是说"问问穗积组吧"，当天就与大贺道别了。

高野马上拜访了穗积组，向其询问：

"埋着莲子的地层说是在地下 5 米，要挖 5 米需要多少费用？"

氏家回答说：

"我看花一周时间就能挖出来，费用在 5 万 ~ 6 万日元左右。"

1 万日元果然不够。但是大贺无论如何都希望挖出莲子来，之后他又去了三趟农场。

高野接待并且回复了他。可是大贺只是一个劲儿地说："我想要挖，帮我去挖。"好像要把其他事情都托付给高野一样。

高野也开始有点儿后悔了。

"我完全可以拒绝这事。不，我就应该明确地拒绝，把博士赶回去。"

不花钱就让人挖掘大学里的土地，而且是借农场的力量来挖，这是不可能的事情。而且他还自顾自说什么让人想办法用 1 万日元来解决需要花费 5 万 ~ 6 万日元的问题，让人想办法去找当地团体来效力。在这荒乱的战后时代，根本就不可能做到。

然而，看到大贺如此地热情，又如此地无依无靠，高野心中不禁萌生出怜悯之情，不由自主地开始慢慢地照顾着他了。

结果，高野实在做不到彻底拒绝大贺。这位老博士身上的某种精神令人无法弃之不顾。

这正是这一时代最为欠缺的对明天的梦想与希望。在这个连生存都十分艰难的时代，看到大贺将光辉的希望与梦想寄托在唤醒沉睡了几千年的莲的生命当中，高野的心灵被深深地震撼了。他逐渐开始理解，大贺是一位通过莲追求真理的虔诚的基督教徒。

高野绞尽脑汁地思索挖掘费用的问题。大贺本人对金钱没有任何概念，所以高野只能替他日夜思考。

有一天，他突然想到去访问《千叶新闻》的编辑局局长。见到主编加濑后，高野向他介绍了挖掘莲子的计划。加濑马上点头同意，接着他的话说：

"这种意义重大的工作不应该在小范围内进行，不如广泛地向社会呼吁，去获得社会各界人士的帮助吧。尽管我的力量有限，但也想尽量提供帮助。你也去各大县市，尽量呼吁更多的人来帮助你吧。"

来自加濑的意料之外的鼓励，给高野带来了极大的鼓舞。高野从未感觉如此高兴。原本以为加濑会简单干脆地拒绝自己，完全没想到他竟然二话不说答应了，而且还给予自己莫大的鼓励。

"能够遇到加濑先生可真是幸运啊！"

高野听从了加濑的意见，鼓起勇气四处奔走，拜访了各大县市。因为是在当地活动，所以高野成了大贺的向导。

然而，当时人们并不熟悉大贺的名字。仅仅在报纸上提到过一次，他曾经让滑川出土的古代莲子发芽，可那棵莲也枯死了。

听说他希望从沼泽地中挖出莲子，有些人十分吃惊，有些人则说：

"这又赚不了钱，他想干嘛呢？"

而千叶县的态度则不同。教育厅的社会教育课主管平野元三郎专员答应与其会面。

原来，平野也是一名考古学家。在高野详细介绍了事情的始末之后，他理解了大贺的心愿，并爽快地伸出援助之手。

"以前我亲自挖掘过遗迹，但是挖掘植物还是首次。不管这是天然纪念物也好，还是文化遗产也好，都是史无前例的事情。"

在平野的安排下，此事转达给了隆高鉴课长、太田德藏教育长、长户路政司教育委员长等人，并得到了相关人员的理解。

而且，高野申请的6万日元补助金也发下来了。如果是向东京大学申请的话，通常会是削减金额或是不同意通过。

高野十分感激。

"发放了申请的金额，真是感激不尽啊！"

后来才知道，这6万日元是从当时挖掘木更津的金铃冢古坟的预算中割爱分拨出来的。这座古坟据推定是建造于7世纪飞鸟时代的前方后圆坟。当时担任社会教育课课长的隆高鉴，是以传说中狸子敲打肚子模仿祭祀音乐而闻名的木更津证乘寺的住持。为了发掘当地的遗迹，他定是比平常更加努力。想到 6 万日元是从这笔预算当中割爱的，高野深觉过意不去。太田教育长对这一决定抱有特别的好意。凑巧的是，太田与大贺都出生于冈山吉备町，不过这是在高野他们收下补助金之后才知道的事情。高野一个劲儿地对他们表示感谢。

1951 年 2 月末，高野带着县里发放的补助金来到穗积组的现场事务所，将这笔钱交给了氏家主任。

"我从县里拿到了补助，能用这些钱来挖掘吗？"

氏家一口答应了。

"没问题，开始挖吧。"

但是，大学当局却以冷眼看待高野。

"真是会做些没用的事情，吵得学校不得安宁。"

大贺本人也遭到周围人的取笑。

"说些什么痴人说梦的话，你也真是个笨蛋。听着浦岛太郎的故事把它当真了吧。"

"说是花了 6 万日元，真会做些蠢事啊。"

大贺找到测定了检见川出土的丸木舟与桨的年代的甲野勇，和他商量：

"甲野先生，我拿到千叶县给我的 6 万日元，想要挖掘检见川的土壤。你来帮我吧。"

甲野答应了他：

"好，我们一起去吧。"

大贺与甲野去往检见川，确认了出土丸木舟的地点。

出土丸木舟的地方后来积满了水，变成了很深的沼泽地。其他挖掘痕迹很多也成了沼泽。战争结束后，东燃中止开采并且撤走了。这些遗留的大片沼泽地，依稀残留着战时开采的痕迹。

高野作为当地的管理者，再三向东燃、大学和东京都交涉，希望填埋这些沼泽，使其恢复原状。但是这件事需要从下至上分步实施，而且还牵涉到填埋费用的问题，所以进展一直不顺利。

这时发生了一起不幸的意外事故。在夏日已过、凉风习习的一个黄昏，两个小孩淹死在某个沼泽里。高野无比悔恨地想，他们为何会在冷风袭人的日子里游泳？只有两个小孩在，他们大概是在芦苇繁茂的沼泽中游着游着陷入深处被淹死了吧？因为谁也没看到他们，所以到了傍晚时分才被人发现。这样就只能怨恨当地的管理人了。于是，村民们的怨恨集中到高野身上。发生了这种事，高野也没法争辩，只能低头向村民们赔罪。

高野因为这起事故向东京都提出强烈的抗议，东京都终于让步，同意为其提供填埋的工程费用。填埋用土决定使用农林省在当地进行的印幡沼排水开垦工程中挖出的疏浚土。

这一工程由穗积组承担。穗积组继东燃之后建立了事务所、工厂，在用地内铺设铁轨，开始了重新填埋的工程。该工程的进展十分顺利与迅速。

大贺来的时候重新填埋已经基本完成了。要挖掘已经填埋好的地方需要花费资金，而大学并没有多余的预算。

挖掘莲子的工程从 1951 年 3 月 3 日开始，由直属的近藤组来负责这一工作。

近藤泰次郎率领 25 人，他们的工作十分出色。工人们都是来自青森县八户的精力充沛的人士。氏家估计工作时间大约为一周。选择 3 月开工是有原因的。在干燥期的 3 月，湿地容易挖掘。

大贺开始记录《千叶县检见川挖掘日记》。在 3 月 5 日一项中，他记录了以下内容：

> 3 月 5 日　晴　上午 9 点　大贺前往现场
> 上午 9 点 20 分　千叶县教育课平野氏、关氏、石桥氏到来。
> 　　9 点 25 分　东京大学考古学教室的中川氏到来。
> 　11 点 05 分　武藏野博物馆的甲野氏、吉田氏到来。
> 　　　09 分　七中校长铃木三郎氏到来。
> 　　　10 分　所有人都前往现场。
> 　　3 日、4 日两天，开始在以前发掘丸木舟的场所挖掘，但因作业困难，所以将挖掘的场所向内移动 55 米，不过中间有两条小沟，因此避开小沟，从中央向外偏南部的地方挖掘 4 米角，由 9 名工人挖掘。

挖掘地点是在检见川遗迹往北 50 米左右的地方。因为决定好了挖掘场所，所以工人们马上在 16.5 平方米、10 块榻榻米左右大小的地方做了木框架，往下进行挖掘。丸木舟所在的地层是表土草炭层下方的青泥层。

由于是湿地，所以挖了一会儿后底部会有水积留。必须一直用水泵排水。晚上停止发动水泵，但是一到早上，工程中挖的洞好像水井一样盛满了水。直到中午才能抽完水，让近藤组的工人们钻进洞里去。

此外，尽管选择了干燥期的 3 月，但自挖掘开始后持续下雨，工作完全没有进展。

挖了大约 60 厘米厚的表土之后，就是草炭层。草炭层大约 4 米厚，这里让人费了好大一番功夫。之前没有人知道草炭的性质。草炭是在地下含有水分、呈现出类似于丝棉状的土壤。如果在这里挖个洞将积留的水抽出来的话，周围大量海绵状的草炭就会漉水，让水渗出来。由于湿地里的水极多，所以再怎么排水也无济于事。再加上大量的雨水，导致作业十分艰难。

一周时间的施工期是氏家主任等专家的判断。但是挖出来的土壤必须一块一块地挑拣。要从大量的土块中寻找像手指头一样大小的莲子，实在是难以找到。

于是，高野在千叶市亥鼻下的簸箕店里定制了数十个特别的簸箕。要用簸箕来筛选莲子需要更多的人手，高野找到附近学校的学生们来帮忙。

高野四下奔走，请求市教育长以及检见川、幕张、畑町的中小学校长给予帮助。其中当地离农场最近的千叶市立第七中学的铃木三郎校长爽快地答应了他的请求。

"好的，今后每天都来帮你们挖掘。"

老师和学生们都听从校长的安排，带着便当来帮忙。上午由男生、下午由女生负责筛选泥土。

大贺在工作前将准备好的莲子样品给学生们看，并向他们解释说：

"这个就是莲子，它是这种形状的。请从泥土中把它筛选出来。"

大贺还把莲子给穗积组的人看。

"我会把莲子放在试验管里培育。"

挖掘出来的土壤运往百米开外的地方，在那里进行筛选。每天 25 个人挖土、40 来个学生进行筛选。

高野看着这么多人辛勤工作的样子，心想：

"优秀的人能够迅速理解并做出决策。穗积组的氏家主任也好，近藤组也好，铃木校长也好，大家都是非常出色的男子汉大丈夫啊。"

大贺这一如同梦想一般的工作获得了周围人的共鸣，他的热情逐渐感染到每一个人。高野的内心深感惊奇。

然而，工程的进展并不顺利，一周时间肯定是不够了。资金只够使用一周。高野想要委托他们继续完成工程，但是没有资金的话实在没有办法。工程费用只有一开始县里给的补助金，因此没法维持下去了。

结果，穗积组自己承担所有费用，以义侠之举为其工作。这恐怕也是因为东京的穗积重二社长下达了善意的指示。本来向七中只寻求了一周的帮助，但一周时间马上就过去了，10 天、15 天，作业一直往后拖延。

在瑟瑟寒风中浸在泥水里筛选莲子，对老师和学生来说是十分艰难的工作。无论怎么筛选，都没有发现莲子。

老师们好几次试探着询问高野：

"要不就别做了吧？"

但是，铃木校长顶住压力，每天都派遣义务劳动组。他极其重视一开始的承诺。

高野心想：

"虽说也得到了市教育厅的同意，但是这一英明果断的行为真不是以教育课程为金科玉律的普通校长能够仿效的啊！"

大家都坚守"男子汉的一言"，即使高野沉默着不好意思再向他们请求，他们依然坚持工作到发现莲子的那一天。高野被他们的精神深深地折服。

终于发现了古代莲！

大贺召集了一批研究者。考古学家甲野勇教授、井之头自然文化园乡土馆的吉田格研究员、国立科学博物馆馆员尾崎博课长，还有东京大学地质学教室与资源科学研究所的人士等等，每天十几个人来到农场，住在高野那儿。高野必须准备好被褥、私下流通的大米、餐具等生活用品，于是他找到畑町当地最有声望的世家伊原茂，希望得到他的帮助。伊原茂是町内的长老，拥有很高的威信，同时他也是一位思想开明的文化人物。

得到伊原不遗余力的帮助，高野顺利地为研究者们购买了大米，并筹措了被褥、餐具。此后，在伊原的努力下，两千年的莲开出了第一朵莲花。他是提供了极大帮助的大功臣。

因为没有人来照顾大贺等研究者们的住宿、饮食，所以他们就都住在高野家里。原来计划是一周时间，所以高野心想，向伊原家借来被褥、餐具的话就差不多够了。

　　然而工程延长到三个星期，采购的资金也见底了。这样的话更加没法找人来代替。来帮忙的阿姨累得躺在地板上。高野的妻子原本做好了精神准备，但她慢慢地也沉下了脸，开始抱怨起来：

　　"一年的咸菜桶都被吃空了。"

　　高野也很担心。因为不是说今后会有一个明确的期限，而是要等到挖出莲子为止，所以他也束手无策了。

　　大贺也在犹豫是应该中止工程，还是应该继续下去。他找到甲野商量：

　　"是否应该就此作罢……"

　　当时日本实施的是定量供应制度，没法购买大米。而大贺的学生们也都借住在高野家里。大家都很饥饿，大贺也深切地感觉到高野夫妇极其为难。

　　因为洞穴是倾斜着挖下来的，所以洞穴越深，下面的空间就越狭窄。在进行作业的地方，由于洞穴太深，周围有可能坍塌，所以要将四棱木材或是木板敲入其中制成墙壁。工人们采用挖井的方式持续作业。洞底越来越狭窄。工人们将洞底的泥水装进水桶，用吊桶吊上去，丢在旁边。数十名学生各自将丢在一边的泥土装进簸箕中，带到附近的水塘边。由于这么久都没有发现莲子，学生们也不耐烦了，还有人故意在簸箕中留下石头给老师看，问："老师，是不是这个？"

　　大贺每天早上 5 点起床，在吃早饭前赶往现场，他在浸满水的作业场所附近独自祈祷。

　　每天的工作都以徒劳告终。老天爷像是嘲笑大贺的祈祷一般，又开始下起了大雨。在浸满水的现场，25 名工人和 40 来个学生每天忍受着寒冷拼命工作。谁都不知道这一天要持续到何时为止。

　　然而，最令人担心的是是否真能挖出莲子。高野目睹着每天浸水的现场，越来越觉得难过，最后他甚至不忍直视这一幕了。除了给人带路以外，他尽可能不去现场。但他一边苦于内心的纠结，一边心想：

　　"实在没法询问大贺博士是否继续作业。"

　　大贺也有自己的忧虑。他的内心藏着比高野的担忧更为严重的问题：

　　"究竟能不能从这个地方挖出莲子来？会不会莲子和果托出现在不同的地方？出土了果托，就会有莲子吗？……"

　　一般来说，莲生长在周围芦苇繁茂、水深 3 米以下的湖心中。盛开在湖心的莲花凋谢时会留下果托，果托中的莲子掉落水中后，只剩枯萎的果托漂浮在湖面。如果丸木舟里的果托是由西北季风吹至这个地方，与丸木舟一起出土的话，那就不会有莲子。

而且，就算能挖出莲子，也不能保证挖出时它还存活着。随着挖掘工程的进行，挖出了表土约60厘米厚、草炭约4米厚，其中发现有大大小小的菱果、赤杨种子、橡树种子，还检测出了松树的花粉。此外，还有一棵大松树横卧在其中。这些都浸在水中被软化了。可以轻松地用铁锹切断松树等，切口发白，用手指捏住时可以感觉得到里面的潮气。将其放在地上两三天后，会风干得硬邦邦，并且碳化成黑色。大贺以前培育过许许多多的莲子，但是从来没有埋藏在这么深的地底的莲子。看到挖出软化的植物，他不由得开始担心：

"莲子到底有没有裹在坚硬的外壳当中呢？如果软化的话，莲子就死了。就算没有软化，挖掘出带着坚壳的莲子，到底有没有生命也很难说……"

由丸木舟的年代可以得知，这块沼泽地中的莲是两千五百年前的产物。尽管大贺曾经培育过一千年以前的莲子，但从未培育过两千年以上的莲子。就算有莲子存活了一千年，但它是否能够存活两倍的时间达到两千年呢？现在地下的温度是12℃。大贺曾经发表过一篇论文，证明莲子在20℃的环境下能存活四百年，10℃能存活两千五百年，0℃则能存活一万年。温度高会导致莲子的生命消耗得很快。温度在12℃的话，莲子应该能存活两千年左右。这样算起来正处于莲子生命的极限时间，即生死未卜的分界线。

将这些条件列在一起，看上去挖掘出活着的莲子的可能性极低。大贺的担忧也是理所当然的。

大贺不断向上帝祈祷：

"上帝有灵，请保佑我完成这项工作吧！"

高野注意到，大贺早上起来后眼睛一直都很红。高野不管有没有活着的莲子，都一心希望能够挖出莲子来。

然而过了三个星期，依然没有任何收获。雨一直下，每天的努力都是徒劳无功。

自开始挖掘起25天后的3月27日，工人们挖到了草炭层的底部。土壤的颜色发生了改变。

28日，大雨。

29日，花了一天时间排水。

接下来是 30 日。

3 月份只剩下今天和明天了。在将近一个月的时间内，众人都在为了小小的莲子而不断地艰苦奋斗。今天也是一样，上午好不容易排完水，下午终于开始挖掘了。工人们挖出了青色的泥土。这是过去沼泽底部的青泥。像水井一样狭窄的洞底只能让一名近藤组的工人进去。挖出的泥土由七中小仓老师率领的小组来筛选。畑小学的校长也带来了一些学生，总共有 40 个人参加了筛选泥土的工作。

附近的水井商由于做买卖的原因对农场的土质十分熟悉。

"这里的青泥层大约有 30 厘米厚，下面的黑土厚约 30.3 米，最下层的黄砂厚约 1.2 米。"

今天挖掘的青泥层到晚上就肯定能挖完了。青泥下面不会有莲子。已经到了 3 月末，而且也挖到青泥层了。如果这样还挖不出来的话，再继续下去也只会徒增开支，给大家带来麻烦吧。

高野心想：

"就到此为止吧。"

既然如此，越早结束越好。

"但是，是我自己带头到处请求别人帮助。如今应该怎么开口才好呢？"

尽管高野没有露面的勇气，但是不能再这样拖延工程了。

高野下定决心向大贺说：

"还是停止工程吧。"

大贺的表情十分凝重。但他也没法反驳高野的判断，只能非常无奈地同意了。

这些天来，大贺和甲野都十分迷茫。

大贺对甲野说：

"还是停了吧。"

但甲野反对：

"不，继续下去。"

有一天，甲野向大贺说：

"停了吧。"

这次又是大贺反对：

"继续吧。"

两人这样纠结下去，最后钱和食物都没有了，耗尽了全力。

在这种情况下，高野决定自己一个人去通知大家。进行了一个月的大工程没法付钱就通知对方结束，实在是让人很难办，但这也是无奈之举。

首先他找到穗积建设在现场指挥的氏家主任。

"让您忙到今天，真的非常感谢。明天再做一天，这个月的工程就结束吧。"

长得像熊一样高大的氏家主任笑了笑，愉快地接受了。氏家说：

"我们的功夫都白费了呢。"

高野内心深处也觉得十分遗憾。他离开氏家的事务所，走在夜幕降临的道路上。这样总算了结了一桩事情。明天必须到帮助筛选泥土的七中铃木校长那儿打个招呼。高野在心里长长地吁了一口气，朝农场事务所走，到了坡道处。

正在这时，一片漆黑的道路对面传来呼唤高野的声音。

"高野先生！"

黑暗中，听到两三人急速走近的脚步声。

"高野先生！有了！有了！"

那是大贺的声音。但是，高野完全听不懂是什么事情。

"有了是说有什么了？"

高野正感觉奇怪时，大贺和女学生们的身影出现在夜色中。

"有了，有了！挖出莲子来了！这个！"

大贺伸开手掌，给高野看一颗莲子。高野在黑暗中没法看清黑色的小莲子，而且他已经决定彻底放弃了，所以一时没能反应过来。听到大贺的话语，他有种似梦非梦的感觉。

大贺兴奋地说：

"刚刚你往这儿来的时候，在一个女学生的簸箕里发现了一颗莲子。"

傍晚5点左右，七中一个名叫西野真理子的学生在簸箕里发现了一颗莲子。

高野终于理解了大贺话的意思。大贺想要尽早通知高野，欣喜若狂地拿着莲子飞奔了过来。为了发掘这颗莲子，实际上动员了2000人的力量。

高野兴奋地想：

"这可是不得了的事情啊！完全没有想到。难道这就是所谓的尽人事、听天命吗？"

只能认为这是天命，是神佛的庇佑。感觉像是有人在恶作剧一般，被其玩弄于股掌之间。

大贺报告给了东京大学校长南原繁。南原在内村鉴三的《圣经》研究会上是大贺的师弟，后来也是大贺的好友。

南原问他：

"花了多少钱？"

"不知道，很大的数额。好几万日元。"

"这一颗就花了好几万日元吗？不过，一颗没有什么用啊。"

在南原的建议下，工程继续进行。

第二天，大贺一反常态，一觉睡到上午 10 点才醒来。从他胖乎乎的脸上看得出睡眠很充足，平时眼里的红血丝也消失了。大贺在这一个月内一直居住在此地，每天一大早起来赶往现场。他的妻子歌子也住在这里，这一天返回了府中。大贺沐浴在早晨明亮的阳光中，久违地好好吃了顿早餐。

大贺满脸喜悦地对高野说：

"先去千叶，向县教育厅报告吧。"

大贺在饭后打开笔记本，记下了如下记录：

在检见川草炭地发现古莲子

场所　千叶市旭丘町东京大学检见川农场

出土层

3 月 3 日开始挖掘以来一直下雨，工程一直没有进展，比预定的时间超出了大约三个星期。

3 月 27 日　挖至草炭层底部。

　　28 日　全天　大雨。

　　29 日　全天　用水泵排水。

　　30 日　上午排水　出现青泥层。

　　　　　傍晚　经过黑土，挖至黄砂层。

情况

当天的挖掘由穗积组建设的近藤组负责。

从下午开始，市立七中、畑小学的校长以及老师、学生约 40 人进行了筛选青泥的作业。

作业一直持续至傍晚，在快要结束前，七中的女学生西野真理子终于发现了古莲子。这颗古莲子是四星期以来从地下十几尺的地方挖掘出来的，据推测，大约是 15 世纪至 25 世纪前的产物。

昭和 26 年 3 月 31 日上午

大贺一郎

正如记录中所述，傍晚 5 点左右，七中小仓老师组的一名叫西野的学生在簸箕中发现了一颗莲子。这名学生将其交给小仓老师，小仓老师拿给吉田格看，吉田又给大贺看，终于确认了这是一颗莲子。

小仓回想当时的情景说：

"当时大贺老师高兴的表情、喜笑颜开的样子，至今都难以忘怀。"

大贺欣喜若狂，他一手抓着莲子飞奔着去找高野。

大贺仰天长叹，喜极而泣。

"啊！检见川的大地啊！你的名字将因为发现了这一颗莲子而被全世界所知晓。"

在大贺记录的笔记《千叶县检见川泥炭层日记》的 3 月 30 日一项中，由助手记载了发掘莲子当天的情况：

3 月 30 日　星期五晴。

9：00　星氏来访。

11：20　从农场出发，去往现场。

排水后挖到青泥层。

11：40　大贺义彦、武子、宣彦到来。

第二高中的校内报纸记者到来。

《每日新闻》报的植月氏到来，前往现场。

14：30　大贺、吉田氏到达现场。

七中学生 9 名、教师 1 名到达现场。

从青泥土中采集木片、树种等。

17：10　七中一名学生（西野真理子）从簸箕的青泥中发现一颗莲子。

17：20　为了在休息一会儿后采集一部分最下层混有沙子的黏土，开始排水作业。由于软管无法伸到 4 米以下的位置，所以还留有一些水。继续作业无法达到预计的效果，只能中途放弃作业。

17：40 测量最深处土壤的温度。为 11℃。

大贺氏回家。

18：30 甲野、高野氏回家。两人访问了伊原家。其目的是因为没有发现莲子，找其商量善后工作。

听说发现了莲子，高兴至极。

关于莲子的年龄，甲野氏推测大约为一千五百年，吉田氏推测大约为一千五百至三千年。

19：10 给千叶县厅的长路氏打电话，告知他莲子的事情。

住宿者 大贺、吉田氏、道次。

来场者 星氏、大贺义彦、武子、宣彦。

甲野氏、千叶第二高中校内报纸记者、《每日新闻》：植月氏。

七中教师 宫原种晴。

学生西野真理子、加藤美代子、杉崎乔子、原阳子、信田启太郎、永见雅哉、成田和隆、山岸和夫、今野正夫 以上9人。

3月31日，大贺等人向千叶县教育长太田德藏等人报告，教育厅正式对外发布消息。掘开的洞穴已经快要坍塌，里面充满积水，而且比预定的时间超出了许多，整整经过了30天时间。人们都疲惫至极了。

但是，一颗莲子并不够，于是工程继续进行。

4月6日，太田教育长来现场视察，他目睹了从簸箕中挑出来两颗莲子。

《千叶县检见川泥炭层日记》中记录了当天的情况：

4-6（意为4月6日）

天有点阴沉，没有下雨。午后下小雨、大雨。

8：00 教育长·电话。

9：00 准备出去，但学生没有到。

等到10：30。

10：40 教育长与每日分局长共同来访。

10：50 七中二年级学生前来支援。由于老师、学生们不够紧张，有些生气。

11：00 讲话。11：16 结束。

　　11：20　开始工作，不久后发现1个果实，接着又发现1个。教育
长太田德藏氏大喜。和昨天相同的 PROCESS。

　　11：45　三年级学生前来支援。

　　12：04　向三年级学生演讲。泥放在泥筛的中部和南端。

　　12：10　教育长返回。

　　就这样，前后花了40天时间挖掘出三颗莲子。一开始挖出的莲子和后
来的莲子被分别装在玻璃小管中，以便区分。

　　结果，挖掘三颗莲子总共花费了50万日元，动员了2500人参加。这样
才挖出这宝贵的三颗种子。

　　大贺在挖出这三颗种子时，不禁潸然泪下。耗费了大量金钱与劳动力，
凭借人力只能做到这一步了。可以说，已经是以极限的力量来挖掘了。高
野也马上濒临破产。在这一节骨眼儿上，终于发现了一颗种子。大贺心底
感激不已：

　　"啊！上帝带给我恩惠。我会将自己的全部心血都灌注在这颗种子上。
啊！这颗种子。我将自己的一生都奉献给它。"

　　在《千叶县检见川泥炭层日记》末尾附有类似于值日表的名簿，其中
列举了值日人员的姓名。这些应该是与当时挖掘作业相关的人名，具体如
下所示：

　　大贺（一郎）、（大贺）嘉子、（大贺）道次、甲野（勇）、吉田
（格）、大和久（东京大学）、西村（东洋大学）、蒲田（立正大学）、
贝冢、（东京大学理学院）地理学教室：西下轮、鸟居、坂口（丰）、
平野（元三郎）、尾崎（博）。

有人就挖出来的莲子询问大贺：

"这个是死的还是活的呢？"

大贺回答：

"是活的。花会是红的呢。"

"你知道是红的呀？"

"当然知道了，这都不知道还怎么办。"

大贺到了朋友家，拜托他：

"马上帮我做个桐木箱子吧。"

朋友解释道：

"桐木得仔细研磨铊才行，挺难弄的。"

但是大贺听不进去。

"马上做！把别的工作先往后推推，马上研磨铊制作箱子。这个箱子会装着两千年前的莲子，你也会出名的。"

大贺对朋友的解释完全不管不顾，硬是让他制作了桐木箱。

大贺测量了古莲子的大小与重量。最初发现的莲子稍微大一点儿，但三颗莲子并没有太大的差别。莲子核内的含碳量一般来说是 0.04 克，而被发现的这些莲子增加到了 0.074 克。

在发掘出莲子一个多月之后的 1951 年 5 月 6 日，大贺在家中进行了古莲的发芽实验。

为了进行比较，大贺将三颗莲子中的一颗与自己去满洲时在普兰店出土的莲子以及不忍池产的莲子一起用剪刀切开果皮顶端，于下午 6 点 20 分一起浸泡于水中。

第二天 5 月 7 日的气温记录为最高 27℃，最低 10℃，平均 24.4℃。水槽内的水温调节为夜间约 20℃，白天约 28℃。理研文化电影社、日映电影社两家文化电影组来拍摄种子的发芽情况，他们分别负责三颗莲子中的一颗。

5 月 8 日，用于比较的出土于普兰店的莲子开始破裂。

5 月 9 日 3 点，三颗古莲中最早发现的莲子开始发芽，到了 5 点，芽生长了大约 2 毫米。《每日画报》1951 年 6 月 1 日号上刊登的照片揭示了种子的情况。

5 月 17 日，大正天皇的皇后贞明皇后卧病在床，却依然心系大贺。

"大贺的莲子有没有发芽呢？……"

贞明皇后在当天下午永辞人世。

三颗种子中有一颗不久之后枯死，另两颗成功地发芽生长。

6 月 12 日，大贺与高野将两颗莲子中的一颗长出的幼苗带去位于千叶市都町 760 号地的千叶县农业试验场，委托他们进行栽培。

之所以委托这家试验场栽培，是因为其位于本地，而且试验场的厂长竹马诚三郎是本县人，他对栽培一事非常配合。这时试验场的工作人员包括竹马、园艺研究室室长佐川美保、园艺研究室调查主任坂本石藏以及园艺研究室室员石渡英夫、野田健勇和水稻种植研究室室长林政卫。

带去千叶县农业试验场时，古莲子已经快长出第三片叶子了。计划先将其放入鱼缸中，之后移植到壶里。然而芽在鱼缸内变色，越来越衰弱，所以为其添加了水银剂，但是过了三四天还是枯萎了。

大贺接到这一通知后，说：

"还剩一株健康成长的幼苗。"

6 月 17 日，千叶县农业试验场的佐川美保和石渡英夫来到大贺家，大贺亲手将剩下的一株幼苗交给他们。

18 日准备好壶和土壤，19 日将其栽种在面积 0.25 平方米的混凝土水槽中。

大贺和石渡共同管理，为了预防害虫，将其改造成温室。里面放置了高 50 厘米、长 90 厘米的混凝土水槽。水槽里铺盖着从都町的田地里挖出的土壤，约 13 厘米厚，施水后将幼苗种植于其中。肥料使用的是硫酸铵等化学肥料，同时还使用杀菌剂波尔多液等，小心谨慎地防止病害。

一个月后，在温室里培育的莲子开始伸出细长的茎。

大贺看到莲苗壮生长的样子，不由喜极而泣。

到了 9 月下旬，莲生长出八片叶子，莲根长满了混凝土水槽。

大贺说：

"一般来说，从发芽到开花需要三年时间，但是看这情况估计明年就能开花了。"

每日新闻报社在《每日画报》中分两次详细报道了从一开始采访时的发芽情况。

莲在发芽的当年不会开花。第一年只会长出莲根，过了冬天，到第二年 4 月莲根会发芽，7 月开花。想赏花得等到莲子发芽的第二年了。这一年，大贺将苗壮生长的莲存放在千叶县农业试验场，让他们将莲培育长大。

1951 年 9 月 9 日，大贺在东京大学演讲时，放在休息室里的包被偷了。包里装着论文和 3000 日元现金。大贺的支持者大西伍一来到大贺家安慰他。

大西原以为大贺肯定很受打击，但没想到大贺轻描淡写地说：

"可惜了从东京大学借的书和写了两年的日记，论文倒是还能重写。"

在发生这一事件的三年后，也就是 1954 年 12 月的一天，曾经偷了大贺包的那名青年趁着大贺在东京大学公开演讲时来访，大贺给了他 2000 日元。

他还教导那名青年说：

"正因为自己拥有很深的欲望，所以才不吝赠予。我相信这样肯定会得到好报的。"

大贺只要看到熟人、朋友中有人痛苦或是苦恼，马上就会忘却自己的不如意，用自己的财产来救济他们。如果还不够的话，就亲自东奔西走寻求解决方法。他无私地奉献爱心，丝毫不求回报，并且从中感受到愉悦，真可谓是富含着爱与泪的人物。

取名为"大贺莲"

1952 年 4 月 7 日，在大贺的陪同下，千叶县农业试验场收获了莲根。莲根分为大中小三块，四节的长度约为 60 厘米，三节的长度约为 40 厘米，两节的长度约为 20 厘米。

大贺马上将这三块莲根中最大的一块交给东京大学检见川厚生农场栽种。这块莲根由高野来照料，一开始是种在阳光很好的地方，但是担心会被放牧的牛或马啃掉。这时高野想起当地世家伊原茂，在挖掘莲子时也曾经受过他的关照。伊原为人风雅，又担任了农业委员，对这一工作有所理解。高野心想：

"伊原先生肯定会细心地照料管理的。"

伊原欣然答应了高野的请求，五天后，莲根被迁往位于畑町 1996 号地的伊原的住宅。从厚生农场带来的莲根种植在一个内径 63 厘米、深 50 厘米的锅中，锅内装盛着田地里的土壤，陈放在庭院中向阳的地方。这个锅是由铁制成的，外侧覆盖着混凝土，以前先是用来酿造酱油，后来又作为储存防火用水的容器使用。

大贺式的栽培方法如下所示：

①往直径约 50 厘米、底部没有洞的容器里铺入约 10 厘米厚的泥土。如果使用的是田地或是庭院里的土壤，则需要去除石头、垃圾、杂草等，用簸箕筛选泥土，并用手来松土。使用市面上销售的荒木田泥土也行。

②将去掉头尾、劈开晒干的鲥鱼（两张半片算是一条鲥鱼）放在泥土上方中央，将两片稍隔一点儿距离平放，再往上盖 10 厘米左右厚的泥土。

③在平整后的泥土上平均地撒下大约 20 颗大豆（为了使其不会发芽，大豆需要稍微煮一下），再铺上 5 厘米左右厚的泥土。

④种植莲根时，要小心不要伤到芽，在土壤上面的中央处将芽面朝上，轻轻地铺上泥土。加土的标准是让芽在土下 3 厘米处。

⑤轻轻地沿着容器边缘灌水，使水浸透所有的泥土，并且覆盖 8~10 厘米的水。

伊原小心翼翼地注意着这根珍贵的莲根所受到的阳光、肥料和虫害等情况。

剩下的中、小莲根分别送往千叶市公园中的弁天池与千叶县农业试验场的水田栽植，但是都没能开花。

在伊原住宅中栽植的莲受到细心周到的照料，长势良好，于 1952 年 7 月 1 日左右长出第一个花蕾。

接着，在 14 日长出第二个花蕾。听到大贺报告说要开花了，许多人都屏息关注。

7 月 18 日上午，花蕾顶端稍微裂开了一点儿口子。

在翌日 19 日，也就是开花的第二天，绽放出两朵美丽的淡红色莲花。正如大贺预计的一样，莲花呈现出优雅的淡红色。

从久远的睡眠中苏醒的莲像是梦见了两千年前的往昔一般，绽放了拥有 24 枚花瓣、花径约 26 厘米的大型莲花。

这棵莲花拥有着远超人们想象的生命力，而这也并非是借助佛祖的力量。从古代遗迹中挖掘出的像化石一样的莲子竟然在今天发芽开花了。这棵将太古时代的形态呈现于当今人们眼前的莲被称为"古代莲"。

其他栽植的莲根都没有开花。唯独这一莲根顺利开花，这全是多亏伊原在这一年中精心的照料。

身在府中的大贺得知莲已长出花蕾，马上就要开花后，与新闻记者们同行，拭目以待莲花绽放。

根据大贺的判断，莲将在 18 日黎明开花，因此新闻摄影师们住了下来，准备以微速进行拍摄等。

大家都通宵以待，因此农场安静的酱油房变得就像失火现场一样嘈杂。

美国的《生活》（LIFE）杂志也前来拍摄。

1952 年 11 月 17 日的《生活》杂志在第一页费尽笔墨介绍了三木淳拍摄的优美彩色照片。

1952 年 11 月 11 日的《每日画报》中也登载了大贺荷的美丽照片。其中《生活》杂志中所介绍的照片是记录当时的场景并流传至今的唯一一张彩色照片。

大贺莲的花径为 240～280 毫米，呈中型至大型。一朵莲花由 15～20 枚呈细长舟型的花瓣构成，颜色是鲜艳的粉红色。叶与花的茎长 800～1000 毫米，叶子大小为 350～450 毫米。

莲子埋在地下时的温度是 14℃。套用大贺以前研究的温度与寿命的公式，相当于有两千年的生命。这株莲被大规模报道为"两千年的莲"。

据说，虽然这株莲从神代的古昔存活至今，但它与现在的莲并无大异。

高野询问大贺说：

"我还以为两千年会发生很大的变化呢，没想到和现在的莲没有太大的区别，这是为什么呢？"

大贺马上回答他：

"从莲子的生命来看，一两千年不算回事。"

莲花一直绽放至 7 月 21 日。高野与县里商量后，用大贺的名字将这株莲命名为"大贺莲"。

大贺收到许多祝贺古代莲开花的书信。7 月末，大贺拿着一枚明信片，急匆匆地冲进朋友家，大声喊道：

"我从来没有这么高兴过，快看！"

朋友看到明信片上用歪歪扭扭的字迹写着：

"老师，莲花开了，可真好啊！我很高兴。老师，对不起！"

大贺莲（阪本尚生摄影）

大贺眼里含着泪花，说：

"这个女孩的信让我感动得哭了。我收到过许许多多的来信，但她的这封信是最棒的。"

朋友第一次看到大贺流泪，他问：

"老师，这个女孩难道是那时的女孩？"

两年前，大贺将装在须惠器中的推测为一千两百年前的莲子成功地培育发芽，他将莲子交予女学生管理，却因为她弄错了施肥的方法，导致莲枯死了。这张明信片正是这名女学生寄来的。

朋友继续询问大贺：

"老师，为什么您不称呼她的名字呢？"

大贺啜了一口朋友准备的茶，回答说：

"那女孩看到叶子颜色有点儿泛黄，心觉不妙。她想起以前看到我用鲱鱼给莲施肥，所以就用鱼头给莲施肥，结果让莲枯死了。我当时倍受打击。但是我也没法埋怨她犯傻。我怕给那女孩的亲事带来不好的影响，所以不说她的名字。"

看到大贺如此的体贴，朋友不由心头一热。

在伊原家中盛开的大贺莲被移植到与伊原素有深交的高桥一郎的家中。从此以后，盛开的莲花一直像最初绽放时那般绚丽夺目。

大贺说：

"上帝在给人带来巨大的悲伤与失败之后，会赐予其更加丰厚的恩惠。没有泪水的灌注，就没有成功的研究。在成功背后付出了多少牺牲与劳力，这只有亲自体验的人才能明白。"

二阶俊博的梦想——"将大贺莲带去中国大地"

现在自民党的总务会长、二阶派领袖二阶俊博曾经是和歌山县立日高高中的教师阪本佑二的学生。阪本佑二是大贺一郎的弟子，他一直致力于宣扬大贺莲。为了实现大贺与恩师"希望两千年前的大贺莲在中国大地上生长"的心愿，二阶循序渐进地展开了活动，但是迟迟没有迈出一大步。

二阶一直在思考：

"莲是日中友好的证明，我必须想办法在中国找到人来继续莲的普及活动。"

二阶在去中国北京与上海等地访问时，见到了许多中国政府的大人物，他委托这些人代表中国接受大贺莲。

但是，有心之人却无力接受，有力之人却无心接受。必须要找到既有心又有力的人。

二阶再次认识到：

"这种朴实的活动看上去很简单，却很难实现。"

然而，二阶在 2002 年秋天访问在中国海南省博鳌市举办的博鳌亚洲论坛的常设会场时，终于遇到了既有心又有执行力的合作人。

二阶向担任论坛副理事长的蒋晓松提起大贺莲的事情后，蒋晓松爽快

与海南省陈成副省长会谈（右侧为蒋晓松先生，2005 年 3 月）

地答应了：

"在这块地方造池，让更多的人知道阪本老师的研究成果。如果我能帮忙的话，一定在所不辞。"

蒋晓松出生于 1951 年，他是中国人民政治协商会议全国委员会委员，同时也是博鳌开发的领导人。他可谓处于经济发展期的中国的一颗新星。

2001 年 2 月，亚洲各国领导人在博鳌亚洲论坛的常设会场汇聚一堂进行讨论。该论坛是由日本前首相细川护熙、菲律宾前总统拉莫斯、澳大利亚前总理霍克发起的，亚洲 26 个国家参加成立的非营利性国际组织。每年在博鳌市举办年会。

小泉纯一郎首相也参加了 2002 年举办的第一届年会。

位于中国最南端的海南岛是一个常夏之岛，它的面积约与九州相同，纬度和夏威夷差不多，位于北纬 20 度。西隔北部湾与越南相邻，年平均气温为 25℃ ~ 26℃，是休闲度假的胜地。

博鳌由东岸面朝南海的琼海市管辖，该地区被海、湖和万泉河三大水域环绕，自然风光堪称绝景。渔师摇着小舟的场景令人无比怀念，令熟悉日本战前乡村生活的人不由萌生出怀乡之情。

蒋晓松在会场周边修建了九个莲池。需要九个是有原因的。由于莲拥有强大的繁殖力与生命力，如果只是砌一点儿水泥墙的话，细小的地下茎会越过墙头，在种植其他品种的地方长出莲根来。品种混杂的环境不利于研究。出于这一考虑，建造了这些莲池。

赠送给海南省博鳌的莲分别为大贺莲、舞妃莲、中日友谊莲。

中日友谊莲　　　　　　　舞妃莲　　　　　　　　大贺莲

（阪本尚生拍摄）

2003 年 3 月 19 日的《日高新报》上报道了这一消息。

神秘的大花　三尾的大贺莲被送往中国

沉睡了超过两千年的岁月后，苏醒的美滨町三尾地区的大贺莲在本月末分根送往中国。通过一直致力于与中国交流的二阶俊博议员的介绍，由管理、培育莲的县大贺莲保存会（田端好弥会长）转交。莲栽种于当地正在建设中的观光度假设施的一角作为观赏用。二阶议员、保存会成员们说："希望其不仅能跨越国境宣传大贺莲，而且能为两国友好做出贡献。"

大贺莲是由理学博士大贺一郎先生（已故）于 1951 年在千叶县地下发现的莲子所栽培而来的。对该莲子进行了科学的分析以后，判断出其是自古以来生长在日本的野生莲。翌年，莲成功地开花，这一神秘的、浅红色的大花被誉为 "THE OLDEST FLOWER"，广受世界瞩目。后来，大贺莲分根于国内外各个地区，1962 年在美滨町栽植。现在每年 6 月份左右会举办"观莲会"等活动，这已成为当地的一大名景。"莲为和平之象征也！" 1963 年日本送给中国大贺莲的莲子，当时中国为了纪念，将大贺莲与"中国古代莲"杂交，繁殖出"中日友谊莲"。在很早以前两国就像这样通过莲进行日中交流活动。这次分根是二阶议员得知旅游公司正在海南岛上建设度假设施后倡议的。保存会说："莲的根和大家很熟悉的藕根一样，我们想要赠送五个。本来有点担心当地的环境是否适合栽培，后来听说气候和夏威夷一样温暖，所以应该没问题。"本月末，将从三尾的莲池中挖出莲根送往当地。

2003 年 4 月 5 日早上 9 点，天空下着蒙蒙细雨，寒意阵阵。保存会的成员们身穿雨衣，开始从和歌山县日高郡美滨町三尾的大贺池中挖掘大贺莲的莲根。在抽取池水、清除池底积聚的草与泥之后，人们从生长点挖掘莲根，尤其注意着不要伤到莲根。

此外，还从阪本家的庭院里挖掘出阪本佑二的妻子弘子精心培育的舞妃莲、中日友谊莲的莲根。

挖掘出的大贺莲交给了访问日本的中国海南博鳌投资控股有限公司（日本称为"博鳌株式会社"）的相关人员。

和歌山县大贺莲保存会副会长、阪本佑二的长子尚生对大贺莲在博鳌的生长情况很是担心：

"舞妃莲和中日友谊莲是杂交品种，所以适应性强，但大贺莲适应性弱。虽然说莲是热带性植物，但在温带栽培的莲能不能适应热带也很难说……"

二阶也以祈祷的心情等待开花的消息。

2003 年 7 月初，终于收到中国的消息说"成功地开花了"。

蒋进一步向二阶提议：

"莲是东洋之花，亚洲之花。中国和亚洲各地的佛像都手持莲花，端坐在莲花与叶台上。所以，我想建造莲的纪念馆，将大贺博士和阪本老师的研究成果作为资料进行展览。"

二阶心想，莲的资料能够加深人们的理解，而且也能成为日中友好的象征之一，于是同意。

就这样，双方决定在翌年即 2004 年修建歌颂大贺和阪本功绩的莲纪念馆"博鳌东方文化苑·莲花馆"。2003 年 7 月 16 日，在当地举行了开工典礼。

二阶在 7 月 15 日到 17 日的三天中访问了中国海南省。海南省省长汪啸风、海南航空董事长陈峰、博鳌亚洲论坛副理事长蒋晓松等人隆重地迎接了他。

二阶提议说：

"今后海南岛与和歌山县海南市多加交流如何？"

这一提议得到海南省朋友们的欣然赞同。

在中国博鳌的"东方文化苑"

二阶将和歌山县海南市的地方酒作为礼物送给中方，中野酒造的"长久"听着很是吉利，中方欣然接受。

大贺莲栽种在面积约 600 平方米的池塘中，从分根后经过了三个月时间，莲长得十分茁壮。整片池塘中覆盖满了郁郁葱葱的绿叶，朵朵莲花美不胜收。

原本还担心大贺莲是否能适应当地的热带性气候，没想到它竟十分适合在热带生长，朵朵娉婷的莲花让二阶惊喜不已。

池塘前竖立着"大贺莲（Japan）"的牌匾。和大贺莲一起赠送的中日友谊莲、舞妃莲也竞相争艳。

7 月 16 日，博鳌东方文化苑·莲花馆的开工典礼隆重举行，当地的知名人士与居民纷纷前往参加。

二阶在海南省副省长李礼辉、琼海市市长陆志远以及众多市民面前发言：

拥有两千年历史的日本古代莲"大贺莲"、恩师版本佑二煞费苦心的研究成果"中日友谊莲",还有为祝贺美智子妃殿下大婚而命名的"舞妃莲"都在这里蓬勃旺盛地开花了。满池莲叶碧如玉,微风轻拂影婆娑。天国里的大贺博士与阪本老师想必也会为这幅画面而喜悦。如果最近海南岛下雨的话,请将其看作是两位老师喜极而泣的泪水。我想将这一场景告诉广大日本民众,还有我的故乡和歌山县的人们,被誉为"亚洲之花"的莲花是日中友好的新象征,我希望能够将它在海南省博鳌绽放的事迹传颂给后世。

内阁官房长官福田康夫致辞道:

这次,为日中关系的文化与历史添彩的"大贺莲"、"中日友谊莲"和"舞妃莲"移植于博鳌亚洲论坛常设会场,并且在相关人士的努力下成功地绽放出美丽的花朵。

大家知道,今年是日中和平友好条约缔结的第 25 周年。

值此对日中两国来说值得纪念的一年,在"莲始开"("莲始"开为日本七十二候之一,相当于夏末 7 月 12～16 日左右。——译者注)之时,"大贺莲日中文化交流纪念馆——博鳌东方文化苑·莲花馆"的开工典礼隆重举行,我再次深感喜悦与感动,同时从心底表示祝福。

大贺莲的浪漫故事始于从千叶县检见川东京大学用地的地底发现的三颗莲种。

承载着两千年历史的大贺莲源自大贺一郎博士的研究成果,并由其爱徒阪本佑一老师等人继承。如今承蒙阪本家的盛意,"大贺莲"和"中日友谊莲"、"舞妃莲"回归故里,种植在中国海南省的博鳌大地上。

由日中两国深远的缘分、无尽的浪漫与友情所谱写的故事也移植到了中国。我作为朋友,对二阶俊博议员与蒋晓松会长建立纪念馆的英明决策从心底表示祝贺。最后希望"大贺莲"和"中日友谊莲"、"舞妃莲"这些亚洲之花、日中友好之花、和平之花永远盛放不败。

2003 年 7 月 16 日

在人工修建的九个莲池中,青翠欲滴的莲叶覆盖了整个池面,莲花袅娜地在微风中起舞。

二阶欣赏着眼前的美景,陶醉于其中。

　　"莲花应景地点缀了日中和平友好条约缔结 25 周年，这真是一次意义深远的旅程啊！……"

　　二阶深刻地体会到，大贺莲为和平外交做出了重要的贡献。人们一开始为两千年前的莲而震惊，接着为莲之秀色而感动。莲在日本给人的印象是葬礼之花，但在海外被认为是祝福之花、吉祥之花，所以人们都对其欣然向往。

　　莲作为和平使者造访亚洲各个国家……大贺将和平的心愿寄予莲，他的遗志得到了忠实的履行。二阶借鉴"丝绸之路"（Silk Road）之名，将这一旅程称为"莲之路"（Lotus Road）。

　　二阶决心以日中外交为起点，与亚洲各国之间实行"莲花"外交，将描绘莲的世界地图作为一项毕生为之奋斗的事业……

在博鳌东方文化苑盛放的大贺莲

第二章　人生之师

大贺一郎成为内村鉴三的门生

大贺一郎 1883 年 4 月 28 日出生于冈山县贺阳郡庭濑村大字川入字小西（现冈山县冈山市川入），是十二个孩子中的长子。

大贺家从三四百年前起就居于此地，其家族继承了战国武士的血统，在德川中期是名震一方的地方豪族。

但是到了大贺出生时，曾经富甲一方的大贺家陷入财政困窘的局面。1890 年，一家彻底走向了没落。

父亲纲太拖家带口地搬到冈山市东田町，后来又迁往仁王町，以经营米店为生。

母亲登免出生于东京，她拥有良好的教养，十分注重孩子们的教育。

1888 年，4 岁的大贺一郎就读于贺阳郡庭濑普通小学，8 岁时就读于冈山市立高等小学。

位于冈山平原中央的冈山城护城河中开满了莲花。大贺小时候看到一望无际的白莲覆盖满辽阔的外护城河，其中夹杂着点点红莲，心中又是惊叹，又是憧憬。

大贺家附近有一家基督教会。大贺不知从何时开始去那里的星期日学校学习。

年轻的理想主义者、基督教徒安部矶雄在这家教会传道。

安部于元治二年（1856 年）二月四日生于福冈县福冈市，他在就读同志社英学校时，接受了该校创建人、基督教徒新岛襄的洗礼。1884 年从同志社英学校毕业。

从 1889 年开始，安部便成为这家教会的一名牧师。之后他前往美国哈特福德神学院、德国柏林大学学习，1894 年回国。后来于 1899 年成为东京专门学校（早稻田大学的前身）的一名讲师。之后他成为日本社会主义运动的先驱者，并且作为早稻田大学棒球部的创始人而闻名。

对于年幼的大贺来说，每周去往星期日学校与其说是出自信仰心，不如说是因为有安部在，觉得学校生活很开心。

1896 年，大贺升入冈山县立普通中学。

1901 年，大贺从冈山县立中学毕业，但由于感染了伤寒，不得不放弃升学。养好病后，他在母校冈山高等小学给三年级学生教课。

1902 年 1 月，大贺在冈山基督教会接受了传教士贝宜的洗礼。

同年 9 月，19 岁的大贺前往东京。他考入位于本乡的第一高等学校二部的工科。一高是构成现在东京大学前身之一的旧制高中。

大贺父亲的米店已经无法维持经营了，所以没法给儿子交学费。大贺依靠叔叔濑川浅之进提供的资金才能上京。

东京到处都盛开着大贺喜欢的莲花。上野不忍池自不待言，从赤坂见附到弁庆桥、溜池、虎之门、新桥的外护城河，以及芝增上寺的弁天池内都开满了红莲。大贺故乡的西部地区一般是白莲，而东部地区处处都是红莲，这让刚离开乡下的大贺惊讶不已。大贺在暑假回冈山老家的往返沿途上看到的莲花几乎都是红莲，当时白莲在东部地区十分罕见。

经友人推荐，大贺加入位于新宿角筈的内村鉴三《圣经》研究会。在遇到内村之后，大贺的人生发生了彻底的改变。

内村于文久二年（1861 年）出生于江户小石川（现东京都文京区），他是继承了日本武士道精神的高崎藩士内村宜之的长子。内村 17 岁时被札幌农学校录取，与新渡户稻造、宫部金吾等人是同期学生。当时札幌农学校的副校长是以"少年，请胸怀大志"一语而闻名的威廉·史密斯·克拉克。

受到克拉克等来自欧美各国的老师们的影响，内村于 1878 年和新渡户、宫部等人一起接受了卫理公会教派的基督教会传教士 M. C. 哈里斯的基督教洗礼。

卫理公会教派是诞生于 18 世纪英国的新教派，主张规律有节的生活方式。

1884 年 11 月，第一次婚姻生活失败的内村自费渡美。但他立刻了解到基督教国家拜金主义、种族歧视横行的现实，对其感到了幻灭。

1885 年 1 月，无处可归的内村成为位于费城郊外的宾夕法尼亚智障儿童保健所的一名护工。

1886 年 9 月，内村被马萨诸塞州的艾姆赫斯特学院录为选科生。他在此处受到该大学的校长同时也是一名牧师的朱丽叶丝·H. 西列的感化。看到内心懊恼的内村，西列说：

"内村，你不能光顾着注意自己的内心，而要看到自己的身外。为何你不停止反省自己，抬头仰望十字架之上为你赎罪的耶稣呢？你所做的事情，就像小孩子在花盆中种植花草时，为了确定花草有没有生长而每天把根拔起来看一样。你为何不将一切献给上帝与日光，安心等待你的成长呢？"

西列教诲道，信仰不是自行其是，而是将身心奉献给主，追随主的旨意。如果为了确认种植的花草是否生根而反复将花草拔起的话，本应生根的花草亦无法扎下根须，不久后就会枯死。人类有一条清楚的界线。人类并不会因为道德、修行、善行而获得救赎，而是因为信仰上帝之子耶稣才获得救赎。

1887 年 3 月，内村因这一教诲而顿然醒悟。从此以后，内村领悟出赎罪的信仰。

1888 年，内村从艾姆赫斯特学院毕业，同年 9 月进入康涅狄格州的哈特福德神学校。他的学业持续至翌年 1889 年 1 月，后因对神学教育失望而退学，同年 5 月回国。

回国后，内村先后在新潟县的北越学馆、东洋英和学校等地执教。1890 年 9 月，他担任了第一高等中学的特约教师。

1889 年 7 月，内村与第二任妻子横滨加寿子结婚。

1891 年 1 月 9 日，发生了一件大事。在一高奉读教育敕语的礼堂中，其他老师与学生们都对天皇亲笔的署名致以最高敬礼，只有内村一个人拒绝行礼。

"基督教徒不向偶像与文书礼拜。也没有这一必要。"

这便是内村不敬礼的理由。

礼堂顿时一片哗然。

该事件进一步发展为巨大的社会问题。在所谓"内村鉴三不敬事件"发生后，一高的学生们跑来往内村家里扔石头。

内村的亲戚们也疏远了他。

而且由于后来内村撤销了"不做礼拜"一语，基督教徒也责难他是"胆小鬼"。

或许是受到这一刺激，内村由流行性感冒发展为肺炎，伏倒在病床上。

在事件发生一个月后的 2 月份，内村辞去一高的特约教师一职。

由于周围的迫害与贫穷的生活，和内村结婚不久的加寿子为照顾病床上的丈夫而精疲力竭，她在内村从一高辞职的两个月后，也就是 4 月 19 日因患流行性感冒离开了人世。这时距她与内村结婚只有短短九个月时间。

落魄潦倒的内村先后在大阪的泰西学馆、大阪高等英学校（现桃山学院高中）、熊本英学校、名古屋英和学校等地教书，一时间辗转于京都等地。

因为流浪的生活，内村在经济上极为困窘。1892 年 12 月，他与冈田静子结婚。

内村在这一时期写下了《基督信徒的安慰》、《求安录》、《我如何成为基督信徒》和《代表的日本人》等主要著作。

内村于 1897 年 1 月来到东京，进入黑岩泪香创办的朝报社，成为该社发行的《万朝报》的英文栏目主笔。

此外，内村在 1898 年创办每月发行三期的《东京独立杂志》，并成为主笔。1900 年创办《圣书之研究》，1901 年创办《无教会》，提倡"无教会主义"。

无教会主义是为了克服与基督教历史紧密关联的教会权威与权力，以及形式化的教会制度而进行的运动。内村提倡"为了日本人的日本型基督教"不设置牧师，也不进行洗礼。他主张借用私宅或是公民馆、会议室召开集会，其内容必须以《圣经》的研究、讲解为中心。

内村从 1901 年 8 月开始，在位于新宿角筈栎树林中的家中举办《圣经》的讲解，即"角筈《圣经》研究会"。

刚来到东京进入一高就读的大贺一郎经友人的推荐，加入了内村的研究会。

大贺在冈山时就听说过内村这个人。1901 年，大贺 16 岁读中学四年级时从朋友那儿借来内村发行的《东京独立杂志》，当时他首次知道内村的名字，之后他在附近的店里用 5 钱购买这本杂志阅读。

大贺打算去内村的研究会时，周围人纷纷反对。

"不能去内村鉴三老师那儿啊。"

由于"不敬事件"等原因，许多人都对内村抱有不信任的情绪，但是大贺没有放弃自己的决心。

大贺和后来成为无教会传道者的浅野犹三，以及后来成为儿童心理学家的仓桥惣三等朋友一起，每个星期日都积极地参加内村的集会。

参加者中的一员有岛武郎后来成了作家，他写作了《该隐的末裔》等作品。有岛出生于 1878 年 3 月 4 日。他和内村一样毕业于札幌农学校，1901 年加入基督教。当时，有岛穿着一年志愿兵的军服参加内村的集会。一般来说，兵役需要服三年，但是上过大学的人申请的话可以只服一年。

大贺后来将内村门下包括自己在内的初期集团称为"野武士时代"。野武士时代的参加者称得上是"乌合之众"，既有商船学校的学生，也有大贺这样出身于地方的人士。除了有岛之外，后来同样成为作家的志贺直哉、成为剧作家和导演的小山内薰、成为政治学家的高木八尺、第一军司令官黑木为桢陆军大将的儿子黑木三次等人也纷纷来到内村的研究会听讲。

这时内村的生活十分贫穷。他的家面积很小，集合场所是仅有六张榻榻米大小的房间，限定只能 20 人参加。

1903 年 10 月，内村和幸德秋水、堺利彦一起辞掉了《万朝报》的工作。这是因为《万朝报》的创办人黑岩泪香以日俄战争为契机由"非战论"转向"主战论"，这与坚持非战的内村等人的意见产生了冲突。

内村重视日本（Japan）与基督（Jesus）两个 J。内村并没有将两者放在天平上进行衡量。他的墓志铭上写着："我为了日本，日本为了世界，世界为了基督，所有的一切都是为了上帝。"如其所述，内村将思考国家的命运与思考自身的命运视为同义，并且始终坚持认为，包括"我"在内的世间所有一切都是为了基督。

然而，在"富国强兵"与"殖产兴业"的口号高唱入云、甲午战争与日俄战争进行得如火如荼时，内村宣扬非战、保护民众的社会活动也逐渐地隐匿了声息。相反，他越来越热衷于《圣经》。

内村从《万朝报》辞职后专注于《圣经》讲解，《圣书之研究》几乎成了他所有的收入来源。幸德与堺两人始终坚持非战，为了宣传、普及社会主义思想，两人创立了平民社，开始发行周刊《平民新闻》。

由于参加内村集会的人都很贫穷，所以大家捐助的金额都只有 1 钱左右。没人能够捐助 5 钱，还有人完全不捐助。这让内村十分苦恼，但是也不能对人说"给我捐钱"。

大贺帮助月刊杂志《圣书之研究》进行校对工作。内村一次给他 50 钱。接到内村的电报，大贺叫上朋友们去帮忙："老师会给 50 钱的，一起去吧，走吧。"小山内薰也参与过《圣书之研究》的编辑工作。

内村的讲解从上午10点开始，大贺为了赶去听讲解，早上7点就带着便当从一高出发。他穿着木屐，单程要花三个小时才能从本乡走到新宿。

听完一两个小时的讲解之后，大贺午饭吃便当。

下午，大家在流经中野的河流附近租了一栋六张榻榻米大小的房子，在那里举行集会。集会的参加者各自一边阅读注释，一边讲解《圣经》。当时包括大贺在内的这群人养成了召开集会的习惯。

有时，内村会出现在中野的集会上。内村从纸拉门外看到大家聚集一堂学习讨论的样子，心中十分高兴。

"大家都在认真学习呢。"

内村的性格爱恨分明。他从不掩饰对恶事或是坏事的厌恶之情。而且他在演讲时，像是掏出自己灵魂一般慷慨激昂，他的热情与振奋给参加集会的人们带来了极大震撼。内村浓眉密须，他瞪大双眼时犀利而炯炯有神的目光形成了具有强烈压迫力的独特风貌，使演讲更加拥有震撼人心的力量。

但是在参加者当中，只有大贺在内村面前毫不讲究。他有时甚至躺着听内村的演讲，而且以躺着的姿势附和内村的话语：

"嗯，的确如此。"

其他参加者都对大贺散漫的举止目瞪口呆。内村的门生当中没有任何人敢采取如此大胆的态度。在正常的情况下，内村应该会呵斥他几句。但内村一句话也都没有对大贺说。这恐怕是因为他看穿了大贺的人品与虔诚的信仰心，所以没有办法讨厌大贺。

当时一高的学生普遍在讲师当中崇拜内村鉴三或是夏目漱石，但是在大贺看来，夏目只是一名"英语老师"而已。夏目以小说家的身份开始在《杜鹃》杂志上连载《我是猫》是在后来的1905年了。

大贺被内村的思想深深地吸引。

内村有用手擦鼻涕的习惯。弟子中有人看不惯他这点，于是大贺提醒内村：

"老师，好像有些人不喜欢您用手擦鼻涕，能不能请您注意一下。如果有人因为您的这个习惯离开就不好了。"

内村回答说：

"如果有人因为我用手擦鼻涕而离开的话，就算我改了，他也会因为别的事情离开的。我不会改。"

内村一直没有改掉用手擦鼻涕的习惯。

而且内村还习惯命令人。有一天，内村对大贺说：

"你退出教会吧。"

大贺原来一直去九段的教会和本乡教会。听了内村的建议，他退出了这两个教会。

1902 年，大贺从一高升入东京帝国大学时也是一样。内村问大贺：

"你要去哪儿？"

"我决定去工学院。"

听到大贺的回答，内村惊讶地提高了声音：

"不是吧？!"

大贺原本在一高的专业就是工科，所以升入工学院是很自然的升学道路。但是内村教导大贺说：

"你读工学院也可以，做人工建筑也可以。但是我觉得你更加适合读以自然为对象的植物学。植物是很重要的东西，是在上帝创造的所有产物中极为宝贵的东西。"

内村对自然科学很感兴趣，并且无限地热爱自然，这让他的活动更加具有深度。内村平时一直说：

"上帝创造的自然正是祈祷的空间。"

这自然也是因为内村在札幌农学校学过自然科学（水产学），不过内村热爱自然的心是与生俱来的。

内村还有一篇名为《丹麦国的故事》的作品，其中讲述了一个感人的故事。1864 年，丹麦在与普鲁士·奥地利的战争中战败，不得不割让南部两个土壤肥沃的州。但是通过达加斯父子的努力，终于成功地在苏格兰领地的不毛荒野植树造林，将该地变成了沃野。因此，战败国丹麦尽管是个小国，但是成功地重建为富裕、和平的国家。

大贺是名听话的青年，他听从了内村的建议。

"好的，那我就学植物吧。"

如果没有遇到内村的话，大贺肯定就去了工学院。那么想必后来大贺就不会研究莲，也不会被誉为"莲博士"，而是走上一条截然不同的人生道路了吧。

对大贺来说，内村是引领自己走向前进道路的人生之师，是基督教之师，是命中注定之人。

大贺于 1905 年 7 月从第一高等学校毕业，9 月升入东京帝国大学理学院植物学专业。

不久之后，大贺接受了植物学家藤井健次郎的教导。

1907 年 6 月，大贺遇到后来被誉为"日本植物学之父"的牧野富太郎。

牧野于文久二年（1862 年）四月二十四日出生于土佐国佐川村，是岸野酒造一位豪商的长子。牧野从小便处于能够接触到学问的环境当中，他广泛地学习了英语、物理等知识。由于学识太高，不适合当地小学而中途退学。

后来他自学研究自己喜欢的植物，22 岁时开始出入帝国大学理学院植物学教室。

年轻有为的牧野发挥出自己的才能，埋头撰写论文与编纂植物志。但是由于他的学历是小学退学，而且平时一直将大学贵重的文献放在身边，这一态度引起老教授的反感，他逐渐受到周围人群的排挤。因此，牧野完全无法升迁，一直处于经济困窘的状态。此时牧野已经 45 岁了。

大贺首次进入位于小石川植物园内的植物学教室中牧野的房间，是找他借阅《大日本植物志》。

后来，大贺屡次在大学校园的走廊或是标本室中碰到牧野。他有时也会陪着内村鉴三去牧野的房间。

牧野的爱好十分广泛，除了植物以外还对昆虫感兴趣，此外他还喜欢音乐。牧野所说的话让人百听不厌，大贺逐渐与他建立了深交。

此时，作家有岛武郎、志贺直哉、小山内薰、后来成为哲学家和教育家的安倍能成、天野贞祐等内村的门生对基督教心生疑惑，纷纷从内村身边离开。

内村对于他们无法理解罪的问题而离去一事极其愤慨。

大贺也心想：

"他们还是对'罪'缺乏深刻的认识。恐怕正是因为这一原因，他们才无法彻底成为基督教徒吧。正因为他们是文人，所以对罪的认识太过马虎了。人道主义者只能从人道主义的立场来看待基督教。"

不过与此同时，在大贺眼中，他们虽然离开了内村，但也一直保持着基督教的倾向。

此外，内村的《圣经》研究会成员也逐渐发生了变化。除了后来大贺所怀念的"野武士时代"的初期团体以外，还加入了新渡户稻造的弟子们。

内村与札幌农学校的同期同学、好友新渡户商量后决定，由新渡户来教授教养，内村来教授宗教。

后来成为著名教育家、政治家、圣经学者等的冢本虎二、三谷隆正、田岛道治、鹤见佑辅等人都是新渡户的弟子。

到了 1909 年，众人谈笑风生的"柏会"成立，其中会集了二三十名一高、东京大学的青年才俊。集会的格调一下子变得高雅起来。

1907 年 9 月 18 日，大贺的母亲登免因肺结核去世，享年 43 岁。

大贺的父亲纲太早已无法维持米店的经营，他在妻子去世之际关门歇业，和孩子们一起搬到冈山市山下居住。

1908 年夏，大贺正准备开始撰写毕业论文的某一天，他的老师藤井健次郎对他说：

"莲的花粉是粘在柱头上的，你去查查要几个小时才能到达子房。"

柱头是指雌蕊分泌黏液、接受花粉的顶端。花粉在子房中的胚珠里受精，形成种子。

因为藤井的这一句话，大贺开始研究莲。

1909 年，大贺从大学毕业，升至研究生院。以植物细胞学为专业的他开始研究莲。

除了莲以外，藤井还将牵牛花和樱花的课题交给了大贺。大贺对毕业论文是选择莲、樱花还是牵牛花犹豫了许久，最后他选择了牵牛花，撰写了《牵牛花的细胞学研究》一文。

不过，此时大贺心中已经有了莲的影子。

与歌子结婚

大贺从 1891 年读大学时起就开始为小石川指之谷盲人学校"东京光之家"的学生们传道，这是他最初的传道。大贺通常是将内村鉴三的书籍读给盲人听，并陈述自己的感想。这一活动非常受欢迎，盲人们逐渐萌发了信仰心。后来，有些盲人因为大贺的传道而成为基督教徒，还有人成了盲人教育家。

大贺同时还担任"东京光之家"的干部。

后来大贺坦露了自己的心声：

"在我的一生当中，向盲人传播福音拥有巨大的意义，这是不应该忘却的。"

"东京光之家"的理事长秋元梅吉后来这样评价大贺：

"如果没有大贺博士向盲人传道，就不会有盲人最初的福音传道。"

一名在该学校工作的女性一直以尊敬的目光注视着大贺。她便是盐尻歌子。

大贺之妻盐尻歌子1897年出生于丹波一个贫穷的家庭，她比大贺大3岁。歌子追随父母来到东京，成为一名助产士。后来她的工作态度得到认可，还为皇宫效劳过。

歌子连小学都没有好好上过，她并不是一名受过良好教育的女性。但她十分努力，而且拥有真挚的信仰心。

歌子经常从小石川的柳町走访神田三崎町的浸信教会。她与后来成为基督教知美派学者、教育家的斋藤惣一及坂田佑成为好友。

浸信会是基督教新教的宗派之一，源自"进行浸礼（全身浸入水中清洗罪恶的仪式）者"的意思。

歌子十分同情大贺的家庭情况。大贺的父亲由于生意失败，1909年迁居大阪，他的弟弟妹妹们都分散去了亲戚朋友家。

大贺身为十二名兄弟姐妹的长兄，负责收留了年仅5岁的小儿子洁。

但是，仅凭大贺一个人的力量实在无法照料好年幼的孩子，于是他通过歌子的介绍，将洁托付给位于东京青山南町的东京托儿所两年时间。

所长北川是一名热心肠的女中大丈夫，孩子们亲切地称呼她为"妈妈"。大贺经常去往托儿所，给孩子们讲许多故事。

北川带给贫困的大贺许多点心和水果。

歌子常去东京托儿所照顾洁。

歌子有时还会去拜访大贺的住处。

作为一名热情的基督教信徒，歌子向大贺请求道：

"请带我去听内村老师的研究会吧。"

于是大贺带着她去了内村的研究会。

1909年6月，大贺从研究生院毕业，成为刚刚成立不久的名古屋第八高等学校（八高）的一名讲师。

歌子在内村的研究会待了大约两年时间，熟悉大贺家庭情况的内村对大贺说：

"大贺，你的妻子必须是非常伟大的女人，歌子的话肯定能够胜任，你和歌子结婚吧。"

但许多亲戚朋友都反对这桩婚事。歌子比大贺大 3 岁，而且还结过婚，她在学问、家世、性格等所有方面都与大贺完全不同。周围人给大贺介绍了好些个年轻漂亮的女孩，就这样过了两年时间。

但是，大贺与歌子拥有同样的信仰。而且大贺未来的妻子必须能照顾他年幼的弟弟妹妹。正如内村所言，只有经历过苦难的女性才能胜任。

再加上由内村做媒而成婚的田中龙夫夫妇以及和大贺一起参加内村研究会的浅野犹三郎也赞同两人结婚，于是，大贺下定决心与歌子结婚。

田中说需要"彩礼"，大贺便给了歌子 10 日元，歌子返给他 5 日元。

1911 年 1 月 4 日，在内村鉴三夫妇的牵线下，大贺与盐尻歌子结婚。

由于没钱招待朋友，只有作为媒人的内村夫妇、大贺、歌子四人参加婚礼。婚礼在内村的书房里举行，大贺身穿的礼服也是借来的。

这是继蒲池信、田中龙夫之后内村所主持的第三场婚礼，也是其中最穷的婚礼。

婚宴也极为简陋，因此只叫了十来个人参加，仅用咸仙贝和茶之类的东西招待客人。

大贺的父亲纲太生意失败，妻子也离开了人世，他将十二个孩子当中包括洁在内的四个孩子交给长子大贺照顾，自己遁入佛门。

大贺与歌子从新婚伊始就养了四个孩子。幼小的弟妹分别是季子、诚三、信七郎、洁。

两人决定将洁从东京托儿所接出来。洁当时只有 7 岁，所以和 26 岁的大贺在一起看上去像是真正的父子一样。

歌子的理想是和丈夫一起为日本带来福音。大贺借助歌子的力量，更加专注于传道。

大贺独自在名古屋当地召开基督教集会，并邀请了他在八中的学生们参加。这些学生都是十分优秀、认真的人，大贺一生都与他们保持来往。

在贫穷的生活当中，内村撰写的一本小册子《给后世的最大遗物》决定了大贺的生活方式。

这本书整理了 1894 年 7 月在箱根举办的全国基督信徒修养会——第六届夏期学校上内村所做的演讲。那一年正值甲午战争爆发之年，内村本人由于"不敬事件"而离开一高，辗转于各地。

"我们托付了五十年的生命，在这美丽的地球，在这美丽的国家，在养育我们的山河。我们不希望离开人世时什么都无法留下，想给这个世界遗留我们的纪念之物，那么，我们死去之时应该留下何物呢？金钱吗？事业吗？思想吗？这些都是值得遗留的事物。但是，这些并不能留给许多人，也并非我们真正的最大的遗物。那么，我们真正的、最大的可以留给许多人的遗物又是什么呢？那就是我们勇敢高尚的一生。"

这一教诲并非以一部分特殊人士为对象，而是所有人都能够实践的道理。而且其不光适用于这一时代，还适用于后世。内村健全的精神令大贺深受感动。

大贺后来购买了大量《给后世的最大遗物》的文库本送给年轻人，推荐给他们"一定要好好阅读"。

"教育自然也是非常重要的事情，但对人来说，最为重要的是传道。没有比拯救人类灵魂更重要的事了。"

大贺在自己召开集会后重新认识到：

"内村老师的这句话已经深深地烙进了我的心中。"

内村也评价大贺说：

"大贺虽然不行，但是福音是伟大的。"

但是，大贺是一名植物学家。当他决定不光作为一名传道者传播福音，还要走上研究植物学的道路时，歌子失望地责备了大贺。

大贺对伤心的妻子说：

"我会一生都帮助浅野犹三郎传道的。"

他向歌子承诺帮助曾经的内村门生、现已成为无教会传道者的浅野。

这句话让歌子高兴起来，她率先为浅野提供了帮助。歌子在买布匹时，肯定会购买两匹一模一样的布，送给浅野夫人一匹。歌子想着不能比传道者的夫人穿得更漂亮。

有一天，内村鉴三来到名古屋的大贺家里住下。各地的朋友们都来照顾内村，于是大贺家里挤满了人。

歌子从附近的乌冬面店里买了乌冬面分给大家。

内村大声地说：

"各位，这家人很穷的，你们自己出乌冬面的钱。"

听到这句话，洁和其他弟弟妹妹们都生气了。

"说我们家穷，他说得也太难听了吧。"

几天后，歌子带领内村参观了名古屋市内。当时大贺工作的第八高等学校地处乡下，很少有桥，于是两人乘坐摆渡船穿过海湾。

歌子患有脚气。可能是这个原因导致她腿脚有些蹒跚，在从船里上岸时脚一时不听使唤，差点儿摔进水中。

船夫慌忙从后头扶住歌子，没让她摔下去。

内村以直立不动的姿势摘下帽子，向船夫道谢：

"谢谢你。你救了这个女人的生命。"

内村给了船夫 1 日元。当时的 1 日元是很大一笔钱了。

当天晚上，为了让内村洗澡，歌子往盆里倒入热水并搬上阁楼。但是她又没站稳，抱着盆滚下了楼梯。

看到这一幕，内村又想起白天渡口的事情，可能觉得歌子太不小心了。他大声呵斥：

"你小心点儿！"

歌子只能低头认错。

这时，年幼的洁在一旁大声地向内村说：

"你在说什么呢。姐姐生病了！你住到这儿来以后，姐姐一直忙得不行才摔倒的！"

虽说日本国土辽阔，但在内村的弟子当中斥责过内村的人恐怕只有洁一个了。

除了内村以外，牧野富太郎也访问了住在名古屋的大贺。牧野将植物标本交给大贺，并和他一块儿去采集多枝霉草。多枝霉草是长在阴暗的森林的落叶间的腐生植物，它在炎热的时期生长在温度高的地方，是一种针状细小植物。

牧野此时的生活极其困窘。就连贫穷的大贺看来，他的生活都举步维艰。牧野为了研究植物花光了老家的财产，接着还花掉了妻子所经营的日式酒家的收入，周围的人都非常不能理解他的这一举动。

将信仰带入生活中的每个角落

大贺每晚睡前都会和家人一起祈祷。在大贺旅行期间，由歌子来指导弟弟妹妹们祈祷。

首先让孩子们分别阅读一节《圣经》，然后让他们各自祈祷。其中洁祈祷时尤其虔诚。

歌子虽然患有脚气，但身体还算健康。不过，她在过度劳累时身体很弱，经常卧床不起。

有一天晚上大贺不在家时，歌子身体不舒服先睡下了。这时孩子们自己聚在一起祈祷。

但是，那天晚上 7 岁的洁不愿意祈祷。

洁的哥哥姐姐们教育他：

"你才是姐姐最大的拖累，为什么不为姐姐祈祷呢？"

但洁还是坚持不祈祷。其他孩子关掉电灯，去其他房间享用准备好的茶和点心了，只留下洁一个人在祈祷的房间中。

歌子从床上爬起来，走到洁身边说：

"你今天是不是做了什么坏事呀，姐姐来替你祈祷吧。"

洁却打断了歌子的话。

"嘘，嘘，别说话了。我在自己一个人祈祷呢。我想大家都在祈祷同样的事情的话，上帝会不会混淆了。"

歌子问：

"那你在祈祷什么呢？"

"希望哥哥平安回来，希望姐姐康复。"

洁独自祈祷至自己心满意足为止。

洁完全信任歌子，什么事情都跟歌子说。他不光特别喜欢听歌子讲故事，而且经常缠着歌子说：

"你继续讲，继续讲嘛。"

于是洁去学校时，歌子阅读了各种各样的书并且熟记下来，等洁从学校回来之后，她一边做针线活，一边用简单易懂的话语讲给洁听。

歌子首先选择的是让－雅克·卢梭的《爱弥儿》。卢梭通过基于"性善说"的教育论，以小说的形式描绘了作者培育一个名叫爱弥儿的少年的故事。

歌子花了一年时间给洁讲完了这个故事。

除此以外，歌子还讲述了伯纳特的《小公子》、艾·马洛的《苦儿流浪记》和《圣经》的故事。

通过歌子的讲述，洁在孩提时代就知晓了许多著名的故事。

此外，歌子还作为星期日学校的老师，向洁和其他孩子们浅显易懂地讲述了基督教的教诲。

就这样，大贺夫妇与四个年幼的弟弟妹妹在一起的生活十分热闹，生活的每个角落中都充满了信仰。

不过奇怪的是，大贺夫妇并没有孩子。

1911 年 7 月 22 日，大贺成为第八高等学校的生物学教授。

大贺有时会访问东京，出席在东京郊外柏木举办的内村《圣经》研究会。

在这里，大贺初次遇见了南原繁，后来两人保持了一生的深厚友谊。

南原于 1889 年 9 月 5 日出生于香川县大内郡南野村。他在就读一高时受到校长新渡户稻造的影响。1909 年 7 月，南原升入东京帝国大学法学院政治学专业，入学后成为内村鉴三的弟子。他毕生都是无教会主义基督教的热情信徒。毕业后，南原曾经进入内务省工作，但之后他辞去内务省的职务，先后担任东京帝国大学法学院副教授、教授，最后成为校长。

大贺蓄着和漆黑的头发一样浓密的胡须，平日和颜悦色，有时会嘴快地吐出几句幽默的话语。大贺给比他小 6 岁的南原留下了深刻的印象。

1914 年大贺 30 岁时，他与包括 8 名八高学生在内的全国各地的高中生们一起前往属于旧德国领土的南洋诸岛进行了大约两个月时间的观光调查。

大贺等人在调查时来到西太平洋加罗林群岛的丘克岛和太平洋密克罗尼西亚的雅浦岛，发现太平洋岛民的孩子们将红色或是黄色的布片中间剪开一个洞，从头顶套进脖子上。看到这一幕，大贺感慨不已。

大贺对服装的兴趣与他的研究道路相关，即从古莲子联系到莲，从莲联系到莲丝，从莲丝联系到莲丝曼陀罗，从莲丝曼陀罗联系到纺织品，从纺织品联系到线，从线联系到纤维。

在观光调查时，大贺弄丢了军部机密地图，这引发了一些问题。

大贺以植物学研究为第一任务，不过与此同时，他还向学生传道。

1914 年，大贺在自己家里举办《圣经》研究会。他将八高的学生们叫到家里围绕《圣经》进行讨论。

讨论结束后，歌子招待学生们吃自制的甜甜圈。歌子对待学生们就像对待自己的亲生孩子一样热情。

大贺眯着眼睛注视着歌子忙碌的身影。

"学生们与其说是倾慕我而来，不如说是倾慕我的妻子而来。"

八高的学生当中包括后来成为国际基督教大学校长的筱远喜人，成为动物学家、文化功臣的冈田要等人。筱远和大贺一样，在学问上研究植物，在精神上追随内村。

筱远等学生称歌子为"U"或是"U夫人"。筱远和他的三个伙伴共同创建了"八高基督教青年会"，租了一间房屋挂上这一招牌，并且在里面生活。此时歌子也亲如一家地照顾他们。筱远毕业后因为胸膜炎而住院，歌子经常去看望他。

1917年2月，大贺赴任"南满洲铁道株式会社"，即满铁的教育研究所，一家大小奔赴大连。周围人看到大贺要照料年幼的弟弟妹妹，都劝他去高薪的满铁工作。大贺勉强答应了，但是他一点儿也不想为了钱而工作。他感觉像是被流放了一般，带着歌子、洁还有另外一个弟弟信七郎一起去了满洲。

此外，还有一说是大贺因为在南洋诸岛丢失了地图，而且在星期天举办《圣经》研究会，所以受到军部与八高同事的压力才决定前往满洲地区。

"生活不能够只想着面包。"

目睹满目疮痍的满洲之地，大贺十分心痛。尽管满铁的收入不错，可以满足物质需求，但是这并不能给大贺的心灵带来安慰。

大贺到满洲各地视察了教育一线。但是看到毫无希望的悲惨教育，他彻底惊呆了。

这时，内村鉴三寄给大贺一封明信片鼓励他。

"你不能够垂头丧气。"

只有在满洲进行教育与传道的希望才能给大贺带来慰藉。

从小就喜欢星期日学校的大贺大约从1921年开始，陆续开设了30余家星期日学校，这些学校位于南至大连、北至哈尔滨之间的大城市。

大贺决定要在满洲地区实现目标。

"我要在满洲布教，建设精神王国。"

最让大贺感到安慰的是满洲地区的植物，这也为他开拓了未来的道路。尽管处于严寒之地，但平原和山上都有植物生长。

"为什么会有植物长在这么冷的地方呢？……"

对日本人来说，满洲地区生长着植物的辽阔山野可谓是从未开拓过的处女地。大贺和当地向导一起背着植物采集箱，四处采集植物。

在与满洲地区的植物接触得越来越多的同时，大贺对日本的植物也重新燃起了兴趣。他选择植物生态学作为自己的研究对象。

歌子也和向导一起前往从大连附近到满铁沿线的山野采集植物。他们从春天至秋天共去了几十次，每次到的都是人烟稀少的地方，甚至能听到野狼嚎叫。这也是因为妻子想要鼓励消沉的丈夫，让他振作起来。

歌子将采集品整理好之后给丈夫看。此外，还向大贺的好友矢部祯吉展示。矢部也是一名来到满洲地区的植物学家。

大贺注意到罕见的昆虫等生物。在田野中采集植物时，经常发现田地、路旁或是道路中央堆着牛粪、马粪、驴粪、羊粪或是人的粪便。这些粪便上面有群生的虫子。

大贺饶有兴趣地观察这种叫"蜣螂"的昆虫。蜣螂不会生存在日本这种湿度高的国家，一般生存在地中海沿岸地区、土耳其、小亚细亚半岛、蒙古、中国等地。大贺在满洲当地，不断地观察这种罕见的昆虫的生活状态。

中国有许多诗歌以蜣螂为题材。

蜣螂

洪钟起暗室，飘瓦落空庭。谁言转丸手，能作殷床声。

昏暗的房间中响起洪钟的声音，
掀起的劲风震得瓦片落满了中庭。
粪虫推动小小的弹丸，
也发出了嗡嗡的声响。

（蒲地欢一译）

而在当地的最大收获则要数大贺为之付诸一生的莲。

1917 年，大贺听说在普兰店的泥炭地中发现了大量古莲子，他决定亲自去采集。

1907 年，"满铁地质调查所"的木户忠太郎所长发现普兰店的居民捡来古莲子食用，于是将古莲子带回了东京。

"普兰店"源自蒙古语，传说在元朝时，士兵曾经驻扎在这一地区。

大贺看到人们从广阔的田野中采集的莲子，就询问了一个叫刘雨田的中国人。刘雨田的祖先两百年前从山西省迁到普兰店，之后世世代代居住在此地。

"这是什么种子呢。"

刘回答说：

"这是三百年前的莲的种子，虽然是很久之前种子，但是还会发芽。"

大贺要了点儿莲子来种植。没过多久，莲子就发芽了。如果那个姓刘的中国人所言属实的话，那么三百年前的莲子直到现在还活着。但是不知道刘有什么依据说是三百年，有可能只是传说。

大贺再次奔赴普兰店。

他用锄头挖开田地，发现了大量的莲子。

将莲子种下后，没过多久就发芽了。

挖开家里的泥墙时，里面也发现了莲子。真是令人不可思议。尽管到处都是莲子，但这一带都是田地，没有发现一株莲。

"这莲子究竟经历了多长的岁月啊！"

放眼望去，田野旁有一棵巨大的树木。大贺调查了这棵树木的年轮后发现它已经有上百年的寿命了。因为树木周围全都是莲子，从树龄来看，莲子的年代应该在百年以上。

在一亿多年前，地球上就有莲了。比起诞生于数百万年前的人类来，莲的生命与历史要久远得多。

"真是不可思议啊，种子也是同样长寿吗？"

大贺向刘询问：

"有什么证据可以证明这是三百年前的种子。"

于是刘给他看了买卖这块土地的契纸，上面标注着是雍正多少年。雍正是清世宗统治时使用的年号，指的是 1723 ~ 1735 年。听说这块土地以前是池塘，祖先买下土地之后将其改造为田地。这样的话，可以确认莲子是两百年前的产物。

随着大贺一步步搜集证据，并且反复进行实验，得出的结论是这些莲子应该是三百年前的产物。

"这种子都有三百年历史了啊……"

总之，所有莲子都发芽了。如果为稻子等作物播种的话，一年后的种子已经不能发芽了。种子和稻米一样，生命力很短。短的话两周，最长也超不过十年。其中只有莲的种子可以存活一百年、二百年、三百年，大贺感到十分不可思议。

中国有一则与古代莲开花密切相关的寓言故事，叫《莲与泥沼》：

在阳光明媚、万物复苏的春天，残酷的乌鸦将莲的种子丢弃在池中。乌鸦想着莲的生命就此终结了。莲的种子沉入水底，感到意气消沉。它忍着眼泪，开始浑浑噩噩地沉睡。这时泥沼亲切地向莲的种子说：

"不要放弃，你还拥有着很大的希望，为什么不满怀自信地创造美好的明天呢？"

莲的种子摇了摇头说：

"在这种破地方还能有什么希望呢？和死了没有区别。"

泥沼严肃地说：

"不。只有失去灵魂者才会埋葬于泥沼之下。有生命之物只要耐心地等待机会，就算在三千年时间中一直沉睡，总有一天会长成茁壮的植物。"

于是莲的种子打起了精神，它开始发奋斗争，顽强地等待机会。

光阴似箭，漫长的岁月转瞬即逝。在某一年春天，发生了奇迹。有人来到这片池沼，想要挖掘泥沼养鱼，这颗一直在沼底煎熬的莲种也被挖了出来。

古莲茁壮地生长，绽放了娇艳欲滴的红色莲花。泥沼高兴地祝福莲的种子：

"只要你追求生命，生命自会向你微笑挥手。只要你追求光明，光明自会来到你的身边。"

在中国，莲子以长寿闻名，甚至被写进寓言故事当中。莲子生长在果托当中。果托里的种子掉落下来也不会发芽，可以埋藏一二百年时间。尽管掉落了大量莲子，但是莲子之所以能够长生，正是因为其不发芽。

想要让莲子发芽，必须用锉刀将其割开，或是一下切开，或是用剪刀将种子偏圆的、不尖的一端剪开，让空气通过。只要将开口的莲子放入水中，使水浸透至开口处，快的话三四天就能发芽，慢的要十天左右，不过也很容易发芽。

此外，种子发芽还与温度相关。因此如果要在冬天让莲子发芽的话，需要将其放入被炉当中。芽会慢慢长成莲根，由一块莲根可以长到一千块、两千块莲根。在春天播种，一开始莲根很细，但是到了秋天会生出惊人数量的莲根。小池塘里可以长出四到十株莲花，如果是大莲池的话，会绽放出一两千株莲花。枝上还会长出孙芽、曾孙芽。

大贺将长寿莲子的故事告诉了报社记者，记者将其写成了报道。

但是，大贺一开始并没有勇气断言这是三百年前的莲子，只对周围人说是一到二百年。尽管大贺对古莲子抱有浓厚的兴趣，但当时的他并没有特别想要研究古莲子。

与野口英世的相逢与分别

歌子在乘坐火车时观察周围的乘客，她发现了一件事。日本乘客在车里除了吃东西和打盹以外，不做别的事情，而欧美乘客一刻也不停歇，男人看书，女人编织东西。

歌子心想：

"我也织点儿东西吧。"

歌子开始研究编织，她织了件外套送给朋友的孩子。这个时期的日本女性和孩子都穿着和服，因此温暖的外套没过多久便在寒冷的满洲地区获得了人们的好评。

歌子宣扬"改良服装"，推荐周围的人们穿着用毛线编织的衣服。

不久后，歌子接受了满铁公司的委托，她开始走访铁路沿线的妇女们，教她们用毛线织衣服。

后来编织传至整个满洲地区，甚至传遍中国，一时间风靡大江南北。而这一流行的源头正是歌子。

除了用毛线织衣服以外，歌子还在刺绣、剪纸工艺、织领带、编筐、封蜡工艺、制作纸袋与玩偶、琴、插花、茶道、歌谣、单人舞、食疗、料理等方面拿手。

大贺也佩服地对歌子说：

"你真是努力啊。"

听到这句话，歌子打心底感到高兴。

"能够得到你的认可，我就心满意足了。"

同时歌子还十分能言善辩，擅长高谈阔论一些趣事逸闻，她还登上过讲台进行演讲。

或许是由于这一原因，她经常访问朋友家，一点儿都不在乎地位的高低。

但是，歌子对习字和日式剪裁很不擅长，这点让夫妇俩都十分苦恼。

两人一直没能生出孩子。尽管大贺终生为此所困，但是看到歌子热情地投入工作，并努力为孩子们和其他人做出贡献，大贺心里也感到满足。

此外，歌子还从一座不动明王的寺庙的老婆婆那儿学会了名叫"灵命术"的按摩方法。

这时大贺告诫妻子：

"应该把这种技艺和宗教分开。"

歌子一开始没想到这些，只是单纯地将灵命术作为按摩技术用于治疗。她还为附近的农户提供治疗，他们也将当时比金钱更加宝贵的粮食作为谢礼送给歌子。

歌子毫不吝惜地将粮食分发给了人们。"给予比接受更加幸福"正是大贺家的家训。

在周围人看来，帮助他人仿佛是这对夫妻最大的快乐。

一天，大贺的师弟政池仁来到满洲的大贺家里住下。政池从1923年10月就读东京大学时起就参加了内村鉴三的《圣经》研究会，并且自1924年夏天起，和其他学生一起在山形县小国地区进行传道。

政池注意到夫妇两人的生活，大贺的作息是夜猫子型，他直到凌晨两三点都还在埋头研究，而歌子早上4点左右就起来用毛线织领带，或是忙别的事情。她早起编织领带和忙其他事是为了补贴家用以及为年幼的弟弟妹妹们准备学费，还有大贺买书的费用等等。

大贺在研究方面是伟大的人物，但是他不谙世事，想必歌子煞费了一番苦心。

《新约圣经·马太福音》第六章第34节有这样一句话：

"所以，不要为明天忧虑，因为明天自有明天的忧虑；一天的难处一天当就够了。"

大贺的性格是名副其实地"不为明天忧虑"，正是歌子在他身边才能让他明天能够安心。女人的工作都是不为人们所知的，不像大贺的研究那样闻名于世，但大贺正是依靠歌子的力量才成为世界级的博士。

政池看到歌子勤劳忙碌的身影，心想：

"正因为这些工作都是在背后进行的，所以在上帝面前女人的工作比男人更加值得尊敬。"

1923年，大贺受"南满洲铁道株式会社"之命，前往美国马里兰州巴尔的摩的约翰·霍普金斯大学留学。歌子也陪伴他一起过去。

由于歌子普及编织的活动得到满铁的好评，所以公司为她掏了路费，让她和丈夫一块儿赴美。

6月1日，大贺为了赴美的准备而暂时回到日本，他访问了东京大学的恩师藤井健次郎，并给他看了普兰店的莲子。

藤井吃惊地说：

"这么长寿的植物十分罕见，你务必去调查一下。"

大贺调查了文献，并整理好之前的实验笔记，撰写了关于长寿古莲子的论文。

藤井读完这篇论文后，说了一番像是预言的话语：

"今后，人们在写作关于种子的长寿的论文时，相信他们必然会首先引用这篇论文。你也会因此名扬天下。"

歌子将在满洲采集的大量植物标本交给曾经在满洲访问过大贺的植物学家矢部祯吉保管。这些标本作为资料用于增补、修订大贺和矢部的合著作品《南满洲植物目录》。

矢部和一名助手利用暑假的大部分时间整理了歌子交给自己的植物。

大贺由于需要抽出时间撰写莲子的论文，所以乘坐比计划晚了一班的轮船赴美，于8月24日从横滨出发。

9月1日上午11点58分32秒，大贺夫妇还在赴美的轮船上时，日本关东地区发生了7.9级大地震，震源位于神奈川相模湾西北方向80公里的海面。

矢部受歌子之托整理好的植物标本摊放在东京女子高等师范学校植物实验室的桌子上，因此也遭到了地震的破坏。于是，矢部自己多年来采集的植物标本也好，大贺与歌子的标本也好，全都化为灰烬。

歌子在夏威夷通过广播得知东京女子高等师范学校火灾的那一刻，不由得泪如雨下。

大贺赴美之后，在他终生仰慕的良师 B. E. 利文斯敦门下研究植物生理学。

此外，由于大贺曾经仔细观察过日本与满洲的植物，并且分析出其差异源自温度、水和土壤，所以他还决定学习气象学与土壤学。

大贺带来了从普兰店的泥炭地中出土的上千个莲子。他利用研究的余暇钻研了古莲子，当地《纽约时报》、《亚洲办事处》和《巴尔的摩太阳报》等报纸对长寿的莲子深感兴趣，大篇幅地报道了"五百年的古莲子成功发芽"的新闻。

由于这一报道，大贺在美国受到人们的赞赏，一时成为众人追捧的对象。

因此，他在霍普金斯大学受到一年的特殊待遇之后，1924 年被博伊斯·汤普森植物研究所招聘，继续进行半年时间的研究。

美国的新闻传至日本后，日本报纸也报道了大贺的事迹。

一天，大贺夫妇应邀出席宴会，大贺对歌子说：

"你唱首歌吧。"

歌子拒绝了，但是大贺坚持让她唱。歌子对流行歌曲完全不熟悉，只好在大家面前唱了一首《君之代》。听她唱完，整个会场都鸦雀无声。

宴会结束后，翻译对歌子说："美国人都说日本的歌听起来很凄凉。"

歌子后来提到，这是大贺让她最为尴尬的时候了。

同时，歌子也去美国化的学校上学，和从欧洲来的人们一起努力学习英语。

勤奋的歌子通过阅读百遍的方法来学习英语，她一年内翻烂了三本英日辞典，英语说得比大贺更加流利。

之后歌子进入哥伦比亚大学家政科，进行设计等方面的研究。她思维清晰、心灵手巧，考试分数一直在 90 分以上。

1925 年，大贺参观了美国耶鲁大学、哈佛大学和华盛顿大学等各大高校。

大贺还访问了内村鉴三年轻时就读的艾姆赫斯特学院。他在临时回国时向内村做了汇报。

大贺对内村说：

"我在艾姆赫斯特学院里看到札幌农学校的成绩单，内村老师的成绩真是出类拔萃啊。"

听到这，内村笑着说：

"我在世界任何地方都不会给你们丢脸的。"

内村和大贺两人相视而笑。

在访问了美国各所大学后，大贺去往英国。

在参观伦敦的大英博物馆时，大贺发现其中展览了莲的种子。

仔细一看，上面写着："一百五十年前的种子存活于世"。

11 月 15 日，大贺为大英博物馆收藏的古莲及其他植物的古种子进行发芽实验。

但是这些种子都不能发芽，已经全部死掉了。

"我以前以为莲的种子不容易死，看来还是有些会死掉啊。一百五十年就死了吗？不，这是因为种子不是在泥里，而是放在箱子中才死的。"

大贺之后还到了德国、法国，在各个国家进行古莲子的研究，取得了很大的成果。

歌子想要重新采集在关东大地震当中丢失的植物标本，她在美国、欧洲时也到当地的山野采集植物，为大贺提供了珍贵的资料。

1925 年，大贺在华盛顿学会上认识了细菌学者野口英世。

野口于 1876 年 11 月 5 日出生于福岛县。1900 年 12 月，他从横滨乘坐亚米利加丸赴美。野口在宾夕法尼亚大学担任费勒克纳尔博士的助手，从事蛇毒的研究。1914 年 4 月，他成为洛克菲勒医学研究所的正式员工。野口曾经多次被列为诺贝尔奖的候选者。

这时，一起前往参加会议的歌子为野口沏茶。

野口非常开心，他说：

"日本的夫人给我沏了茶。"

野口的夫人是美国人，所以歌子给他沏茶让他十分高兴。

这是大贺与野口第一次见面。之后，两人交往甚密。野口对大贺说：

"我对植物完全是门外汉，你教教我吧。"

野口努力钻研植物的态度，让身为植物学专家的大贺很感动。看到从 1900 年赴美后一直坚持在海外进行研究的野口，大贺心想：

"比起野口先生来，我只是来自日本的一名初出茅庐的青年。"

野口事事鼓励大贺。

"不需要对美国感到惊讶，我们是日本人。"

在大贺有些瞻前顾后的时候，野口一直劝他多放松。

在野口的鼓励下，大贺的研究进行得十分顺利。

当大贺的研究取得一些进展时，《纽约时报》马上进行了报道。于是野口鼓励他继续写论文，大贺便继续执笔。于是，大贺的论文不断得到完善。

没过多久，大贺的声誉甚至可以与野口相提并论了。《纽约时报》等报社记者争相对他进行报道，其评价还传至日本。

1927 年，野口前往非洲加纳的阿克拉研究黄热病。因为野口开发的疫苗对南美的黄热病极为有效，但是对非洲的黄热病却没有效果。

当年 10 月，大贺在纽约港口目送野口离开，这是他最后一次见到野口。

1928 年 5 月 21 日，野口由于感染黄热病，在阿克拉的医院结束了自己 51 岁的生命。

当时高峰让吉也在美国。高峰是成功提取了用于止血剂的肾上腺素的科学家。大贺在学会上认识高峰后，经常去高峰家玩，两人关系很好。

1913 年，高峰成为拥有日本"高峰淀粉酶"专营销售权的"三共"（现在的"第一三共"）首任社长。

第三章 歌子的"祈祷"

为满洲地区的福音化而效力

1926 年 6 月 1 日，大贺游访欧洲各国后再次回到大连。

同年 11 月，大贺迁居奉天，作为奉天教育专门学校的校长代理人负责满铁员工的教育。

大贺和歌子也在奉天创建了星期日学校。大贺夫妇与英国、美国、荷兰的基督教传教士来往密切，致力于在满洲传播福音。

从内地去往满洲的基督教界著名人士都会住在大贺家，歌子亲自下厨招待他们。

此外，大贺邀请浅野犹三郎来到满洲，进行几年时间的传道。所有的费用都由大贺承担，歌子带领着浅野走遍了满洲各地。

大贺还把领养的弟弟妹妹们带到满洲。曾经袒护歌子、年仅 7 岁就斥责过内村鉴三的小弟弟洁读完三年初中后在东京学习了两年时间，之后回到奉天读医科大学。

然而，洁离开大贺和歌子在东京生活的两年中，与过去判若两人。他只穿最好的西服，还经常去朋友那打麻将到深夜。他死乞白赖地讨来零花钱，瞒着大贺他们买了小提琴和曼陀林藏在朋友那儿并进行练习。

一天，洁的一条叠成两折的大毛毯中间破了一个洞。这是因为洁个子很高，所以他睡进叠成两折的大毛毯时，脚戳破了折叠的地方。歌子用法兰绒布将破洞缝了起来。

但是，第二天早上洁去学校之后，歌子看到那条毛毯已经被撕碎得像裙带菜一样丢弃在一旁。

"他是不喜欢用布把毛毯缝起来吧？……"

然而没有钱买新的毛毯。歌子只能无奈地将毛毯条捡起，一边哭泣一边用缝纫机将它缝好。

歌子每踩一脚缝纫机，都在虔诚地向上帝祈祷：

"上帝啊，请您救救这名青年吧……"

然后歌子用平纹细布制成被罩，将缝好的毛毯装入，等待洁回来。

当洁回家时，歌子说：

"小洁，对不起，家里只有这条毛毯了，也买不起新的，所以今年就用它对付着吧。"

歌子已经做好洁发怒的心理准备了，但洁的反应却出乎她的意料。

"谢谢。"

洁道了句谢，然后睡进了毛毯中。

在此一年、两年后，洁一直使用这条毛毯。即使当他大学毕业后成了一名儿科医生，过上奢侈的生活，他也没有丢弃这条毛毯，每晚都盖着它。

后来歌子有事离开了奉天的家，去往大连。

"希望洁能成为一个好人。我愿断食一周祈祷。"

不过，由于第三天在奉天有事，歌子便回去了。

到家的时间正好是饭点儿，但是洁没有从房间里出来。歌子心生疑惑，去洁的房间问他。

洁的回答让歌子大吃一惊。

"我从今天开始断食。我想听姐姐的话，但是听不进去。所以我想让自己能够听进去。"

洁不可能知道歌子为他而断食，而在她断食三天后，洁也下定决心为了歌子而断食。

歌子喜从心生：

"上帝听到了我的祈祷……"

歌子向洁坦露了自己的心声：

"实际上我也断食为你祈祷了呢。你还是年轻的学生，不能少了营养，快吃点饭儿吧。"

在歌子的再三劝告下，洁说：

"那我们两个吃一份饭吧，吃点儿米饭跟一碗汤，还有咸菜。把这些分成两半一起吃吧。"

歌子拗不过洁，于是和他一块儿吃了。

但是，洁的坏习惯并没有改掉。他一直抱怨歌子做的菜。鱼只吃鲷鱼，而且必须是新鲜美味的鲷鱼。

牛肉也只吃最高级的里脊肉。

歌子不想被洁抱怨，于是倾其所有买来洁喜欢的食材，但是洁没有一次吃饭的时候不发牢骚。

歌子终于忍不住发火了，她训斥道：

"你无论到哪家哪户，都没法每天光吃好吃的。"

歌子和洁每天都吵架。

不久后，歌子心想：

"这样下去的话，洁只会越来越任性。能不能想办法让他改了这个坏习惯呢？好吧，这次开始祈祷他能够正常吃饭。"

歌子一边做菜，一边小声地祈祷：

"上帝啊，请保佑洁不再这么任性了，让我做出能成为他的血与肉的食物吧！……"

歌子一边切萝卜，一边祈祷：

"小洁，对不起，将就吃点儿难吃的副食吧。"

以前歌子都是让家里擅长做菜的伙计来做饭，这时歌子亲自下厨了。她没有购买任何昂贵的食材，就烧了一顿非常简单的便饭。

歌子小心翼翼地对从学校回到家的洁说：

"今天只有这些了。"

本以为洁会发怒，没想到他默默地吃了起来。

"这个真好吃。姐姐是你亲手做的吧！"

之后，洁再也没抱怨过吃饭的事了。

尽管解决了毛毯和吃饭的问题，但是洁并不想戒除麻将。

歌子半断食地祈祷。第五天，洁问歌子：

"姐姐，这次你又是在进行什么修养呢？"

"我在祈祷让你戒了麻将。"

"打麻将不好吗？"

"我没有见过打麻将是什么样的，所以不知道麻将本身是好是坏。但是麻将对你来说是不好的。你读完大学当医生时，如果熬夜打麻将，半夜又要去看急症病人的话，还能尽自己的全力吗？"

从此以后，洁也戒除了麻将。

这让歌子确信祈祷是有效的。

"上帝真能听到我的祈祷呢。"

歌子在祈祷时，忘却了自己与自己的家庭，仿佛只有云端的基督与歌子在对话。

歌子晚上也不睡觉。她把被子堆得高高的，坐在前面祈祷，犯困时也只倚着后面的被子，绝不躺下来。因为一躺下就会一觉睡到第二天早上。当祈祷时感觉到身体变得温暖，大概便是歌子的祈祷被听到的时候了。

有一天，歌子看到洁好像很疲惫的样子，她对洁说：

"洁，你身体太累了，这样下去的话，早晚会连一个小时都没法学习了。"

洁听到后，回答说：

"现在已经是这样了。"

于是，歌子通过拿手的灵命术来给洁按摩身体。她一边揉着洁的手，一边祈祷：

"主啊，请让这双手只为您的荣耀而使用。"

一边揉着洁的脚，一边也祈祷着：

"主啊，请让这双脚永远不会踏足违背您的圣旨之处。"

歌子每天花三个小时一边给洁按摩身体一边祈祷，结束后再为洁沏好红茶。

歌子一大早就起床，走到还在沉睡的洁的枕旁，将手放在洁的头上，祈祷 30 分钟。

"主啊，请您今天一天都与这名青年同在，让他好好学习。"

这样持续了一周时间，洁终于恢复了精神。

"姐姐，我最近学习状态很好了。"

不到一个月时间洁就像过去一样精力充沛了。

当洁在大学里参加考试时，歌子一直都在家中祈祷。

洁在大学毕业后以冰球选手的身份去了欧洲。大贺原本反对他去，歌子再三向丈夫请求，最后向别人借了 1500 日元的巨款，才让洁赴欧。

路费都是用借款凑够的，所以没法像其他成员一样给洁新做一套西服穿，只能让洁穿着大贺学生时代的旧外套。

洁回国后的一天，曾经担任驻德总领事的大贺伯父过来问歌子：

"小歌，你不顾一郎反对，坚持让洁去了欧洲，结果得到什么了呢？"

歌子回答说：

"买了一件好外套。"

"那给我看看吧。"

歌子指着旧外套说：

"就挂在那儿呢。洁一开始很不情愿穿着那件脏外套去欧洲，但是到了德国后，他与前皇帝的弟弟所在的队伍进行了比赛，皇帝弟弟的外套比洁的更加脏破。但是那个人非常有风度，比赛的态度也十分端正。洁看到后，感觉非常羞愧。他回来时说：'我没法模仿他的风度与端正的态度，但是至少可以模仿他的外套。'于是，洁每天都穿着那件外套去学校了。"

听完歌子这番话，伯父说：

"小歌，你真的让洁成长起来了啊！"

歌子感激地眼角发热。

这时，正好洁回家了。

伯父对洁说：

"小洁，恭喜你了。我给你做一件西服和大衣当作贺礼吧。"

但是洁拒绝了。

"我想穿着适合自己的衣服。"

有一天，学生朋友们为了欢迎洁等人从欧洲回来，在一家餐馆举行了欢迎会。大家都在宴席上喝酒干杯。但是洁只用嘴碰了碰杯子，并没有把酒喝下去。

看到这一幕，其他学生不由得生气了。

"不喝掉这杯酒的话，我们就绝交！"

洁起身走到末席，双手平放在榻榻米上，说：

"我一直都为了运动部而拼尽了全力，但是如果你们说不喝酒就要绝交的话，那就只能绝交了。我喝酒的话有一个女人会死的。"

听到这，学生们都猛然站起身来。

"什么？女人？"

当时的学生并不认为请艺伎或者鬼混是不好的事情，但是他们极度厌恶坦白承认"爱一个人"的男人。学生们一起站了起来，眼看洁就要挨打了。

此时，店里的老板娘打断了他们：

"大家等一下。"

老板娘面朝洁问他：

"大贺，你说的女人是你姐姐吧。"

洁点了点头。

"是的。"

"是吧，我就知道是这样。各位，大贺是为了基督教徒的姐姐才不喝酒的，请原谅他吧。请大家不要在这一宴席上喝酒了，如果要喝的话，请到别的餐馆去。我们这儿不上酒了。不过，如果从现在开始各位不喝酒的话，今晚的餐费我一分不收。"

听到这，学生们都不再激动了，各自回到座位上。

之后欢迎会在和睦的气氛中继续。除了学生们点的菜品以外，老板娘还上了许多别的菜肴。

洁在大学毕业后成为一家小医院的院长。但后来由于婚事发生了纠纷，洁想要悔婚。大贺终于宣布断绝与洁的关系。

歌子当时和洁住在大连的胜又家中，她给丈夫写了一封信：

"在一座山上有一对小鸟。雌鸟在孵蛋。突然山上发生了火灾，雄鸟飞起来在巢的上方盘旋了几周，但火越来越旺时，终于飞远了。第二天有人看到一只雌鸟已经死去。但是她的身下传来啾啾的声音。在小鸟的尸体下，一只幼鸟刚刚破壳而出。你是雄鸟，所以与洁断绝关系吧。我是雌鸟，所以我不会放弃洁。在我烧死之后，孵着洁的蛋将会回来吧。"

大贺读完这封信后，将其附在信中交给了胜又的家人。

胜又的家人给洁看了信之后，洁颓然倒在地上，哭出声来。

洁表现出彻底悔改之意，他同意了婚事，与该女性结婚，之后获得医学博士的学位，成为一名儿科医生。

通过研究普兰店出土的古代莲获得学位

1927 年 4 月 20 日，大贺通过将普兰店出土的古代莲的研究成果整理为《南满洲普兰店产的活古莲子的研究》，获得了东京帝国大学的理学博士学位。论文中指出，普兰店的古莲子是世界上最长寿的莲子，过去拥有一百至五百年的寿命，将来还能活两千五百年，并且明确分析了其理由。

牧野富太郎也正好与大贺在同一天获得了学位。牧野通过长年的研究成果《日本植物考察》获得了博士学位，他是植物学科第一个获取博士学位的人，而大贺是第二个。牧野当时已经 66 岁了。

大贺还有一个同级的同学，叫小仓谦，他俩同时在藤井健次郎门下学习植物形态学。

大贺与小仓两人是很好的竞争对手，但是自从大贺先于小仓获得博士学位以来，两人的关系就非常不好了。大贺从来没有说过小仓任何坏话，但是小仓心怀恶意，开始处处贬低大贺，并且一辈子都在和大贺作对。

1928 年 6 月 4 日，中国的张作霖中了关东军的计被炸死。关东军是关东都督府的守备队，其目的是防守大日本帝国在中华民国的租借地——"关东州"以及满铁的附属警备。

张作霖在日俄战争中作为俄国的间谍在暗中行动，被日本逮捕后，奉后来成为日本首相的田中义一少佐之命做了日本间谍。

1911 年，在推翻清政府、建立中华民国的辛亥革命后，张作为一大军阀，在中华民国鞭长莫及的满洲地区获得了权势。

1926 年，张暂时攻下了北京，但在 1928 年被蒋介石的国民军打败后回到奉天。但是，此时关东军已经计划成立"满洲国"了，对他们来说，张成了一大妨碍。因此，关东军参谋河本大作大佐制定了计谋，炸毁了张乘坐的列车。

该事件被视为日本军方的计谋，在国际上受到诸多指责。

大贺也对关东军的做法心生疑问，甚至是感到愤怒。他开始从心底对满洲的生活感到疲惫。

大贺想要离开满洲回到日本。他在临时回国期间，将这一想法告诉了内村鉴三。

内村说：

"总之你先回满洲吧。"

大贺听了内村的话，回到了满洲。

歌子从始至终都在精神上支持着丈夫。两人的夫妻关系一直都很融洽。

一天，内村的学生汤泽健从满洲旅行回去后，对友人政池仁说：

"我在大连看到了一对理想的夫妇，那就是大贺老师和他的夫人。两人肩上扛着植物采集器，带着便当一起去山野里采集植物，回去之后其乐融融地进行研究。我也想要拥有那样的家庭。"

政池去往满洲时也目睹了大贺夫妇和睦相处的情景。

歌子为了鼓舞丈夫而采集的植物当中，有一种新型紫罗兰。大贺将这种紫罗兰取名为"歌子紫罗兰"。

政池夸奖"歌子紫罗兰"时，歌子谦逊地说：

"虽然说是我发现的，但它是由我丈夫研究、确认为新型种类的，所以我只是挂个名字而已。"

甚至还有人为了看歌子和"歌子紫罗兰"而特意前往满洲。

歌子对政池说：

"不过，这种花儿一点儿都不美丽。开着小小的素淡的花朵，有人想着是有多美的人发现了多美的花而过来看，结果很是失望呢。"

政池心想：

"就算有人对歌子紫罗兰不怎么好看而失望，但是看到歌子如此贤惠，尤其是对信仰的虔诚真挚，以及为大贺而付出一切，相信没有人会不惊叹吧。"

1931 年 4 月，《紫罗兰图谱》第一集由生物兴趣会发行。在整理了歌子在日本、欧美以及中国满洲地区采集的大量植物后，仅将"紫罗兰"部分用太田洋爱的绘画制作为图谱，由大贺监修。

太田从师大贺，学习植物画，他同时也因为在岐阜县白川乡发现新型太田樱而闻名。《紫罗兰图谱》第一集只有十张图，牧野富太郎为其作了序。

大贺原本打算接着出版第二、三、四集，每年出版两三集，持续数年时间。

但是，在该书出版当年的 9 月 18 日，爆发了"满洲事变"。

日本关东军在奉天（现沈阳）郊外的柳条湖炸毁了"南满铁路"的铁轨。关东军借口是"中国军队的行为"而出兵，引发了日本与中国之间的战争。

从事件发生的几天前起，日本军就在大贺担任校长代理的奉天教育专门学校的屋顶上建造瞭望塔，测量着弹距离。光从这一点来看，该事件也明显是故意策划的。

满铁总裁内田康哉夫妇被军部软禁于大连的大和旅馆中，无法外出一步。

内田夫妇将大贺和歌子叫到旅馆，向他们打听了许多外面的信息。

歌子通过自己擅长的英语收集了信息，向内田夫妇报告。

当时，如果内田不管怎么受到军部的威胁也不拿出资金的话，事变可能不会造成那么大的影响。但是内田还是太软弱了，他最后终于向军部提供了满铁的资金。

关东军仅仅在五个月内就占领了整个满洲，"满洲事变"接着发展成了日中战争、太平洋战争。

一直待在满洲的大贺对张作霖被杀害的原委、占领柳条湖的经过等都十分清楚。正因为如此，他才无法忍受。

"我不赞成日本军队的做法。但是这意味着我是对天皇不忠的国民。我不能再留在这里了。"

大贺决定离开。周围人知道后，纷纷劝阻。

"拜托你留下吧。"

但是大贺下定了决心。

"不行，我已经知道得太多了。正因为如此，我不能再留在这里了。"

大贺还想在满洲做一些事情。他还准备创建"满洲文理大学"，以及理化、生物、农工的大研究所、大图书馆、大博物馆等。在走访欧美各国时，大贺一直抱着这一心愿考察当地的情况，但事已至此，他不得不放弃一切回到日本。

大贺向满铁提出辞呈，并斩钉截铁地说：

"为了热爱真正的日本，我不想在向军队与时势妥协的公司里工作。"

大贺在之后于 1953 年发行的《讲述莲的故事》一书中述怀了当时的情况：

"我就这样奔赴满洲，也就这样离开了。在满洲完成使命的梦想就这样不堪一击地破碎了。我赤手空拳，仅凭一己的信仰想要开拓国土，但是败战后如今只能将余生寄托于古莲的研究，这样过了二十年。我想要战胜不义，开辟乐土，但这些却是我力所不能及的。我不知道我应该去往何方。只能任凭大能之圣手操纵。"

大贺辞去"南满洲铁路株式会社"的职务，成为一名普通百姓。1932年 2 月 4 日，他回到东京。

由于离开了满洲，歌子的《紫罗兰图谱》只发行了第一卷便没有了下文。

大贺和歌子离开满洲时，曾让歌子烦恼不已的大贺最小的弟弟洁为两人买了一条上等的骆绒毛毯。过去，洁曾经将歌子用布缝补好的毛毯撕得稀烂。骆绒毛毯饱含洁对当时行为的歉意，以及对迄今为止一直养育自己的感谢之情。

大贺回到日本时，恩师内村鉴三已经不在人世。1929 年初，内村的心脏出现了异常。他努力休养，但是从当年年末开始就只能卧床了。第二年，1930 年 3 月 20 日上午 8 点 51 分，内村在可以瞭望到樱花盛放的病房中离开了人世。

由于内村去世，《圣书之研究》以第 357 号为最后一期。但是，内村的教诲深深扎根于大贺心中。

大贺每年都去拜访一次长眠于多磨灵园的内村。

大贺回国后，住在基督教系男生宿舍春风学生宿舍中。该宿舍位于世田谷的经堂，是由内村门下的道正安治郎于 1929 年建立的。

1932 年 4 月 28 日，由于父亲隐居，大贺继承了家业。父亲的僧名为义海，他一直探索着僧侣之道。

大贺在东京女子大学执教。但是他对工作做出了一个决定："我做了对不起天皇陛下的事情。不忠的国民不能成为官吏。我从此以后不再从事公共工作。"

大贺认为自己辞去满铁的工作，从满洲回国是不忠的行为，所以一直只以讲师的身份授课，而不想正式担任职位。

从春风学生宿舍暂时搬至青山后，1933 年 8 月，大贺一家定居于东京府淀桥区上落合。家附近是内村的弟子畔上贤造的住宅。

大贺将自己的家对外开放，以"大贺圣书研究会"的名义组织对《圣经》的讲解。

除此以外的时间，大贺一心埋头于东京大学农学部和在自己家里的研究当中。

大贺在家里修建了一个池塘，其中放置了 50 来个莲的花盆，对从满洲地区和欧美获得的大量莲子进行研究。

莲子数量一开始是 1000 颗、2000 颗，最后达到了 15000 颗。

首先尝试煮莲子。一煮就死的话，将温度从 100℃ 逐渐下调至 95℃、90℃、80℃、75℃ 等。加热至 100℃ 时，过了一个小时，所有莲子都死了。但将温度降至 70℃ 时，莲子可以生存大约两周时间。可见，温度越低，莲子的寿命越长。

"原来如此，降低温度的话，可以延长寿命。"

大贺将数据制成了曲线。计算结果表明，当温度降到 0℃ 时，莲子可以生存一万五千年左右。

大贺制定了公式。只要套用公式，就能得知莲子的年代。

"这真的很有意思。"

大贺为了自己的研究来到上野的不忍池挖掘泥土。和在普兰店时一样，他挖出了大量莲子。而且这些莲子都是活着的。

将莲子种下去，都发了芽。不忍池从三百多年前就有莲花生长了，而挖出的莲子全都是活的。死的莲子是因为腐烂。

"真是不可思议啊！莲子果然是不会死的。"

大贺从满洲回到日本的那一年，正好迎来了50岁的分水岭。

"那今后要做些什么呢？……"

大贺和歌子之间一直没能有孩子。大贺一开始领养了弟弟妹妹，后来又养育了他们的孩子。可以说，大贺为了养育这些孩子，花费了整个五十年的生涯。其间一直在与贫穷做斗争。

一天，大贺吟咏了一首和歌：

"破败或家富，孩童皆开怀。花香溢四方，小鸟欢啼唱。"

此外，大贺的朋友曾经吟咏道：

"贫贱伴我身，顾影堪自怜。拖曳且往前，直至世终结。"

大贺对朋友所作的这首和歌感同身受。

这时，大贺阅读了伊能忠敬的传记。

伊能忠敬是江户中期首次测量、制作精密日本地图的人物。忠敬出生于延享二年（1745年），18岁时成为酒造家伊能家的女婿养子，之后发挥出商业才能，使逐渐衰落的酒造家再次振兴。后来，他将家业传给孩子，50岁时到了江户。当时日本的历学正处于由中国历向西洋历过渡的时期，传言说幕府要进行改历工作。

"我想要做一些脚踏实地的工作，以供后世参考。"

忠敬怀着这一心愿，拜访了参与改历工作的一名叫高桥东冈的35岁老师。

伊能拜比自己年轻15岁的人为师，在其门下学习数学。在人们皆称"人生五十年"的时代，背井离乡50岁开始学习，这样的事情不是一般人能够做到的。伊能忠敬的传记从50岁以后开始变得非常有分量，之前的他几乎可以说是一个无足轻重的普通人。

忠敬在55岁之后才开始外出测量，尽管身体有所不适，但他依然坚持从江户走到虾夷地的西别（现别海町本别海西别川河口南岸），总共走了大约1600公里。

伊能在 50 岁动身前往江户时，给女儿妙薰写了一封信：

"我过去想要出人头地，但是因为家庭的事情而无法做到。今后我想努力学习。今后我要从江户出发踏上测量之旅。"

大贺读了这封信后十分感动。

"是啊，我也 50 岁了。人真正的力量要 50 岁过后才能发挥。之前还是孩子。从把儿女们养大之后开始！从现在开始！"

研究大和当麻寺的曼荼罗

正当此时，大贺在牧野富太郎的指示下开始研究大和当麻寺的曼荼罗。

当麻曼荼罗被认为是奈良天平时代的作品，它是位于奈良县当麻寺的佛像，纵长 395 厘米，横长 397 厘米，是以《观无量寿经》为基础的阿弥陀净土变相图的一大卷轴。

《观无量寿经》是净土三部经之一，又叫《观经》。"观"是指看，"观无量寿"取自观想阿弥陀佛和西方净土。该经典提出，"不进行任何修行"的罪恶凡夫也可以通过颂扬南无阿弥陀佛得到救赎，往生极乐。其内容叙述的是释尊在灵鹫山时的故事。故事始于韦提希夫人被卷入亲子纠纷当中，她希望生在没有纷扰的和平世界中，因此向释尊请教。释尊在该经典中讲述了往生极乐净土的十六种观想方法。这幅卷轴是准确地基于唐朝净土宗宗祖善导大师（613～681 年）的注释书《观经疏》的玄义分、序分义、定善义、散善义四卷的观无量寿经变相图。

当麻曼荼罗上描绘了净土图，从前方莲池里绽放的莲花中可以看到转生至极乐净土的往生者们诞生的情景。画中还描绘了阿弥陀佛与往生者的父子在池畔相迎的样子。

这一阿弥陀佛的净土场景自古以来被称为"藕丝曼荼罗"或是"荷丝曼荼罗"。藕丝是指莲根的丝，荷丝是指莲叶柄的丝。

传说，当麻曼荼罗是右大臣藤原丰成的女儿中将姬获得天女的帮助，一夜之间用莲丝织成的。

中将姬幼年丧母，由继母抚养。但继母讨厌她，将她丢弃至云雀山。

之后，中将姬和父亲再次相逢，她曾一度回到都城，但后来自愿进入当麻寺，抄写了一千卷《称赞净土经》。

17 岁时以中将法如之名遁入佛门后，她决定编织曼荼罗。她集齐了百驮（约 1350 千克）莲茎，从中纺出莲丝，并将莲丝浸入井水中，染成五色。

传说中将姬使用莲丝，在一夜之间织成了边长四米的四方形莲丝曼荼罗。在中将姬 29 岁的春天，伴随着云间的一丈光明，观音菩萨、大势至菩萨等 25 尊菩萨迎接她去往西方极乐净土。每年 5 月 14 日，在当麻寺举办的春日大祭"练供养"重现了中将姬现身往生的场景。

莲丝是将叶下的叶柄折断拉伸后出现的无数细长的纤维。汲水部分被称为导管，其外壁为螺旋状的纤维。将 20 多根这种极其纤细的透明丝线揉搓在一起，逐渐形成呈现出原色的、柔软而带有湿润光泽的丝线。制作一匆（3.75 克，一枚 500 日元硬币的重量）纺线需要使用约 100 平方米面积的荷田的叶柄。

莲丝又叫"藕丝"。日本从万叶时代开始就把莲花写作"莲"，而中国的"莲"是指莲花的果实，大贺也认为将"莲丝"写作"藕丝"是正确的。藕丝可以从莲根、叶柄上采集，在中国用于制作最高级的绢丝。

大贺对当麻曼荼罗完全不了解。只不过小时候坐在母亲的膝盖上听过中将姬的故事，所以从小就对中将姬的当麻曼荼罗产生了兴趣。后来，大贺一直从事莲的研究，他希望以后有机会可以参观用藕丝织成的当麻曼荼罗。

当麻曼荼罗在 1934 年 7 月 31 日被指定为绘画类的重要美术作品，命名为"绘画绢本着色观经曼荼罗图、古曼荼罗贴付（寺传莲丝曼荼罗）"。它现在依然没有被列为国宝，这实在是不可思议。

大贺在 50 岁时受到伊能忠敬的传记与牧野的话语激励，鼓起勇气振作起来。

大贺称 50 岁的自己是"新生的自我"。

然而，大贺访问当麻寺时，寺里却不愿向他出示当麻曼荼罗。

大贺屡次拜访当麻寺。寺里从很早以前开始就有规定：只有成为寺里的僧侣进行修行，成为和正之后才能看到曼荼罗。因为它非常宝贵。

大贺迟迟没有说服寺庙答应自己的请求，就这样过了两年时间。

其间，大贺云游四方访莲，他去了东京附近的千住、草加和葛饰，还有千叶的木更津和八日市场，名古屋附近的津岛和立田村，金泽的小坂村附近等地区，此外，北至北海道，南至九州、中国台湾地区，他都不惜千里跋涉拜访。他的努力终于让奇迹出现了。

1935 年 1 月，大贺从台北回来后，终于如愿以偿。当麻寺的僧侣终于愿意让步了。

"给你看吧。"

但是，需要交 15 日元的香火钱。大贺没有办法，只能向朋友借了 15 日元后参拜寺庙。

制作为卷轴的当麻根本曼荼罗长约 4.2 米，宽和高约为 30 厘米，收纳在庄严的春庆漆木箱中。

"根本"是指天平时代的曼荼罗原本，又称古曼荼罗、延宝新曼荼罗。四个人将这又大又重的卷轴从曼荼罗堂后方的宝库中抬到大讲堂，轻手轻脚地将其从大箱子中取出，高高地挂在中央朱漆的木橡上。木橡是指为了承托房顶从屋脊到屋檐的长木条。

寺僧说：

"这一曼荼罗有两种说法，一种说其是绘画，一种说其是丝织品。"

大贺仔细观察后说：

"这看上去像是绘画。"

寺僧回答说：

"不，难道不是丝织品吗？"

听到寺僧这么一说，感觉也像是丝织品。

"这样啊，看起来的确像丝织品。"

这时，寺僧又说了截然相反的话语。

"不，难道不是绘画吗？"

大贺心想，当麻曼荼罗确实是不可思议，让人无法马上判断出材质。

"这真是奇妙无比啊！"

寺僧说：

"传说中曼荼罗是用莲丝织成的。你可以调查一下哪里有莲丝吗？"

此后，大贺的兴趣转向了当麻曼荼罗以及与之相关的工艺美术品的研究，他成为通过自然科学方法研究古代文化遗产的先驱。

大贺对莲的研究不再限于莲子，而是全新投入到对莲花、莲叶与莲根的研究。

学会、研究团体等机构有时候会给大贺提供研究费用，不过包括生活费在内的许多开销都受到朋友、学生、学校、妇女会、后援会、同窗会等各界的支持。

推荐大贺研究曼荼罗的牧野屡次对大贺说：

"你去制作莲的图谱吧。"

大贺也有这一打算，但是忙得抽不出时间来。

大贺一个叫奥田的朋友说：

"把莲从佛教中去掉的话，佛经都会不复存在了。光是念南无阿弥陀佛就能往生极乐，肯定能做到一些事情。念三次就能积累三次的财富。没有莲的话，佛教也会不复存在了。"

佛教与莲拥有非常密切的关系。莲是印度的国花，也是埃及的国花。

密教根本经典的解说书《大日经疏》第十五卷当中有关于莲的记述，说有五种莲。其中的优钵罗是水莲。日本和中国都没有水莲，但是印度有。莲在释迦牟尼时代就已经有五大种类了。其中两种是真正的莲，剩下的三种当中，有两种是水莲。莲花的颜色只有红色与白色，但是据记载，还存在着青莲。大贺询问寺里的人是否有青莲，得到的答复是从梵文翻译成汉文时没有弄清楚，都译成了莲。佛经中的五种莲花为钵头摩（红莲）、芬陀利华或是分陀利迦华（白莲）、拘牟头（应该是荷花）、拘牟头（青色水莲）、泥庐钵罗（黄色水莲）。阿弥陀经的 Pund arīka Sūtra（梵语中意为《法华经》）是指白莲花的经书。

1935 年 7 月 24 日，大贺在面朝上野不忍池的料亭"扬出"中举办了以观莲和听音为主的观莲会。这是在日本首次举行的观莲会。

大贺曾经听一名前辈说过："研究莲花的课题就要去上野不忍池。"

同时，大贺在 1869 年发行的下谷吟社雪江的《观莲小稿》序文中读到大沼枕山所写的"六月二十四日，为观莲节"一句，受其启发，于是举办了观莲会。

观莲会得到《每日新闻》石川欣一的帮助。大贺心想，愿意参加观莲会的风流人士应该只会有二三十人，最多也不过四五十人，于是与"扬出"的老板娘商量后，让其准备 50 人分量的料理。

没想到，到了预定时间，竟来了 150 人。其成员阵容也极为豪华，包括生物学家三宅骥一、考古学家鸟居龙藏、担任帝国大学附属医院院长以及大正天皇宫内省首席侍医的人泽达吉、日本画家冈不崩、西洋画家河野通势等人。

晚上的观莲会结束后，大贺招呼百余人来到夏末萧条得不见客人踪影的上野车站前的名仓屋旅馆，众人彻夜清谈。

莲花盛开时，花朵会在黎明时分随着轻轻的"嘣"的一声而绽放。从古代起，文人雅士们便在和歌与俳句中吟咏这一场景。虽然没有镰仓时代和室町时代的资料，但是德川中期宝历三年刊行的《心之刊》俳书中有相关的资料，这是芭蕉以后的事情了。

> 拂晓听音落 莲香飘四方（潮十子）
> 管弦轻相奏 莲花悄盛放（河辈）

从明治、大正到昭和时代，井上通泰、大口鲷二等宫廷歌人以及石川啄木、正冈子规等歌人、俳人都留下了关于莲花开花声的和歌、俳句。

> 静谧晨晓韵清音
> 亭亭玉盘绽白莲
> 恍悟清香溢满袖
> 破蕾成花始芳馨
> （白苹、啄木初期的雅号）
> 朝风拂清荷 落音莲绽放（子规）

但是，莲花是从外侧的花瓣开始一枚枚绽放的，一分钟只缓缓绽开 1 厘米左右。花瓣应该不会有开花的声音。

大贺为了证明莲花开花没有声音，首次观察了开花的方式。莲花在四天内绽放、闭合并凋谢。首次是从水面伸出 2 厘米左右的小花蕾，接着伸出花梗（从花轴中分出的、前端长着花朵的细枝）。过了 20 天左右，花蕾长至长约 10 厘米。然后，花瓣从第二天早上天色还十分昏暗的凌晨两三点左右开始绽放，到六七点左右就完全盛开了。但是，其开口的直径只有 1 厘米左右。然后花朵慢慢地闭合，约在正午时分就完全闭合了，成为花蕾的形状。莲花盛放时的形状，的确给人感觉好像会发出"嘣"的一声声响。

大贺将第一天完全盛开的花形取名为"酒壶型"。第二天，从早上 4 点或 5 点开始绽放，到了 6 点至 8 点左右完全盛开。而到了正午时分左右时，又闭合成花蕾的形状。大贺将这种完全盛开的花形取名为"碗型"。在开花的头一两天，莲花的雄蕊会散发出特别的清香，吸引蝴蝶、蜜蜂等大量昆虫来帮助传粉给雌蕊。

第三天，莲花从凌晨三四点左右开始绽放，到 7 点至 9 点左右完全盛开。到了下午，闭合成半开半闭的形状。大贺将这种完全盛开的花形取名为"盖碗型"。

到了第四天，莲花从子夜零点左右就开始绽放，到早上9点左右完全盛开，下午3点左右所有的花瓣都凋谢。大贺将这种完全盛开的花形取名为"碟型"。

就这样，莲花在四天时间内绽放、闭合，完全盛开是在早晨，到了下午就合起花瓣，所以观莲仅限于早晨。

此外，花的开闭都非常有规律，甚至根据花的形状就能分辨出时间。当然，花都会有自己的个性。但是基本上来说，每个品种的莲花都非常相似，如果会发出声音的话，应该是在第一天和第二天开花时的凌晨4点至5点左右。

参加观莲会后的第二天早上5点，一行百余人来到不忍池散步，他们为了确认莲花开花的声音，站立在中之岛的弁天岛东岸。

众人想要聆听在开花第一天到第二天莲花逐渐绽放时花瓣之间摩擦的声音。因此，他们使用了NHK赞助的用市面上出售的锥形磁石改良而成的麦克风，将麦克风安装在连接花的茎部即花梗上。通过真空管将花朵部分产生的所有振动放大至500倍，并且用接收器接听声音。

在将要绽放的莲花面前，两百只耳朵竖起来确认开花的声音。

但即便如此，还是无法听到开花声。

大贺对采访的记者们说：

"非常遗憾，听不到声音。日本是喜好风流的民族，我希望莲花绽放时会发出声音的传说仅作为'美好的风流之音'，永远遗留于我们民族中。"

人们所认为的开花时发出的声音，应该是在清晨的池塘中鲫鱼和鲤鱼食用虫子等鱼饵时发出的声响。

大贺心想：

"比起有没有声音，我们更加应该欣赏莲花本身的清丽。"

在略带凉意的晨雾中，红莲与白莲竞相绽放的夺目之姿让人倾心不已。从古至今，采莲、观莲在文人墨客当中极为盛行，这从日汉的大量文献中也可以略见一斑。

本以为开花声音的问题已经尘埃落定了，但是没想到大贺的报告成了"天下一大问题"。不光是在国内，在海外也引起了人们的热议。这篇文章在东西方各大报纸的社会专栏中引起了极大反响。

因此，第二年，1936 年夏天，大贺和牧野富太郎两人再次来到不忍池畔，两人清晨站在麦克风前重新倾听声音，进行验证。

牧野在植物学领域一直走在时代的最前沿，同时也是研究莲的先驱。牧野曾经在《理学界》杂志上发表了莲的文章，这是日本最初的文献。在这次实验中，也没有听到开花的声音。

因莲花开放时是否会发出声音引发的争论使得大贺的观莲会得到了社会各界的认可。后来大贺每年都举办观莲会。

一开始观莲会是在不忍弁天堂和清水观音堂举行，之后新建的面向弁天堂池塘的大书院成为固定会场。春日的分根会、夏日的例会、秋日的败荷会等也在此召开。

败荷是指深秋季节莲在历经风雨后破败不堪的状态。人们认为这是饶有风趣的场景，经常见于俳句和汉诗当中。

到了战乱不息之时，军队驻扎于上野不忍，因为人们无法接近池塘。之后的两年，观莲会在大贺的避难处——东京都府中市举行。

1945 年，上野不忍池的弁天堂终于因为战争的灾难而被烧毁了。池塘干涸成了水田。因此，大贺等人将池塘西岸的小码头当作临时会场，之后将挖掘水田后修建的水上音乐堂作为会场。后来由于水上音乐堂流于世俗，会场又转移至水上动物园，不过观莲会一直都以上野不忍池为中心举行。

大贺一直在背后为观莲会付出努力，战争结束后，他把所有事项都交给了东京都的绿地部公园课。观莲会成为东京都的一项节日活动，以东京都知事的名义每年 7 月 24 日早上 7 点在上野不忍池畔举行。

大贺在名为"莲之会"的聚会上，每年举办与莲相关的讲座。其中大贺谈到的一件事受到大约 300 名听众的关注。那就是日本人经常食用的又短又粗的莲根并不能长出莲花和大的莲叶。

也就是说，开花时没有莲根，有莲根的时期不会开花。莲根只会长到 5 月为止。新的莲根要从 9 月才开始生长。从春天到夏天生长的地下茎又细又长，长出许许多多的分枝，而从秋天到冬天的地下茎是贮藏了大量淀粉粒的粗莲根。莲根是将第二年春天所需的大量能量贮藏在淀粉中的器官。

春天 4 月，粗莲根的各节上长出一片片小小的浮叶后，顶芽往水平方向生长。到了 5 月下旬，从莲节上长出立叶。之后芽朝左右长成地下茎，往水平方向延伸并分成一节节的莲根。从中长出的多个莲节上会长出莲叶，到了六七月份，接触到立叶后方长出花芽。

之后再过大约一个月就会开花了。因此，花和叶下方是细长的白色地下茎，没有粗的莲根。从 8 月下旬到 9 月初，莲根才刚刚长出来，到了 9 月末，才会完全长成三节粗莲根。过完冬天，直到春天来临为止，粗莲根一直都埋在地下。冬天又粗又短的莲根是肯定长不出夏天娇艳的莲花与庞大的莲叶的。

此外，一般来说，莲根的孔是九个，不过最少的只有七个，而最多的达到十三个。长出莲花的茎中的孔一般来说是七个。

大贺惊讶地发现，人们完全不了解日本人经常食用的莲根和众人喜爱的莲花之间的关系。但这也并不奇怪。日本初级以及中级理科教科书中都反映了这种无知。

大贺深切地感受到：

"了解真相真是很难的事啊。"

此时，大贺忽然想到：

"我自己是不是也忽视了这样的错误呢？"

尽管大贺一直在接触《圣经》中所描写的虔诚心态，但是自己的问题还是容易被自己忽视。

"将肯定有的事情说成是没有；肯定没有的事情说成是有；或是不反省自己体验的不足之处，而否定《圣经》中的圣言；因为自己的无知而否定宝贵的真理……自己究竟做过多少让上帝嘲笑的事情啊！"

上帝所创造的天然比人的知识更加高深与尊贵。能够谦逊地忏悔自己的罪恶，跪在主的圣像前的人无疑是幸运的。大贺一直都在向上帝祈祷。

大贺十分单纯而超脱世俗

大贺继续对当麻曼荼罗进行研究。自从 1935 年 1 月花费 15 日元参观了曼荼罗之后，他回到东京涉猎了各种文献。当大贺一心思索曼荼罗的问题时，众人问他：

"你在做什么呢？"

在查阅了大量文献之后，大贺得知东京大学教授、文学部长、学士院会员泷精一博士在《国华》杂志上发表的论文中提到当麻曼荼罗是绘画。

和泷一样，泽村专太郎博士在 1928 年出版的《天平文化》一书中，望月信成在 1934 年出版的《日本美术史·奈良时代》（下卷）中，都称曼荼罗为绘画。

与此相反，1891 年 11 月，星野恒博士在《国华》25 号中提出当麻曼荼罗是"刻丝"（缂丝）。大约十八年后的 1909 年 1 月，平子铎岭在《新佛教》上发表了《关于织成佛像》一文，五年后的 1914 年 6 月，关野贞博士发表了《当麻曼荼罗的历史性研究》。1914 年 11 月，八代国治博士在《史学杂志》上发表了《当麻曼荼罗的历史性研究》。这些文章都从各自的立场证明曼荼罗是丝织品，而且是缂丝。

缂丝是指使用金银丝线或其他各种颜色的丝线作为经线，纬线仅于图案花纹部分与经线交织的丝织品。

如此看来，当麻曼荼罗有"绘画说"与"丝织品说"两种完全相反的结论。

1943 年 1 月，大贺的父亲义海在高野山西室院成为大僧正。大贺自己是一名基督教徒，但是通过父亲也与佛教有着很深的因缘。

1944 年 1 月 16 日，大贺最小的弟弟洁因病在千叶去世，年仅 41 岁。大贺夫妇膝下无子，一直将洁当成自己的孩子一样疼爱，他的去世给两人带来了无限的悲痛。

歌子再次祈祷：

"既然是上帝的圣意，我将颂扬上帝。"

大贺收养了洁的六名遗属，和他们生活在一起。

从日中战争到太平洋战争，大贺在日本的动乱时期生活得十分困窘。他担任东亚学院高等科的讲师，还接受了东京农林专门学校的讲师一职。之后，洁的妻子在千叶县市川市做幼儿园的保育员，以此抚养孩子。

自 1945 年 3 月 10 日的"东京大空袭"以来，美军以燃烧弹攻击为中心，持续对市区进行轰炸。大贺位于新宿区上落合的家因为 5 月 20 日的大空袭一夜之间被夷为平地。

大贺一家人失去了自己的房子，6 月份在东京都府中市府中町新成区 8931 租了房子居住。

歌子每天一大早都要背着重重的行李来往于农村两次。

大贺在经济问题、物质问题方面并没有多大的欲望，他主动让亲戚的孩子们和其他青年男女住在自己家里并且照顾他们。但是，这个时代粮食十分短缺，因此歌子所付出的辛苦不是一点儿半点儿。

不仅如此，歌子还让家里的书生们背着芋头和葱等食物，送到内村的学生政池仁和其他关系亲近的朋友那儿。购买粮食的钱主要是歌子通过自己擅长的按摩赚得的。

5 月 17 日，为当麻曼荼罗的研究提供了诸多帮助的泷精一没能等到战争结束，他在东京上大崎的家中离开人世，享年 73 岁。

如果没有泷的话，十年来的正色、红外线、X 射线照片等拍照的大工程都无法完成。泷去世之后，大贺感觉十分迷惘，不知所措。

大贺去泷家里取回了当麻曼荼罗的照片。数了一下，总共多达 2000 张。大贺不知道用这些照片能够做些什么，之后整整考虑了十年。

6 月 5 日，在高野山担任大僧正的大贺父亲在冈山市去世，享年 85 岁。

1945 年 8 月 15 日，日本迎来了战争结束。因为战争而疲惫不堪的人们慢慢振作起来，日本从被烧毁的原野开始逐渐蓬勃发展，取得了复兴。

1946 年 1 月 20 日，大贺花费了大约一星期的时间，在大阪大学理学部化学研究室仁田勇的指导下，研究室全体人员出动，再次拍摄了当麻根本曼荼罗的整体形状。这也是因为获得了武田药品工业公司第五任社长武田长兵卫的帮助。

拍摄时使用了 X 射线照片。此时有一件非常遗憾的事，本来计划是用 240 张四开的富士胶卷拍摄，但是上方第 4 行由于处理上的疏漏，无法进行拍摄。

大贺的研究表明，当麻曼荼罗是缂丝锦（绢丝），而且被修复过多次。同时明确了从技术上来说，这一古曼荼罗是中国所产，在世界染织史上是十分珍贵的物品。大贺后来在 1961 年因为该发现获得紫绶勋章。

1946 年，日华学院（原东亚学院）废校，大贺辞去讲师一职。1948 年，东京高等农林专门学校的临时教师培养所关闭，大贺也不得不辞去这儿的讲师一职。

1949 年，大贺被东京成蹊女子高级中学聘请，指导生物学。大贺的生活还是一如既往地贫困不堪。

大贺为人极为单纯，对所有人都和蔼可亲。他的身上总是洋溢着开朗与暖意、纯真与童心，超脱于世俗之外。他与其他站在学问、信仰巅峰的学者不同，拥有一种俭朴的爽朗感、被老百姓所敬爱的淳朴之情，这是一种不经过任何修饰的、人在本质上的高贵品德。

1953 年，府中市主动为大贺提供了住宅。此后还以医学博士村上芳男为会长成立了"府中大贺会"。

村上之后尽其一生为大贺提供了诸多经济上的援助。

1949 年，大贺为贞明皇太后陛下讲解莲的知识。当天，宫内厅的车已经停到大贺家门口了，但由于歌子不在，大贺不清楚晨礼服放在哪儿。他慌忙叫来住在附近的朋友。

"你快来一下！"

朋友终于为他找到了晨礼服并且让他换好，但是马甲上有一个扣子不见了。大贺面露愠色，呵斥道：

"是你拿了扣子吧！"

这时，另一个朋友过来了，他注意到大贺晨礼服的裤子有些发霉，于是回家取刷子。其间大贺好像是吃了些什么东西，胡子上粘着一些食物的残渣，朋友又赶紧用湿毛巾帮大贺把嘴角擦拭干净。这时另一个朋友把刷子拿过来了，给他擦拭裤子上发霉的部分，这时大贺又发怒道：

"裤子都要裂开口子了！"

朋友们慌慌忙忙地送走了大贺。他们感觉大贺就像个不听话的孩子，挨骂了也不觉得他可恨。

后来，大贺收到印有纹章的香烟和皇太后殿下亲手制作的丝绵等赐品。

大贺说自己给邻居带来了麻烦，于是把香烟一根根分给邻居们。他对出门时帮忙的朋友说：

"你个小气鬼，给你两根。"

另一天，这个朋友感冒了躺在床上，大贺去看望他，把丝绵放在朋友肩上。

"这是皇太后殿下亲手制作的丝绵。你很快就会好起来的。"

大贺念叨了一句就回去了。朋友看着大贺的身影，不由双手合掌。

1950 年，大贺被选为朝日新闻社组织的"平泉中尊寺藤原三大遗物学术调查团"的一员。在位于岩手县平泉町内的中尊寺的金色堂须弥坛内，八百年来安置着藤原清衡、基衡、秀衡三代公的棺材。在这次学术调查中，调查团将重新观察棺材中的情况。大贺作为研究古莲子的植物学家，被派去鉴定棺材中的植物。

通过这次调查，确定了藤原三代公的人种、年龄、死因、身高和血型等许多问题。此外，调查团在查看完长 189.5 厘米、宽 61.9 厘米的秀衡棺材后，发现其中收纳着圆桶一样的东西。桶高约 21.8 厘米，直径约为 34.5 厘米。打开桶之后发现，里面放着秀衡的儿子——第四代泰衡公的首级。

首级上明显残留着示众时钉上钉子的痕迹，这与镰仓时代的历史书《吾妻镜》中的记述一致，可以确认是泰衡的首级。人们认为这是由于泰衡被斩首，所以亲人把他的首级放在父亲的棺材中。而装着泰衡首级的桶里还装有莲子。

大贺把莲子带回家，在家里的研究室中尝试进行发芽试验。泰衡被斩首是在文治五年九月三日（1189 年 10 月 14 日），这是七百六十年前的事情了。

古莲子虽然发了芽，但是中途就枯萎了。

在四十八年后的 1998 年，这一莲子终于成功地开出了莲花。它被称为"中尊寺莲"，在初夏时节向世人展现曼妙的身姿。

1951 年 7 月，大贺在忙于研究古代莲的各种事项的同时，抽空在《国华》上发表了《当麻曼荼罗是缂丝》一文。六十年来，当麻曼荼罗究竟是绘画还是丝织品的争论通过大贺发表的这篇论文终于画上了句号。

1952 年 3 月，大贺和《缂丝研究报》一起为了调查麻布的种类及其与江户时代以前从外国进口的纺织品的关联，去正仓院出差。

受宫内厅长官的嘱托，此后一直到 1955 年，大贺作为宝物材质调查小组的一员，每年秋季在正仓院开封的五天时间内对植物门类尤其是麻布进行预备调查。

无数人为大贺莲的盛放而欣喜。但是也有一些人对大贺一丝不苟的努力持否定态度。

1952 年 10 月，高野从检见川农场长一职升迁至东京大学校长秘书时，曾经有一次与矢内原忠雄校长以及东京大学植物学主任小仓谦教授乘坐同一辆车回去。

矢内原与大贺一样是内村鉴三的弟子。或许是由于师出同门的原因，让他的谈话比较随性，他在车中用十分随意的语气问小仓：

"你觉得大贺的那个莲花怎么样？"

小仓一脸鄙夷地说：

"说是两千年的莲花什么的，在社会上掀起炒作，真的有点儿不可靠啊。首先他根本没有学问上的依据。"

坐在副驾的高野听到他一口否定的语气，转过身对小仓说：

"我亲自到场看了，肯定是事实。虽然我不清楚学问上的具体问题，但是我相信大贺先生。"

小仓曾经与大贺是同一级的学生，两人都在藤井教授门下学习植物形态学。而因为大贺比小仓早获得博士学位，两人的关系非常紧张。矢内原听到小仓的话，觉察大贺与小仓之间存在矛盾。两人之间的矛盾是根深蒂固的，后来这种矛盾浮出表面，引发了不少问题。

应千叶市的要求，大贺莲的莲根被种植在千叶公园的弁天池中。据长期在千叶公园工作的山田繁藏说，当初在弁天池栽植大贺莲的莲根时，大贺下达了许多指示：

"莲的方向朝向这边要好些。"

"深度要到这儿。"

莲种植在位于千叶县安房郡白滨町的严岛神社背后一张半榻榻米大小的地方，上面覆盖着铁丝网。

大贺满意地说：

"这里的阳光不错。非常适合栽种莲。"

由于把莲根分成了三小节，所以这里的莲比种在伊原家中的莲发育要晚。

1953 年 8 月 5 日首次开花，之后开了好几朵。摘采的莲子放在事务所里保管。

千叶市助理平山春也曾经在池塘周围播撒了莲子，但是由于没有进行削皮处理，最后也没有发芽。

1952 年在伊原家中开花的莲在 1953 年 4 月 9 日被挖出了莲根。以当地为首，该莲根被分给了东京大学的三四郎池、国立博物馆、国立科学博物馆、本佛合掌会、穗积家、牧野富太郎家、大贺家等国内各个地方。

此时，联邦德国汉堡市国际园艺博览会通过 Life 公司委托在博览会上展出大贺莲，于是选出四根大贺莲的莲根包装好后交给了 Life 公司。

大贺莲 4 月 14 日从羽田机场出发，16 日到达汉堡市。

大贺莲到达后马上被移植至博览会内的水槽中，8 月 23 日早晨，首次绽放了美丽的莲花。

因为这一功绩，大贺在 9 月获得了"汉堡市名誉奖"。后来大贺莲不仅被分至国内各地，还被分根至海外，作为友好的使者在各地绽放出优美的莲花。

之后，大贺每年 3 月下旬或 4 月上旬都会去千叶公园的弁天池挖掘两三次莲根。

大贺来到千叶时，拜访了千叶市长宫内三朗，提出想要莲根，于是市长命令职员为其挖掘。

大贺还曾经委托他们邮寄莲根，于是他们制作了长方形的木箱，放进纸箱里寄出去。

宫内一直用心照顾清贫的大贺。

后来，千叶公园在管理弁天池时进行了换土，还在公园荒木山的池塘中栽种了大贺莲。

最小的莲根栽种于千叶县农业试验场。大贺莲种在都町的千叶县农业试验场的田野一角，由职员们精心照料。

这株莲由于莲根太小，而田地太宽阔，所以到1955年才首次开花。

1953年4月28日，大贺迎来了自己70岁生日。

牧野富太郎对大贺说：

"你到70岁也还差得远呢，到90岁了才能轻松一点儿。"

牧野和大贺的父亲同龄，都生于1862年，当时已经91岁了。

1953年4月25日，高野忠兴作为申请者，将检见川出土的古莲子长成的莲取名为"检见川的大贺莲"，向千叶县教育委员会提出申请。1953年8月5日，大贺莲被移植至千叶市弁天池，绽放出四五朵莲花。

1954年，大贺莲的新莲根被分发至东京大学小石川植物园、东京都公园绿地课、富山县安居寺等处。之后，栽培场所年年增加，甚至发展至海外，美国、中国、荷兰、澳大利亚等各国都栽植了大贺莲。

1954年6月8日，大贺莲被县报指定为千叶县天然纪念物，并予以公布。之前其被称为"检见川出土的古莲""两千年古莲"等，从此时开始才被叫作"大贺莲"。此外，"大贺莲"正式被采用为观赏莲的品种名称。

大贺说：

"这项事业是一整代人的伟大事业。但这真的是十分悲壮的体验，我也没有勇气再次启动了。"

大贺向高野忠兴致谢：

"这对我来说是一项很大的事业，如果没有高野你的话，是无法成功的。"

高野之所以愿意帮助大贺进行挖掘，是因为他被这位贫穷的老学究彻底无私的献身精神所感动。在大贺为了挖掘计划而四下奔波时，许多人不遗余力地帮助他完成这项完全赚不了钱的工作，这不仅仅是因为他们喜欢古代生命复苏这一充满希望的话题，更多的是他们对大贺一心一意想要挖掘莲子的这种类似于苦修者的态度产生了共鸣。

大贺斩钉截铁地说：

"这株莲毫无疑问是千古以来世界上最古老的生命的显露！"

因"两千年莲"一跃成为轰动一时的人物

1952 年，中国科学院北京植物园获得了普兰店的古莲子。

当年 1 月，中国科学院收到了苏联科学院植物研究所寄出的一封信。

> 日本的植物学家在 25 年前发表的文章和最近杂志上登载的文章中提到普兰店的古莲子开花了，我们对此非常感兴趣。我们十分希望中国的植物学家能够送给我们普兰店的古莲子。

3 月，中国科学院北京植物园向苏联列宁格勒植物园赠送了 1950 年挖掘出的 6 颗古莲子，并发表了以下声明：

> 列宁格勒植物园的职员因与中国科学院植物学家的友情，获得了 6 颗莲子化石。

1953 年，北京植物园用剩下的古莲子进行了发芽实验。

第一个问题是，古莲子是否还存活。

第二个问题是，怎样才能让古莲子发芽。不仅没有这方面的经验，而且古莲子的表皮像光滑的石头一样坚硬，用常规方法肯定办不到。

一个年迈的花商知道一种特别的方法，但是他不想让别人知道其中的秘诀，所以他每天半夜悄悄地来到温室，进行古莲子的发芽工作。

花商的徒弟十分机灵，注意到他晚上在温室外鬼鬼祟祟的样子。花商用一个小锥子在种子上开一个洞，并将其在水中浸泡一天一夜，使它充分地吸收水分。这样可以让外皮变得柔软，剥开外皮后，古莲子便获得水分而发芽了。

1953 年发芽的古莲在栽培了一年后，于 1955 年夏天首次开花。

听到这一消息，许多人从外地赶到北京香山观览古莲。

大贺计划从检见川挖掘莲子，并且成功地挖出莲子。1951 年，两千年前的莲花绚然绽放。然而正是在这一年，大贺注意到自己的妻子歌子开始有些像病人了。尤其是过了两年之后，歌子的病情进一步恶化。1953 年 11 月 16 日，大贺 70 岁之时，带着歌子搬迁至府中市本町 5 丁目 9432。

大贺的新家是府中的热心人士善意提供的。占地面积 50 坪，其中有 20 坪左右是房屋的面积。许多府中市民都支持大贺的研究与生活。

同时，"大贺会"也借此机会成立。会长是向大贺提供在府中的第一栋房子的村上芳男医学博士。在大贺逝世之前，他不仅一直向大贺提供经济上的援助，而且还在各种琐事上给予他诸多帮助。

大贺会的一名成员一脸不可思议地问大贺：

"老师您为什么拒绝国立大学的邀请呢？"

大贺回答说：

"我在满铁工作时，因为不赞成'满洲事变'而离职了，所以我不想再担任官职了。毕竟我曾经做出了对天皇不忠的行为。"

听到这一回答，大贺会的该成员十分惊讶，同时心想：

"啊，明治、大正都远去了……"

此时，大贺成为内村鉴三去世后，由其门下 20 多名弟子组织的"灵友会"的成员。灵友会每月举办一次活动，轮流在各个家庭里举行以信仰为中心的集会，其成员有蒲田信、石川诚一、森田甫、齐藤宗次郎、久山寅一郎、渡边五六、小坂八郎、秋元梅吉、石原兵永、正地仁、铃木俊郎、服部元治等人。大贺几乎每次会议都会出席，他在谈话中常举一些实际的例子，感谢上帝的恩惠。

1951 年发现的大贺莲此后被媒体竞相宣传为"两千年莲"，大贺也一跃成为轰动一时的人物。

然而，大贺并没有以学术论文的形式向学会报告大贺莲为两千年前产物的学说。因此，无论大贺在全世界获得多高的声誉，日本学会都未承认大贺莲是两千年前的莲。学会表面上采取无视大贺的态度，但是学会内部不断出现质疑大贺学说的声音，许多学者还攻击了大贺。

"说什么两千年之类的，这个反正也是瞎猜的吧。"

媒体为了确认真伪而采访大贺，大贺回答说：

"我无可奉告。"

大贺内心苦闷不堪。他也努力想寻找可靠的证明。

像是上帝听到了大贺的祈祷一样，当时发表了一项研究成果。战争结束后，放射性元素的研究十分盛行，人们得知碳 14 的放射能半衰期长达五千年之久，适于检验年份。

空气里二氧化碳中的碳包含有不具有放射能的普通碳碳 12，以及具有放射能的、多 2 个中子的放射性碳 14。其比例是固定的。刚长成的种子中的碳 12 与碳 14 的比例应该与空气中的比例相同，但是碳 14 转化为碳 12 时会放射伽马射线，平均过五千年放射能会减半，再过五千年放射能会继续减半。从减半量即可以得知莲子长成时到现在的年份。

具体来说，燃烧种子会获得二氧化碳，该二氧化碳中含有的碳 14 会发生放射，只要测量碳 14 减少的量就能得知年份了。

检见川出土的莲子和在其附近发现的莲的果托等可以视为同年代的产物，由于同时出土了大量果托等，所以只要收集其碳 14 减少的放射能，就可以不浪费宝贵的莲子而计算出年份了。

大贺下定决心：

“可以这样，让人调查一下丸木舟的一部分。”

大贺将出土的丸木舟榧木交给美国加利福尼亚大学古生物学专业的 R. W. 切尼博士，委托他测定年份。

1953 年 5 月，切尼博士请芝加哥大学原子核研究所的 W. F. 利比博士通过碳的放射性同位素进行年份测定，即进行放射性碳测试。1953 年 5 月 20 日，切尼博士将得到的结果寄给了大贺。

大贺博士：

我刚刚收到了芝加哥大学原子核研究所的利比博士发来的以下结果。

“关于上周在华盛顿答应过您的事情，我检测了 1948 年在检见川发掘出的丸木舟的两片材料。您在 1952 年 1 月 30 日的信中写道：

‘大贺博士最近从东京附近地区的地下 6 米处发现了丸木舟的遗迹，以及 3 颗现在依然具有发芽能力的古莲子。我对其感动之情产生了强烈的共鸣。博士将测试所需要的丸木舟的材料交给了我，我把这些寄给你。考古学家们认为丸木舟的年代在 2500 年以上，或者是其前后 100 年以上。’

丸木舟的材料上记载着以下文字：

‘1948 年千叶县检见川出土的丸木舟的两片材料（榧木）。这里是

距离东京东部 8 英里的地方，最近大贺一郎博士采集了古莲的果托和 3 颗莲子。R. W. 切尼寄送。'

我对您寄送的丸木舟的材料连续进行了两次测试，得出以下结果，即 3052 年（误差为前后 200 年）与 3277 年（误差为前后 350 年）。平均值为 3075 年（误差为前后 180 年）。"

根据这份报告，可以确认您所发现的检见川出土的古莲子的实际寿命约为 3000 年，我对此也颇感兴趣。这一事实也支持了远藤博士认为满洲产的古莲子年代更加久远的学说以及其他各位学者的学说。我非常希望能够再从检见川挖掘出一次测试所需的数量，即 35 颗左右的古莲子。如果能够获得这些莲子，我将非常高兴地再与利比博士联系。

我近日将会访问日本，期待与您见面。

1953 年 5 月 20 日

于伯克利　R. W. 切尼

通过测定丸木舟榧木材料的年代，确认了检见川的古莲子也是 3075 年前（误差为前后 180 年）的产物。丸木舟是挖穿大树制作而成的。大贺推测大榧树有可能存活了三千年的时间，从中减去一千年为两千年莲，应该是弥生时代的产物。

一天傍晚，大贺一个朋友的夫人出去买副食。只是暂时离开也用不着锁门。夫人回家后，发现有人在家里洗澡。夫人心想肯定是自己丈夫回来得早就在洗澡了，于是打了个招呼：

"孩子他爸，辛苦了。"

这时她听到有人回答说：

"你家没人，我就过来洗个澡。感觉真舒服。"

这人正是大贺。大贺看到朋友家里没人，自作主张地进去洗了个澡。

又有一天，大贺穿着这家主人的新桐木木屐回家了，把自己穿得破破烂烂的木屐搁在了那儿。

夫人觉得十分无奈。

"真是拿老师没办法。"

这时，大贺双手捧着自己亲笔写下的"莲为和平之象征也"的题字过来了，题字的墨迹都还没有干。

"给你这个，你可以把它装裱起来挂起来，我死了的话就值钱了。"

不光是大贺的题字，夫人还将大贺的旧鞋洗干净放入箱子中，作为传家宝小心地保管。

还有一次，大贺认识的一家公司的工人买了一张床，大贺过来参观时说：

"这个是脑力劳动者用的，对体力劳动者来说太奢侈了。让我睡会儿。"

大贺说完，就躺在床上睡着了。

过了两三个小时，大贺醒了，他伸了个懒腰。

"感觉脑袋清醒多了。这样今晚就能写稿子了。多谢！"

朋友看到孩子气的大贺，都没办法生气。

只是可怜了歌子，大贺一出点儿什么岔子就得她到处赔礼道歉。

大贺收到亲朋好友送给他的当地特产时，说：

"光是自己吃太浪费了，分给邻居们吧。"

歌子屡次带着特产去周围邻居家。这是为了感谢上帝的赠予，同时希望邻居们也能分享到。

一个嫁到东北商人家的女子受到小姑子蛮不讲理的对待，她想不明白自己是为了什么而嫁人，于是决定带着孩子一起自杀。她先是来到嫁到东京的姐姐家里。大贺和她姐夫认识，所以姐姐劝她："要是有什么烦恼，先和大贺夫妇聊聊吧。"于是这名女子拜访了大贺家。

大贺和歌子听完女子的倾诉，对她说：

"无论发生什么，自己结束上帝赐予你的宝贵生命都是罪孽深重的。"

大贺和歌子通过《圣经》的故事等向女子劝说生命的宝贵，再三强调"活下去"的重要性，防止母子自杀。

之后，女子慢慢变得开朗起来，和小姑子的关系也变融洽了。直到大贺逝世，两家人都保持了亲密的来往。

病榻上的妻子歌子去世

1954 年初冬，大贺思念病榻上的妻子，吟咏了一首和歌：

"战胜贫穷，战胜疾病，战胜衰老，战胜死亡，生命才有意义。"

这一年，大贺辞去了鸟取大学兼职讲师一职。

1955 年的夏秋，歌子一个人走路都很困难了。她外出时也会忘记回家的路。由于人手实在不够，歌子只能戴着"迷路牌"自己去医院。

但是，歌子即使再怎么健忘，也有无法忘却的事——那就是基督教。歌子带着使命，只为了祈祷而来到邻居们的家中。

"我能做的只有祈祷了。我只能祈祷。"

但是到了9月，歌子不再外出祈祷，而是把自己关在家里。她祈祷的内容也开始缺乏条理。

"我祈祷时都被人笑话了。我已经不行了。"

不过，歌子一定会出席每天晚上9点的祈祷会，毕恭毕敬地表达一句感谢的话语。

歌子生病后的几年里，每天都给家人带来很多烦恼事，但是只有在早晨的集会和晚上的祈祷会上，她一直听话地祈祷着："上帝啊……"大贺看到这番情景，不禁泪流满面。

11月，歌子终于倒下了，她因为半身不遂而无法活动。

歌子只能无奈地在枕头上祈祷。

世人得知歌子的病情后，不光是日本全国各地的人士对其表示同情，还有来自美国、墨西哥的人前来探望她。知道歌子病情的人们为歌子提供了热情的帮助，大贺尽管不甚习惯、做得也不够周到，但是他一直照料着歌子。

大贺再次吟咏道：

"愚身在世甚为幸，惠爱恩泽牢记心。"

大贺原本以为妻子还能再活三年左右，然而到了1956年1月，歌子已经无法说话了。

歌子最后留下了这句话：

"我做得不好……"

这恐怕是歌子在上帝与丈夫面前为生而为人的罪孽而道歉。这是一名基督信徒最伟大的遗言。

大贺原以为歌子至少可以活过这一年，或者是活到夏天。但很快歌子就没法进食了，不久陷入了病危的状态，最后在3月2日，歌子在沉重的鼾声中睡着，再也没有醒来。

歌子从29岁嫁到大贺家，直到75岁离开人世，一直忙于工作。

歌子的遗体告别式在1956年3月3日举行。大贺致辞道：

我的妻子歌子可谓是人们常说的没有受过教育的女人。她所拥有的，只有"努力"两个字。我对她说过，"你真的是很努力"。然后她从心底感到高兴，回答说："你能够承认我的努力，我就非常满足了。"

她出生于丹波一个贫穷的家庭，追随父母来到东京，成名一名助产士，还有一段时间为皇宫效力。通过内村老师的介绍，29 岁时嫁到我家，之后和我一起度过了四十五年的时间。我们俩没有孩子，这也是我毕生的烦恼，但是我们轮番照顾我年幼的弟弟妹妹、外甥、外甥女，一直走到了今天。她比我大三岁，经常反抗我，也一直在照顾我。她在名古屋的七年中光顾着打理家里的事情，最引人注目的时候应该是待在满洲的那七年时间了。她鼓励我去山野里采集植物，同时为了推广用毛线编织衣物，她奔走于住在铁路沿线的妇女之间。当时她还是个演说家，站在演讲台上滔滔不绝。在战争末期进行疏散的那天，她背着沉重的行李，每天一大清早就开始两三次往返于农村。

也不知道她什么时候学会了手工艺，除了织毛线以外，还会刺绣、制作绉绸工艺品、织领带、编筐、制作纸袋和人偶、弹琴、插花、茶道、谣曲、单人舞蹈、灵命术、食疗法，还会各种各样的料理，真的算是无所不能。不过，她不大会书法和日本服饰的剪裁。我们都曾为这点而苦恼。她能说会道，讲话的内容也特别有意思，但有时太能说了也让人感觉头疼。

婚后我们和我的四个弟弟妹妹一起在名古屋生活，之后我们俩结伴去了满洲，又一起去了其他国家，后来在中国奉天待了七年。1932年 4 月"满洲事变"发生后回到东京，然后先后迁居经堂、青山、上落合，在战火中又迁到府中，我们在之前的房子里住了六年，在这个房子里住了两年。

在旅居生涯中，她一直都在各地传道。五六年前她的健康状况有些不好，一天到晚因为各种事给家人添麻烦，但是在家庭举办的早晨的集会和晚上的祈祷会上，她一直听话地祈祷着："上帝啊……"从去年秋天 11 月开始，她因为半身不遂而无法走路了，我当时想她还能活两三年，结果没过多久，就在前天 3 月 2 日晚上，她在沉重的鼾声中陷入了长眠。

她的病情被世人得知后，日本国内各地人士纷纷发来慰问，远至美国、墨西哥的人们也表示出同情。

在这漫长的四五年中，一直都承蒙各位关照了。在诸位教友兄弟姐妹的帮助下，我才能够举办这个简陋的小型葬礼，实在是感激不尽。

3月15日，在大贺夫人纪念会的祈祷式上，大贺发表了下列致辞：

我出生于与冈山市西部相邻的吉备町，家族现在已经没落了，但过去曾经是当地的名门望族。我是12个兄弟姐妹中的长兄，伯伯援助我上了大学，但是没过多久我的母亲就去世了，我必须自己照顾年幼的弟弟妹妹们。年龄大点儿的弟弟妹妹还都有去处，最后只剩下一个刚5岁的弟弟。我当时刚从学校毕业，在租住的公寓里带着这个孩子不知道如何是好，此时一名比我年长的女性不仅帮我照顾他，而且将他送到位于青山的幼儿园。这名女性就是我后来的妻子歌子。

内村鉴三老师建议我与这名女子结婚。她出生于京都，比我大3岁，小学都没有读完，而且结过婚。我跟亲戚朋友们商量时，许多人都反对，还给我介绍了好些年轻漂亮的姑娘。我整整犹豫了两年。想到我必须照顾年幼的弟弟妹妹们，于是听从了内村老师的建议。

虽然当时我已经一贫如洗了，但还是觉得要顾及传统风俗，于是给了10日元的彩礼，她还给我5日元。婚礼十分简单，可谓是精神上的仪式。婚礼就在内村老师的书房里办的，见证人只有内村老师夫妇两人。婚宴上只邀请了10多个朋友。

去满洲的时候，我们在大连和奉天生活，她无论在哪儿都热情地投入传道事业，而且为多所星期日学校的创建付出努力。同时，她还作为织毛线和服装改良的老师，每天都过得繁忙而充实。她还是我的得意助手，独自一人背着植物采集箱，在满洲的山野中四处采集植物。为了表示纪念，我在1931年以妻子的名义出版了《紫罗兰图谱》。在满洲生活了六年后，我们去往了美国，妻子也为了陪我同行而开始学习英语，她采用的是名副其实的阅读百遍的方法，三本辞典都被她翻烂了。功夫不负有心人，她终于能进行英语会话了，书信则由我来代笔。

她努力做了很多事情，不过说实话，我们的出身和成长经历差异太大，学历和教养也全然不同，所以在一些细节问题上，几乎每件事都会有分歧。因此我俩也十分难受，但是幸而身为内村老师的门生，身为基督教信徒的两人一起祈祷，共同度过了45年的岁月。

大贺思念亡妻，吟咏了以下和歌：

"为神为人奉献身心，吾妻尽瘁死而后已。"

"告别榻上久病妻，竭力研究为新生。"

大贺将歌子的遗骨放在家里的桌子上，眺望窗外的富士山。歌子的遗骨在他身边陪伴了五年。

后来，大贺在思念歌子时又吟咏了和歌。

在接受了家乡冈山的初中生赠送的礼物时，他吟咏：

"不胜感激孩童心，归家却无妻身影。"

在调布芭蕉园与星期日学校的孩子们一起玩耍后，他吟咏道：

"归家无人可共语，形孤影寡独泪下。"

9 月秋意初寒之际，大贺第一次自己从澡盆中站起来时吟咏：

"妻已逝，出浴时，一切皆昏暗。"

他一边翻阅过去的抄本，一边吟咏道：

"残阳下寂寞如斯，终已是泪如雨下。"

大贺在 1961 年 4 月的一个星期日获得了多摩墓地，他终于埋葬了歌子的遗骨。

大贺莲分根后逐渐被分发至各地。

1955 年初春，大贺为了将大贺莲的莲根栽植于故乡冈山县冈山市后乐园的池塘中而回归故里。

此时，由昭和天皇的第四皇女池田厚子夫人亲手栽植。

后乐园是冈山藩主池田纲政命令家臣津田永忠在贞享四年（1687 年）开工、于元禄十三年（1700 年）竣工的庭园。

1955 年 8 月 1 日，冈山县决定开放后乐园，举办观莲茶会。早上 5 点到 9 点，早茶会在鹤鸣馆的大厅内举行，参会者一边眺望花叶池中绽放的红白莲花，一边倾听远处树林间若隐若现的茶室中演奏的琴音，同时将菜肴丰富的便当作为早餐享用。

就在同一天，在冈山市北区的内山下町也举办了观莲会，这里也汇集了以冈山知事为首的冈山市的风雅人士。

大贺 19 岁就离开了故乡冈山。

因此，每当感觉痛苦难过时，他总是想：

"我真想回到故乡去。"

年轻的时候实在没有办法，至少晚年想要在冈山度过。大贺对故乡的朋友及老师都说过。

"无论做什么工作都行，只要能够糊口就可以了，我想做点儿工作在故乡度过晚年。"

但是没有一个人赞成他的想法。如果大贺果断下定决心回家的话，也许最后也能找到办法，但是还有许多工作才做到一半，他没法做出这种毫无计划的决定。尽管如此，大贺在心中一直深深地怀念着故乡。

大贺心想，至少每次回乡时一定要到三位名士的墓前拜谒，他们分别是在大贺的故乡吉备町长大的犬养毅、曾经担任三越吴服店社长等职务的实业家野崎广太、与大贺交情很深的中国银行行长公森太郎。对政治毫无兴趣的大贺直到最后都没有上门拜访过犬养，但是他一直将犬养视为同乡的前辈，远远地对他表示尊敬。

此外，大贺还来到吉备町的初中与小学，和学生们进行了交流。1955年，吉备町吉备初中学校为了大贺而回收废品，收集研究费交给大贺。这件事令大贺瞬间感觉初中学校十分亲切。

1956 年 7 月 18 日，热爱古代莲的风雅人士会聚一堂，结成"千叶莲会"，并且举行了集会。7 月 18 日是大贺首次将"两千年莲"培育开花的日子，十分值得纪念。早上 7 点，千叶公园的荒木山中就会集了 80 多人。

大贺谈论了许多与莲相关的话题，如莲与川柳、莲与俳句等。

会长由奈良屋百货店（后来的千叶三越）的社长杉本郁太郎担任。大贺每次到千叶时都会拜访杉本，杉本也从经济方面援助了清贫的大贺。

在那天的回家途中，大贺得知牧野富太郎生病了，于是去探望他。牧野说：

"我已经站不起来了，只有莲花还能站起来……"

9 月再次探望牧野时，他问：

"是你啊，曼荼罗怎么样了？"

这是牧野对大贺说的最后一句话。大贺在二十五年前向牧野说过，自己在研究大和当麻寺的曼荼罗，没想到牧野到现在都还记忆犹新。

1957 年 1 月 18 日，94 岁的牧野离开了人世。

之后，千叶莲会于每年 7 月 18 日举办。莲会邀请和歌诗人伊藤公平担任主持人，其诙谐幽默的主持方式颇受人们欢迎。莲会没有会规，任何人都可以参加，经常参加的人有 50 多位，千叶市长宫内三朗也从第一次举行莲会开始从未缺席过。

大贺故乡冈山的观莲茶会也成为每年的一大盛景。1961年，650张预售票全部售罄，可谓盛况空前。

大贺从未见到日本国内举办过如此盛大的观莲茶会，他目睹着人山人海的观莲会，心里感动不已。

长岛时子成为住家弟子

支持着晚年大贺进行研究的长岛时子于1935年12月25日出生于栃木县氏家町，她是三儿四女当中最小的女儿。

长岛家曾经是农村的地主，还从事金融业，过去十分富裕。但是后来长子战死在菲律宾，次子病死，三儿子在东京遭遇空袭死去。长岛家只剩下四个女儿，战后经历了农地改革，又背负着金融业的坏账，于是没过多久就没落了。长岛的父母在分配仅剩的财产时意见发生了冲突，最后甚至提出离婚。

长岛看到父母争执不休的样子，心想：

"我真不愿意家人因为财产发生争执。"

长岛从公立高中毕业后，既没有升学也没有就职，她在家里帮忙做家务活。因为长岛的肠胃不好，父母叮嘱她："不要出去，就待在家里。"

一直在进行新娘培训的长岛看到一则报道。1956年7月的《朝日新闻》上刊登了大贺的报道。

报道中介绍了大贺的生活非常贫穷，过着有上顿没下顿的生活。但是他在贫困的生活中坚持研究，挖掘出了两千年前的莲子，并且培育其绽放了莲花。长岛感觉大贺像是"带来奇迹的人"。

读完这则偶然看到的报道，长岛十分感动。

"这才是我所想要的理想的生活方式！"

长岛立刻拜访了高中时代的恩师，与恩师进行商量。

"老师，我读完这则报道之后非常感动。所以我想去帮助大贺老师。就算是一年也好，两年也好。"

老师给兴致勃勃的长岛泼了一盆冷水：

"这位大贺老师看上去十分贫穷。你这样出身优越的人会难以适应吧。"

长岛摇头说：

"不会。首先，我家里老早以前就没落了。老师，请您帮我写封介绍信吧，不然的话我没法去大贺博士那里。"

长岛向大贺写了一封信，同时附上了高中老师写的介绍信。

没过多久，她收到了大贺的回信：

"我希望能够与你见一面，请来我这儿吧。"

长岛飞奔至位于府中的大贺家中。

实际见到大贺后，长岛更觉激动。

"老师给人感觉真的非常温暖贴心呢。"

大贺说话时有点儿含糊不清，而且声音很小。长岛有些听不清楚，只能竖起耳朵仔细倾听。

大贺对她说：

"我明白你的心情了，请你过来吧。"

长岛欣喜若狂。

"随时都可以过来吗？"

"是的，随时都可以。"

"那我回家跟家人商量一下。"

长岛回到位于栃木的家中，马上和父母商量。

父母惊讶得大声怒斥：

"你都在说些什么傻话！"

"哪有这么愚蠢的事情，去贫穷的名人那里是家里的耻辱！"

亲戚们也纷纷反对长岛去东京。

甚至还有人说："是不是脑袋有问题？"

长岛拼命地强调：

"我想要去帮助这名老师！"

在长岛的反复劝说下，父母和亲戚们终于拗不过她而勉强同意了。

"反正在那种地方也没办法坚持下来。去工作个半年也行吧。"

父母还是担心女儿，说会为女儿寄去生活费。

1956 年 8 月，长岛住进了大贺位于府中的家里，和大贺一起生活。

大贺一开始就对长岛说：

"我家很穷，没法给你发工资……"

长岛急忙回答：

"不用工资。能让我来帮忙就好了，我完全没有想要工资。"

大贺像是松了一口气一样：

"是吗？那就行。"

大贺家的住宅用地为 42 坪，房屋的建筑面积为 15 坪，是一间小平房。长岛看到大贺的房子，不由得为其面积之小而深感惊讶。

大贺的研究室为 4.5 张榻榻米大小，有两间房间为 3 张榻榻米大小。玄关前有一间 2 张榻榻米大小的房间和 6 张榻榻米大小的客厅，还有很小的厨房和浴室、洗手间。每个房间都小而整洁。大贺平时在 6 张榻榻米大小的房间内吃饭、举办聚会，据说他还睡在那间房里。

长岛借住在 3 张榻榻米大小的房间内。另一间 3 张榻榻米大小的房间住着一名照顾大贺生活的女性。

大贺虽然是莲的研究者，但是他家中的小庭院里却没有池塘。不过这庭院也实在是太窄了。长岛半开玩笑地说：

"这个庭院真是巴掌大的地方呀。走到庭院还像在房间中一样。"

大贺和蔼的表情顿时化作了笑靥。

"真是这样！真是这样！"

虽然没有池塘，但是大贺家中有莲的水槽。长岛在此生平第一次看到了莲花。素雅娇美的莲花让长岛倾心不已。

"我从来没有见过这么罕见的花呢。大贺老师就是在研究这种花呀。"

长岛心想既然自己来到了大贺的身边，就应该在学校里好好学习与莲相关的知识。正好世田谷区船桥的惠泉女学园开设有园艺科，那儿离府中市很近。长岛从翌年 1957 年 4 月开始进入惠泉女学园学习。

不过，就读的两年时间为全日制寄宿制度，所以长岛搬到了学校的宿舍里住，到了周六就像回自己家一样回到大贺的家里。

周六晚上长岛在大贺家里住下。周日大贺在家举办圣书研究会。长岛参加了研究会之后，当天傍晚返回宿舍。

"府中大贺圣书研究会"于每周日上午 10 点开始，到正午左右结束，内容包括赞美歌、祈祷、每个人背诵《圣经》，之后还有《圣经》讲解。大贺阅读《圣经》的一节，然后进行解说。大贺的解说中加入了自己的理解，其深奥的内涵令长岛深受感动。大贺还提到自己的基督教老师内村鉴三的故事。

一般来说，11 点稍过一会儿，大家会一边享用茶点，一边再次聆听大贺的经验之谈。6 张榻榻米大小的房间里聚集了六七个人。成员包括东京农工大学的学生和医生等，附近的人很少过来。

大贺一直通过讲解和闲聊陈述以下观点：

"一直追随耶稣与基督教吧，任何事情坚持下去才是最为关键的。此外，拥有良师益友是胜过一切的人生财富，我由衷地感谢自己拥有良师益友。"

大贺说：

"在任何时候都要祈祷，并且相信上帝。这是我们的根本。"

听到大贺的教诲，长岛心想：

"内村老师肯定看穿了大贺老师的性格。大贺老师也定是像尊敬父亲一样敬重着内村老师吧。"

长岛的家庭信仰的是神道，但是在大贺的劝说下，她选择成为一名基督教徒。由于是无教会派，所以不需要洗礼等仪式。长岛成为内村鉴三弟子的弟子。当然也没有教会。因此研究会有时在自己家里举办，有时借用宽敞的讲堂，几乎不用花费会场费等。

长岛在看到梵蒂冈宫、圣彼得大教堂等建筑时惊讶不已。

"信仰基督教需要这么夸张的建筑吗？"

大贺每天都在祈祷，他的生活可谓一贫如洗。由于他是一名基督教徒，所以也不饮酒。其生活正是《圣经》中的教诲"不要为明天忧虑，因为明天自有明天的忧虑。一天的难处一天当就够了"的真实写照。

但是在长岛看来，大贺的生活实在是太冒险了。大贺对金钱真的没有一点儿概念。

"钱总会从天而降的。"

大贺这么说着，去哪儿都不带钱。他经常去拜访千叶莲会的会长杉本郁太郎与千叶市长宫内三朗，带回来一些东西。没有食物时也满不在乎。

"肯定会有人带来的。"

大贺在想吃点心时也这么说着：

"今天肯定会有人带着点心过来的。"

由于大贺的生活没有一点儿计划性，所以他没有储蓄存折。手头就算有钱，也就1万日元左右。

大贺对长岛说：

"没有必要存钱。钱总会从天而降的。只要带着信仰祈祷，总会有人帮助我的。不用担心。"

大贺就算完全没有一点儿存款，手里没有剩下一分钱，也满不在乎。

相反，如果是用于研究的话，他就算是不吃饭也要把所有钱都投进去。如果是研究所需要的经费，就算再多，大贺也不吝惜。

"上帝不会放弃你。肯定会赐予你必需的东西。静静等待吧，钱总会从天而降的。"

令人不解的是，正如大贺所说的一样，就算今天处于为吃喝发愁的状态，总会有人给他送钱过来。长岛一直目睹这些情况，感觉非常不可思议。

长岛心想，或许正是因为大贺强烈地信任上帝，相信上帝"会赐予必需的东西"，所以才能做到这点。

大贺非常富有明治时代的气质，这一点尤其体现于他对家庭制度的尊重。大贺生为大贺家的长子，具有很强的责任感。自己的弟弟妹妹们自不待言，他还悉心照顾了外甥、外甥女。

不过，大贺还是经常向长岛抱怨：

"当父亲的真是不负责任，自己的孩子全都推给我来管。我也实在是辛苦。"

不光是亲戚，大贺看到任何有困难的人都会不顾一切地帮助他。他忠实地履行了《圣经》所说的"给予比接受更快乐"。

大贺十分重视访客。有一次，一名刚刚出狱的中午男性突然拜访了大贺。

"我其实没有什么要紧的事情，就是想见一下大贺博士。"

大贺殷勤地招待了他，并且在倾听了他的经历后，对他的遭遇表示同情，同时还鼓励了他。

"有什么事情想跟我商量的话，请随时来找我。"

大贺将自己的名片给了那名男性。

几个月后，警察来到大贺家里。警察拿出大贺的名片询问他：

"这个真的是你的名片吗？"

大贺点了点头。

"这个确实是我给的名片，怎么了？"

警察惊愕不已地向他解释：

"大贺先生，您这样德高望重的人怎么能够如此轻率地把名片给有前科的人呢？我们前些天因为一个案子逮捕了他，在调查他所携带的物品时，发现了您的名片。不知道你们有什么关系，所以我才过来拜访您。"

于是，大贺向警察解释了事情的来龙去脉。当警察知道大贺与那名被逮捕的男性完全没有任何关系时，提醒他说：

"大贺先生，您最好不要随便把名片给别人。因为不知道会导致怎么样的误解。以后注意点儿吧。"

过了一会儿之后，大贺有些落寞地说：

"那个人又犯罪了吗？真是可怜啊。也许他没有听进去我的话吧。只能为他向上帝祈祷了。"

与旧约圣经《约伯记》重叠的人生

大贺十分重视儿童与青年。但是他并没有把人分成几类，认为小孩子怎么样，年轻人就怎么样。他将每个人都视为独立的个人。因此，小学生和初中生常会给他寄来可爱的明信片和书信。大贺十分高兴地阅读这些明信片和书信，并且给每个人都寄去充满心意的回信：

"世界上不知道何为大，何为小。认为是小的东西会变大，认为是大的东西也会变小。儿童和青年极其可畏。虽然现在是微不足道，但是将来不知道会变成什么样子。"

像这样，大贺一直鼓励着儿童和青年们。

当有客人来访时，大贺定会向其展示当时自己进行的研究，不管对方能不能够理解，他都会从各个地方拿出一大堆资料，在6张榻榻米大小的房间里摆放得到处都是，然后以他速度很快又不太清楚的说话方式滔滔不绝地介绍。

大贺在街上走动时，夏天总是戴着一顶硬壳平顶草帽、穿着木屐、拿着拐杖、前屈着身体，以内八字的姿势快速地向前走。

冬天则披着破旧的斗篷、戴着茶色的礼帽。大贺在街上碰到亲近的熟人时，会举起拐杖打招呼："哟！"有时还会在别人面前说一些普通人难以启齿的事情。

有一天，大贺认识的一家当铺的店主参加市议会议员竞选，以最低得票数当选了。在发表当选结果的第二天，大贺在街上偶然遇到了这名当铺店主，他说：

"喂，喂，听说你当选了市议会议员，恭喜你啊。不过是最低的得票数。这可不行啊，你得加油才行。"

　　听到大贺如此直言不讳的话语，店主惊讶得愣住了。这名当铺店主后来成了市议会主席，活跃于第一线。

　　大贺在生活中既没有预算，也没有存款，不过他每个月会"赊购"好几本专业书和杂志。大贺常去的书店店主也和大贺一样，性格十分豁达。他对在有余钱时一块儿支付的这种极其不靠谱的顾客也好，赊了一大堆账的顾客也好，从来都没有任何怨言，也没有催促过他们。

　　"有钱的时候付款就行了。"

　　虽然大贺看上去有些不谙世事，但其实他也有另外一面。在访问某个企业家之际，大贺陈述了以下经营心得：

　　"一、人生的目的不在于获得金钱，而在于修炼品性。

　　二、将员工当成兄弟，将顾客当成家人。

　　三、应该知道因诚实获得的信用是最大的财产。

　　如果在经营时将这几条作为公司的基本理念的话，公司就绝不会倒闭，而会越来越稳定。这不是由自己保障的，而是由上帝保障的。"

　　大贺并不是完全的无欲无求。他好几次感慨：

　　"真想要有些钱啊！"

　　但他同时又说：

　　"上帝绝不会赐予多余的财富，但总会赐予需要的东西。"

　　大贺的书法也十分出色。他有时会在白色和纸或是彩纸上写下诗词或短歌来描述自己各阶段的心情，并将其作为谢礼赠送许多人。

　　位于鸟取县米子的一家教会房顶漏雨十分厉害，大贺得知后在彩纸上题字寄了过去，教会用彩纸换钱作为基金，不仅修理好了房顶，而且还进行了改建。

　　同时，大贺的性格平易近人，他与儿童等各个年龄层的人都十分亲近，而且经常聆听别人的倾诉。大贺几乎不与人争吵，无论别人说什么，他都只是点头倾听，说上一句：

　　"让一步就好了。"

　　上帝的仆人不应该与人发生争执，对要欺负自己的人，就让他尽情欺负自己，自己只真挚地祈祷。大贺正是一心一意地实践了这一信条。

　　大贺一直不懈地努力。他常对儿童和年轻人说：

　　"我没有什么天分，只是一个普通人，我能有今天都是因为自己的努力。普通人遵从耶稣、基督教的教诲付诸努力的话，上帝会赐予意想不到的恩惠。请努力学习吧。无论是哪一领域的知识都好，请成为该领域的专家。"

大贺经常提到：

"我的人生与约伯的人生重叠交错。所以在阅读旧约圣经《约伯记》时，我感觉自己像是身临其境一般。"

据说，内村鉴三在大贺的青年时代教给了他约伯的至理名言。大贺常诵：

"难道我们从神手里得福，不也受祸吗？"

"我赤身出于母胎，也必赤身归回。赏赐的是耶和华，收取的也是耶和华。耶和华的名是应当称颂的。"

大贺遇到有人感觉困惑时，都会劝他去阅读《约伯记》。

"去读旧约圣经的《约伯记》吧，你会得到安慰的。"

《约伯记》写的是一名住在乌斯的虔诚信徒约伯的故事。约伯夫妇曾经有 7 个儿子、3 个女儿和佣人，家中人丁兴旺，但是撒旦为了动摇他的信仰，施加阴谋使他失去了所有财产与家人。即使如此约伯依然丝毫没有动摇。撒旦又让约旦患上严重的皮肤病。约伯开口诅咒了自己的生日。约伯的朋友们对他说了许多话，但是约伯一直不屈不挠地坚持信仰。最后上帝赐予约伯是过去两倍的财产与满堂的子孙，他的后半生过得十分幸福，一直活到了 140 岁。

大贺在阅读时将自己的处境代入到约伯的故事当中。无论经历怎样的痛苦、无论受到怎样的侮辱，约伯始终信仰上帝，直到最后都没有舍弃信仰。大贺也定是受到了约伯的鼓舞与安慰吧。

大贺还经常向为挖掘大贺莲做出巨大贡献的高野忠兴推荐。

"去阅读《约伯记》吧！"

高野从人生经历极其坎坷的大贺嘴里听到这句话，感觉非常能够理解其中的意思。

大贺在追忆内村鉴三时写道：

"我的人生中如果没有内村老师的话，一切都定会大不一样。我在初中四年级时，向朋友借了《东京独立杂志》，当时首次知道了内村老师，后来我去往东京，自从第一次在角筈的柞树林里拜访老师以后直到今天，三十年来，我贫穷的一生遇到了许多大大小小的风浪，但是老师教给我的《圣经福音》一直都是我的精神支柱。如今回想起来真是唏嘘不已。我最尊重的人毋庸置疑就是内村老师，正是他通过《圣经》教给我宝贵的十字架福音。"

内村劝说大贺成为一名"不是传教者的传教者"，大贺的一生都在实践这一志向。

1957 年 3 月，大贺在家里的庭院中修建了池塘。他平时主要在此观察莲的生态。外面也有府中学校的池塘与水田，其实并不缺少可以自由观察莲的地方，但是这些毕竟是别人的财产，所以不得不有所顾虑。

庭院一角并排着两个长 1.2 米、宽 3.6 米、深 60 厘米左右的水泥池塘。大贺在池塘里栽种了美国产的黄莲与大贺莲，到了夏天就能赏花。

在每年莲花盛放的时节，大贺都会在报纸中夹入广告单：

"如今又迎来了赏莲的时节。今年也有许多莲花盛开。各位请到我家来赏花吧，最佳的赏花时间为上午 7 点到 10 点左右。府中市公园后 大贺一郎"

"大贺会"的成员之一渡边印刷所每年都会给大贺免费印刷广告传单。传单收到了出色的宣传效果，许多人为了赏莲而来到大贺家中。

大贺将狭窄的庭院中盛开的莲花与栽植于半根混凝土管中的莲花放置在附近的第一小学学校后方供人观赏。

当赏花的游客来到大贺家里时，大贺连饭都顾不上吃，满头大汗却又十分高兴地来到庭院里，跟他们打招呼："谢谢你的光临。"只要来了好几个人，大贺就兴致勃勃地向他们讲解莲的知识。

在 1957 年举办的日本植物学会 75 周年纪念大会上，大贺因为在长达五十多年的会员生涯中做出的贡献，接受了感谢状与纪念品。

1959 年 11 月 14 日，主妇长岛富子不忍看到大贺在经济上的困窘，于是以她为中心成立了"莲实会"。

大贺是府中著名的"莲老师"。长岛富子召集了不少志同道合的伙伴。

"大贺老师是一名非常优秀的人物，他从事的研究也十分出色。府中不应该对这样的人才视而不见。"

"莲实会"聚集了 100 名以上的会员。每个月向会员征收 1000 日元的会费，像发工资一样每月发给大贺 1.5 万日元。有了这 1.5 万日元，大贺勉强可以过上不愁吃喝的生活了。

由于获得"大贺会"与"莲实会"的援助，大贺的生活在 76 岁之际首次变得安稳了。

大贺经常一边眺望自家的庭院，一边在心中思忖：

"真希望还有两三个现在这样的池塘……"

大贺家里的庭院中修建了小池塘，但是仅靠其继续研究还是有些不便。时间已经越来越紧迫。想要开始进行妙莲的研究，就必须有更大的池塘。

名为妙莲的多头莲花是重瓣莲的一种，其在长出花蕾时也是一根茎上长出一朵花，与普通莲花并没有区别。但是随着时间的流逝，花蕾慢慢长大，外侧的花瓣也逐渐掉落，花茎（花托）长出分枝，分枝上会出现 2~5 个由众多大小花瓣构成的花团。仔细观察时，会发现一根茎上会长出 1~12 个这种圆形花团。因此，妙莲也被称为"十二时莲"，是十分罕见的莲花。

而且妙莲的花瓣数量为 2000~5000 枚。除了妙莲以外，世界上再也没有别的花朵能够达到 5000 枚花瓣。普通莲花反复开花 4 天即会凋谢，但妙莲开花一次后不会闭合花朵，外侧的花瓣逐渐凋零，可以绽放 20 天左右的时间。之后莲花垂下枝头枯萎。此外，妙莲没有雄蕊、雌蕊，无法结果，所以除了莲根以外没有别的繁殖方法。

大贺曾经遇到过咨询移植妙莲的问题。由于金泽站前广场要进行大扩建，所以妙莲绽放的池塘几乎全部要填平。但是妙莲是国家的天然纪念物，也是市里引以为豪的一大名产。金泽当地的人们无论于公于私都觉得这是个很大的问题，不应该让妙莲灭绝。商量的结果为金泽市投入 600 多万日元，将持明院的建筑物迁至市内东南角。虽然池塘面积只有原来的 2/3 左右，但还是决定将妙莲移植于寺院的遗址当中。为了保存莲的物种，还将一部分妙莲移植于大贺家中用作研究。想要研究妙莲，必须要有更大的池塘，但是大贺家实在太小了，没有办法修建大池塘。

大贺家西侧住着一名叫富田的建筑工程师。富田家有两个上小学的孩子，还有一个上幼儿园的小孩，他们一家人每天早上都会在庭院里做体操。有时五个人一起，有时会缺点儿人。

富田家里有着颇为宽敞的庭院。他在庭院里种植了蔬菜与各种各样的花草，新竹也在欣欣向荣地生长，娇艳欲滴的大丽菊高高地在枝头上摇曳。四季风光变化万千。庭院里还有鸡、山羊、秋千和泉水。

大贺犹豫了好久，终于在一个周日的下午下定决心，迈着沉重的步伐敲响了富田家的门。

大贺小声向富田解释情况：

"我研究莲需要池塘。我家的庭院实在太小了，没办法修建用于研究的池塘。附近没有池塘的话不好进行研究。如果没法在这里修建池塘的话，我只能搬去别的地方了。如果您能允许的话，希望能够在您家的庭院里修建两个池塘。"

富田微马上笑着回答：

"可以啊，能够帮得到你我就满足了。请使用我家的庭院吧。"

大贺惊讶得几乎想要怀疑自己的耳朵。

"这世上不会再有这么好的事情了吧……"

富田家的庭院中种植了大杨树和枫树，还长有竹丛。大贺虽然觉得难以启齿，但还是下定决心与富田商量。

"有树荫的话会妨碍莲的生长，能不能把树给砍掉呢？"

富田也答应了这点。

大部分的竹丛位于另一个邻居向野家中，因此大贺还去向野家请求他砍掉竹丛。

向野也立刻答应了他，并且马上换上衣服、拿起锯子，出去锯掉二三十根竹子。

没过多久，富田家的杨树与枫树也被砍掉了。

大贺对此感激涕零。

"这个世界真的太温暖了……"

枫叶的树干还很细，而杨树已经长得很粗了。大贺想用砍下的树木制作些纪念品赠送给朋友，但是这棵杨树的材质太过柔软无法进行雕刻，所以他感觉有些难过。

大贺庭院中的莲池被邻居家高大的树木的影子遮住了。有树荫的话莲就无法开花。于是大贺拜访了邻居，请求他们：

"我是莲的研究家，请你们马上把树砍掉吧。"

邻居家的夫人听到他的请求后心想：

"真是的，他分不清楚别人家庭院的树木和自己家庭院的树木吗？……"

但是，邻居家的丈夫按大贺所说的把树砍掉了。夫人惊讶地询问丈夫：

"他有给你什么补偿吗？"

丈夫的回答与平时全然不同。

"免费的。我对老师所说的话恨不起来。他简短的话语坦率而充满热情，感觉像是神佛的嘱托一样。"

盂兰盆节刚开始的早上，大贺抱着莲花、花蕾、已经凋谢并长出莲子的莲以及莲叶拜访了邻居家。

"我说的事情你都听进去了，莲花开了我先给你送过来点儿。可以供奉在佛前之类的。"

大贺说完，把莲花搁在邻居家就马上回去了。

当天夜里，邻居家丈夫对夫人说：

"我听说大贺老师是基督教徒，是一名叫内村鉴三的伟大老师的爱徒，而莲与佛教的渊源很深，为什么他会成为研究莲的博士呢？"

几天后，邻居家的丈夫将开得正旺的莲花带到了大贺家。

大贺端过来一些茶点，说：

"别人送了我好吃的点心，你来尝一个吧。"

大贺端上来的点心正是邻居家丈夫刚刚送给他的。

邻居家丈夫一边喝茶，一边直言不讳地询问大贺：

"老师您是世界闻名的莲专家，又获得了东京帝国大学的博士学位，为什么会过着这么清贫的生活呢？"

过了一小会儿，大贺小声回答说：

"钱花在弟弟妹妹与孙辈身上了。"

后来，邻居家丈夫听别人解释了事情的原委：

"大贺老师夫妇没有孩子，但是领养了弟弟妹妹和病死的弟弟的孩子们，在这粮食短缺的时代，夫妇两人从来没有抱怨过一句话，一直在照顾这些孩子。此外，他不仅在大学当讲师，还致力于莲以外的各种领域，一直都在潜心研究。"

听到这些，邻居家丈夫不由感觉钦佩之至。

移植妙莲的时候，大贺刚好患上了肺炎，不得不住院两个月。在修建新池塘和移植妙莲时他都没法直接下达指示，好在新池塘顺利地建成了。

1958 年 4 月 19 日，大贺从加贺金泽第三次移植了妙莲。大贺在这三年时间内，每年都从持明院移植妙莲。但是移植的妙莲光长叶子不见开花。大贺抑制不住心中的好奇，念念不忘地想着今年会绽放怎样的莲花，应该为它取什么名字才好。

这次在府中市政府的善意安排下，大贺借用了附近中央公园的半个葫芦池，将自家庭院小池塘中的浮栽移植过去。葫芦池的大小为 231.4 平方米，其中借用了 160 平方米。池塘的准备工作有所延误，到了 5 月中旬终于可以正式移植妙莲了。尽管移植的时间较晚，但是 6 月初已经长出一两枚浮叶，到了中旬还长出了立叶。不断生长的主茎各节还开始长出侧茎。侧茎上也出现了浮叶与立叶，后来还长出了叶子。

妙莲在炎热的盛夏阳光下茁壮地成长，到了 8 月 1 日，在主茎长出第 11 片叶子之后，果不其然出现了一个含苞欲放的淡红色花蕾。

对大贺来说，这是用全部生命赌上的仅此一个的宝贵花蕾。

一般来说，普通的莲花长出花蕾之后需要 20 天左右开花。大贺推测妙莲会在 8 月下旬开花，然而已经到了立秋时节，早晚的天气都凉飕飕的。花蕾长得没有想象中的大，而且花茎也比叶茎要细小，看上去弱不禁风。温度在 23℃ 以下的话莲花无法绽放。大贺每天独自伫立在池塘旁，心情极为复杂。不同品种的莲花有着不同的绽放习惯。而大贺以前没有种过妙莲，所以也不清楚妙莲细微的绽放习惯。

如果可以开花的话，8 月 20 日左右花蕾的长度应该能够达到大约 20 厘米，然而过了十四五天，花蕾长度依然只有 3 厘米。听说妙莲是因为突然变异而出现的品种，看来对妙莲的处理确实很难。

妙莲被移植后，会变成普通的莲。屋代弘贤的《古今要览稿》以及其他青海川的随笔记录中都能看到这方面的记载，持明院也流传了这一说法。

关于妙莲是否会变成普通莲，现阶段还无法下定论。但是，持明院的妙莲于 1901 年被移植至越中福野的安居寺后年年都会开花，成为县里的天然纪念物。后来在 1953 年再次移植时也绽放了娇艳的妙莲花，因此实践证明移植妙莲不是不可能的。

此外，妙莲还被移植至持明院附近的住宅中。当年春天，移植至持明院新池塘中的妙莲也绽放了美轮美奂的妙莲花，因此大贺心想：妙莲移植后变成普通莲应该只是传说而已。那么葫芦池中的加贺妙莲所长出的花蕾究竟会绽放出怎样的莲花呢？大贺对此翘首企盼。

"今后会发展成什么样呢？阳光不太好，会不会还没开花就枯死了……"

大贺忧心重重地思虑着，但是府中的人们都十分期待妙莲开花。首次见到妙莲花蕾的那天，附近的人们纷纷过来贺喜。

"等到开花时，我会马上赶来赏花。"还有一些年轻人这样说。

街上早起的人们络绎不绝地前来观赏妙莲。

白天淘气的孩子们嘴上喊着"老师，老师"，跑过来抓蜻蜓玩。

晚上下班回家的人们也驻足观看。

大贺原本期待妙莲能够在 8 月 24 日盛放，并计划举办"妙莲观赏俳句会"，他与府中观莲会商量了相关事项。然而遗憾的是，花蕾一直没有长大。后来花蕾停止了生长，已经呈现出死亡的征兆了。

到了 8 月 20 日，大贺不得不宣布：

"今年妙莲不会开花了。"

因此，最后只静静地举办了妙莲观赏俳句会。参加者们吟咏了以下诗句：

向山敏子："妙莲之名，美亦脆弱。"

金子榉："妙莲枯，花柄空。"

小暮虚栗："妙莲寂光兆，绵雨乍停歇。"

镰田佑植："妙莲叶上蛙跃动。"

田中闲春："久候妙莲依未绽，秋日清晨寒意残。"

平井红峰："妙莲或终闭，云间峰矗立。"

高木吾亦红："银露似梦幻，妙莲终未绽。"

大贺心想：

"今年不行的话还有明年。"

妙莲的花蕾最后看上去没法汲取水分，到了二十八九日左右，花蕾枯萎了。大贺下定决心将花蕾剪下解剖。

大贺从上方剖开大约 3 厘米的花蕾进行观察。如果是普通莲花的话，花瓣的数量应该只有二十五六枚，而妙莲的花瓣达到 60 枚以上。而且普通莲花中有三四百根雄蕊形成圆环，妙莲的花蕾中则看不到这些。此外，普通莲花的花蕾中央应该有一个果托的小原基，但妙莲的花蕾中有一个坚硬的小型棒状组织，其表面覆盖着无数细长的鳞片状的花瓣。

这是大贺首次解剖宝贵的妙莲花蕾，他从中了解了生长中的妙莲。从解剖后的花蕾形态中可以判断出，这肯定不是普通的花蕾，而是只有花瓣、没有花蕊的妙莲花蕾。从长 3 厘米的小花蕾还分辨不出其是单头莲花还是多头莲花，不过总之可以确认这是妙莲了，所以大贺心里总算放下了一块大石头。

"这正是武藏野妙莲啊。"

由于这种妙莲生长于武藏野，所以叫"武藏野妙莲"。武藏野妙莲的根茎到了 1958 年 9 月依然不断地生长。主茎上已经长出了十六七枚叶子。但是到了秋寒萧瑟的时节，妙莲的成长也会骤然停止。借用葫芦池栽种的三株妙莲在移植莲根种子时，只有一根是完好无缺的，其他两根都出现了损伤，但是这三株妙莲现在已经长到占据整个池塘表面的 3/5 甚至是 4/5 的面积了。

这三株妙莲的莲根可以在宽阔的地方自由地生长，恐怕已经长出了大大小小 100 根以上的莲根。根据计算，甚至能够达到 2000 根以上。

大贺满怀信心：

"明年 4 月把这 100 根以上的莲根种子按次序进行移植的话，到了七八月份左右，武藏野妙莲的莲花将开满整个池塘。"

正如大贺所推测的一样，武藏野妙莲在翌年 1959 年娇然绽放。

府中市以妙莲开花为契机，从 1959 年开始在中央公园举办了观莲会。除了武藏野妙莲之外，还有大贺栽培的 40 多种名花，因此国内外约 50 位风流雅士汇集在公园的池畔度过了清凉的夏日时分。这儿的气氛颇富有乡土气息。

第四章　守护大贺莲之名誉的"莲博士"

通过莲的研究获得紫授勋章

1959 年，纽约大都会博物馆的原东洋部副部长保罗·西蒙斯拜访了大贺。他说自己是来参观东洋美术的，同时也想顺便看看大贺的研究。大贺尽管研究了几十年的莲，但是并没有发表自己的研究成果。

副部长阅读了一部分英译的文章后说：

"这研究真有意思。我想在美国出版。"

1960 年，大贺将金泽的妙莲移植至许久以前妙莲已经灭绝的近江田中村落当中。

1963 年，妙莲时隔六十八年再次开花，"近江妙莲"再次苏醒。该研究的成果被整理为《从近江妙莲到近江妙莲》一书，这让大贺在离开人世的几天前十分欣喜。

此外，大贺证实了妙莲花朵的遗传性质为极端的重瓣多头性，而且其染色体与正常的单瓣花朵并没有任何区别。

之后，大贺继续进行妙莲的研究。结果妙莲在日本移植至好几处地方，从近江田中家的大日池迁至加贺金泽持明院的妙莲池、富山县福野安居寺的妙莲池、府中大贺家的莲池与中英公园的妙莲池。

千叶也有妙莲。千叶市文化遗产保护审议委员吉田公平提到，1960 年 4 月上旬，千叶市职员杉山义命的朋友委托他栽培妙莲。

1962 年 3 月下旬，杉山将该妙莲托付给东京大学农学部附属绿地植物实验所员工四宫大典，在实验所中培养。

杉山与吉田商量时提到，由于大贺将府中的妙莲取名为"武藏野妙莲"，所以决定将千叶的妙莲取名为"下总妙莲"。据说，后来吉田在自己家里也栽培了下总妙莲。

　　1975 年，近江妙莲被指定为滋贺县守山市的市花。

　　此外，由于传说近江妙莲曾经被进献给足利义满将军，于是在 2006 年 7 月 20 日，时隔六百年举办了"平成的进献"活动，人们将妙莲进献至安置义满将军的京都北山鹿苑寺（金阁寺）。

妙莲从花蕾到开花的情况（参见第 104 页）
（阪本尚生拍摄）

　　日本自古以来便认为莲与佛教有着不解之缘，在《古事记》与《风土记》当中已经留下了与莲相关的记载，从文献上也能够确认在公元 538 年佛教传入之前就已经有莲了。

　　许多古籍上记载了与莲相关的事情。和铜五年（712 年），太朝臣安万侣进献的《古事记》下卷当中记载了雄略天皇与引田部赤猪子的故事。雄略天皇初次见到在美和河（初濑川）河畔洗衣的美丽少女引田部赤猪子时，对她说："我以后会招你来皇宫，你别结婚等着我。"赤猪子苦苦地等待天皇的圣旨，一直等到 80 多岁。她去找天皇说这件事情时，天皇非常吃惊，他完全把这事给忘了，但是想到赤猪子苦苦等候至今，觉得十分惹人怜惜，于是赐予她两首和歌。赤猪子也以两首和歌答复了天皇的和歌。其中有一首吟咏道："日下江湾莲绽放，盛装少女惹人羡。"在诗中将年轻美丽的盛装少女比喻成莲花。

此外，养老四年（720 年）完成的《日本书纪》"舒明七年"条目中记载："正月看到慧星，六月百济朝贡，七月一茎双花的瑞莲在韧池绽放。"该一茎双花的莲即为双（多）头莲，因为罕见而吉利，所以被人们称为"瑞莲"。之后，《出云风土记》《万叶集》等都有对莲的相关记述。《风土记》编纂于《古事记》成书的翌年 713 年，其中《常陆风土记》"香岛郡"条目中记载："沼尾池的莲根比其他更加美味，生病之人吃了之后会很快治好。"可见，莲在当时既可以食用，也可以药用。

由于莲的果托与蜂巢相似，所以"莲"的日语发音与"蜂巢"一样，叫作"Hachisu"。果托是指莲花凋谢后残留的蜂巢状、漏斗状的花蒂。位于花朵中心的花托在花瓣完全凋落之后，从成长期的绿色变为了茶褐色的果托。一般认为像现在这样将"莲"发音为"Hasu"大致始于平安时代后期，到了镰仓时代才变得普遍化。

此外，《万叶集》《古今和歌集》等典籍比起莲花来更加重视莲叶上的水珠。

> 甘霖倾莲叶，露珠清似玉。（佚名）
> 莲叶之心不惹埃，何以置叶误为玉。（僧正遍照）
> 得意畅快之事，池中莲花，逢著骤雨。（枕草子）

据说过去有一种习俗，在七月七日七夕当天收集莲叶上滚动的露珠，用露珠研墨，在诗笺上写下心愿。

日本人喜爱莲花始于奈良时代模仿中国的观莲节在宫中举办"莲叶之宴"，这可谓也是今日观莲会的起源。

但是到了佛教普及的平安时代，受盂兰盆会的仪式影响，莲花成了举办佛事的花。不过不久以后，其又再次回归至人们熟悉的观赏花卉。

到了 17 ~ 19 世纪的江户时代中期，儒学兴盛一时，儒学家们在上野的不忍池举办观莲的诗宴，后期松平定信侯还在位于筑地的自家庭园"浴恩园"中举办过观莲会。

随着天下变得太平，镇上的居民们也开始流行园艺栽培与出游赏花。其中不忍池是欣赏四季景色的著名景点，春有樱花夏有莲，秋有红叶冬有雪。浮世绘里描绘过莲花，短歌与俳句中也吟咏过莲花，夏日的观莲风俗逐渐在庶民层中普及与扎根了下来。

一天，大贺向就读于惠泉女学园园艺科的徒弟长岛时子说：

"我希望你学习更多的学问，希望你能继承我的研究。我想你成为研究莲的接班人。"

长岛也觉得既然自己已经在大贺门下，还是想要进行莲的研究。她四处打听可以插班入学的大学，后来她与大贺在八高时代的学生、在东京大学教授遗传学的筱远喜人教授取得了联系。

筱远说：

"我有一个叫箕作祥一的男学生在日本大学。要是能让你去那儿就好了。"

1959 年，长岛插班进入日本大学农兽医学部农学科的植物研究科，在箕作门下研究莲的染色体。古莲与现在的莲的染色体是相同的。虽然古莲的花瓣稍细，但是遗传基因没有发生任何变化。从染色体可以得出莲在三千年内并没有发生进化的结论。大贺想将自己进行的这项研究作为长岛的毕业论文。长岛撰写了关于染色体的论文，花了两年时间毕业。

现在已经证实：莲需要通过凝固蛋白质进行呼吸才能存活。然而其中的原理对大贺来说尚是今后的研究课题。地底有湿气，不仅不干燥，而且也没有空气。莲子在地底与外界隔绝，能够持续两三千年的冬眠状态。然而，莲子一直在进行缓慢的呼吸、产生二氧化碳，因此碳的含量极其微量地逐渐减少。

大贺认为，必须研究现在的莲与古莲之间的二氧化碳含量存在多大的差异。但是这项研究需要设备，而且他觉得自己已经心有余而力不足了。他请求美国研究人员："给你们这些材料，你们来做吧。"但是他们并不愿意做这项研究。如果有年轻人帮忙的话应该可以完成。大贺将自己的期待寄托在长岛身上。

大贺向长岛说：

"这次我希望你获得学位。要获得学位的话，我还是希望你拿到东京大学的学位。"

长岛大吃一惊。

"咦？我怎么可能考得上东京大学。我至今为止一直在玩，并没有用功学习。"

但是大贺不肯听她的说辞。

"我实在是希望你去东京大学。"

长岛听从了大贺的建议，参加了东京大学理学部的考试。

但是大贺又转变了心意，他说：

"理学部也不是不可以，但还是农学部的范围要广一些。你去参加农学部的考试吧。"

长岛复读了两年，终于成功地考上了东京大学农学部。

长岛的指导老师说：

"这下大贺老师总算能放心了吧。"

如其所言，大贺说：

"我终于放心了。"

大贺又对长岛说：

"要不你成为我的养女吧？"

长岛听后一脸惊讶，大贺接着解释道：

"研究界人士都熟悉大贺的姓氏。比起长岛来，你自称姓大贺要更好。你回家跟父母商量一下吧。"

长岛回答：

"他们肯定会反对的。"

果不其然，长岛的父母表示了坚决反对。

"开什么玩笑，绝对不能允许！你是长岛的孩子，叫长岛就好。根本就没有必要改名叫大贺！"

虽然长岛一家已经没落，但是家族拥有很强的自尊心。长岛回到府中向大贺解释后，大贺满脸失望地说：

"果然还是不行吗？估计是因为我没有财产和别的东西，才会不行吧……"

之后的两三天时间，大贺一直无精打采。他没有孩子，因此非常希望长岛能够成为自己的接班人吧。大贺神情十分落寞。

长岛斩钉截铁地说：

"我用长岛的姓氏就行了。"

长岛一边去往研究室，一边开始撰写硕士论文。

1961 年，大贺被授予紫绶勋章。授予原因是"多年来专注于莲的研究，并进一步对国宝当麻曼荼罗的织成进行科学的改名，为日本古代染织史的研究做出了贡献等，获得了显著的研究成就"。

然而，大贺并没有就此满足。内村鉴三在 70 岁告别了人世。西乡隆盛与弘法大师都在 60 岁与世长辞。大贺已经活到了 78 岁了，但是感觉自己完全没有成就任何大事。

大贺心想：

"在去世前应该还可以做些什么吧。"

1964 年，大贺出版了《与莲相随六十年》一书，其中描绘了自己与莲共同度过的人生。

大贺一郎的爱徒当中，有一名"莲博士"奉献了自己的全部生命守护大贺与大贺莲的名誉。他便是阪本佑二。

阪本佑二于 1925 年 12 月 28 日出生于和歌山县日高郡藤田村吉田 52 番地，他是七个兄弟姐妹的老二。

阪本在纪州道成寺的山脚度过了自己的童年。他曾经在相当于十七夜的 7 月 17 日夜里看到寺院正殿前的莲池中，若干株含苞待放的莲花在灯影中摇曳。这幅景象给孩童时期的阪本留下了深刻的印象。这也是阪本与莲最初的邂逅。

阪本从当地的日高郡藤田村普通小学毕业后，升入了和歌山县立日高初中。1943 年 4 月，他在初中毕业后成为御坊国民学校的一名助教。

《与莲相随六十年》

随着战局的恶化，军队接二连三地出征，教员人数不足，于是许多学生志愿成为代理教员。体形高胖的阪本也是其中之一。

阪本最后并没有参加战争，但是他深刻体验到了严酷、毫不讲理的军队生活。这也构成了阪本教育思想的基础。

阪本复员后，于 1948 年 3 月来到东京，在东京农林专门学校（现东京农工大学）东京第二临时教员培养所学习生物学科。

阪本原本就喜欢植物。此时，他遇见了大贺一郎。这对阪本来说是与莲的第二次邂逅。

1944 年，大贺最小的弟弟洁因病去世。大贺在领养了洁的六名遗属之际，成为东京农林专门学校的讲师。

1948 年 4 月，阪本返回家乡，在日高郡印南中学担任教师。1949 年在日高郡御坊市初中担任教师。后来在 1951 年 4 月，成为和歌山县立日高高级中学的教师。

在离开大贺师门，成为一名高中教师之后，阪本依然衷心钦佩大贺建立在基督教虔诚信仰上的人格，并且接受大贺的指导。

阪本对大贺这一年在检见川农场挖掘莲子抱有浓厚的兴趣。而且挖掘出莲子的经过与大贺的人生态度也给阪本带来了重大影响。

这时，日高高中三年级学生大前弘子看到新教师之一阪本后，回想起来：

"啊，这是那时实习的学生……"

弘子首次遇到阪本是在她小学四年级的时候。上课时，有五六名实习学生坐在教室后方听讲。其中之一便是阪本。

日高高中的首任校长西川平吉心想着为阪本做媒，他选中的人便是还在读高中的弘子。虽然两人是师生关系，但是相差 7 岁，年纪刚刚好。

弘子并没有直接上过阪本的课。不过两人互相都认识，所以看上去发展得也很顺利。

但是，弘子的父母反对她一毕业就马上结婚。

"现在她什么都不会，不能让她结婚。"

他们的意思是弘子还没有经过新娘培训，没法让她就此结婚。因此婚期延期一年。

阪本与弘子偶尔会见面聊天。阪本见到她时说：

"我的梦想是在北海道广阔的牧场中，拉着小提琴悠闲地生活……"

阪本兴致勃勃地谈到自己在大学时代的假期，与要好的朋友一起登上北阿尔卑斯山脉与南阿尔卑斯山脉的情景。雪溪泛着洁白光辉的绚美；当发现一片花田时，兴趣盎然地观察各种可爱的花朵；登上山顶迎接日出时的感动等等……

对从未踏出过小城一步的弘子来说，这些故事像是梦幻一般美妙。

后来，阪本在暑假去往北海道之际，通过美术明信片将大雪山中的白桦、雪溪、花田之美，与阿伊努雕刻师的邂逅等，自己身处日本最北端时的所有感动场景寄给了弘子。

后来，阪本因发烧而住进日高医院时，还给弘子写了信。

有一次，阪本邀请弘子："我买了房子，你过来坐坐吗？"

弘子邀请朋友一起拜访了阪本的新家。屋前建有一扇临街的大门，庭前栽种着树木。

站在玄关前时，动听的古典音乐飘入耳际。推开大门后，身穿和服的阪本迎接了弘子等人。

穿过房间，房屋的南侧也栽种着树木，四周都是盎然的绿意。一张桌子摆放在面朝走廊的方向，墙壁上装饰着《少年维特的烦恼》等小说，以及写有诗剧《浮士德》的德国文豪歌德的照片。书架上塞满了从植物专业书籍到文库本的各种书籍。地板上摆放着一台高大的唱机，旁边散落了一地贝多芬等人大量的古典音乐唱片。

弘子与朋友面面相觑。

弘子从学生的角度来看，阪本是经常谈论一些愉快事情的良师。但是此时阪本才真正发挥出了教师的职责。

阪本平时有点儿沉默寡言。因此给弘子留下了有些难以接近的印象。

比起弘子的年纪太小，弘子的父母更加在意阪本的身体。阪本患有结核和一些其他疾病。

当时学校的老师有许多人患有结核。因此，学生之间甚至流传了"吸入白墨（粉笔）灰的话就会患上结核"的传言。

年轻的老师接二连三地住院，学生们经常去往位于和歌山县日高郡美滨町的烟树滨探望身患结核病的老师。

烟树滨有一家结核病疗养所。叽叽喳喳的学生聚在一起，组团去探望老师。

学生不能直接进入疗养所，所以在附近的海滨等着老师。到了3点左右，疗养所里的老师三三五五地来到了海滨。

学生们经常在海滨探望老师。由于战后粮食紧张等原因，烟树滨的结核病房一直处于满员状态。所以阪本住进了日高医院。

弘子也知道阪本身体虚弱多病，但是比起弘子自己，她的父母更加担心这件事。

1953年7月18日，由于持续且集中的大暴雨，和歌山县发生了"7·18"大水灾。该水灾导致和歌山县死亡616人，失踪431人，受灾人数达到25万，其惨烈可谓前所未有。在阪本他们居住的御坊市当中，日高河上的天田桥也被洪水冲走，阪本家一楼全部被泥水浸没，损失惨重。

阪本和弘子已经决定结婚了，但是由于这场水灾，又决定延期一年。

1954年4月26日，阪本佑二和弘子终于走进了婚姻的殿堂。

　　阪本比以前更加瘦削了一些，但是健康了不少。阪本在周六日、春假、暑假带着生物部的学生们去往高野山和护摩山采集植物。此外，还去新宫市的浮岛观察植物。还在附近的美滨町三尾的海猫岛调查海猫，在日之岬观察植物等，每天都外出采集植物。

　　阪本稍微勉强硬撑一会儿就会马上睡得很死。弘子也开始担心丈夫的病情了。

　　弘子经常听丈夫提到学徒出征时的事情。

　　据说，阪本加入步兵连队去了和歌山，当时他在半夜经常咳嗽。

　　"听到我咳嗽的声音，附近的人担心地来探望我，他们给我喝了温开水。这么好的事情可是很少见的哟。"

　　1955 年 6 月 4 日，阪本与弘子的长子尚生呱呱坠地。由于 6 月 4 日是阴历的菖蒲节，所以两人为孩子取名"尚生"（Hisao）。

　　阪本为了给儿子拍照片，变卖家中的物品，东拼西凑地购买了照相机。初为人父的阪本欣喜万分，他看上去已经是一位脸上写满为儿担忧的父亲了。

大贺的爱徒——阪本佑二

　　后来成为政治家的二阶俊博曾经就读于阪本任职的日高高中。虽然阪本不是班主任，但他十分照顾二阶。

　　二阶也认为阪本是学校的老师当中最为卓越、出色的人物。

　　阪本在黑板上画了莲根的图来教导学生。他好像是希望二阶也能在植物领域进行学习。

　　不过，当时二阶的父亲俊太郎担任了和歌山县会的议员，阪本似乎也清楚二阶将来会迈入政治领域。

　　阪本将二阶称为"二阶俊博"（Nikkai Shunpaku）。

　　他不把二阶叫作"Toshihiro"（"俊博"在日语中有两种发音，一种是汉音 Shunpaku，一种是和音 Toshihiro，一般在名字中发和音。——译者注）。二阶觉得老师这样称呼自己好像是特意照顾自己、鼓舞自己一样。

　　和歌山县立日高高中的棒球队首次在甲子园中出场之际，二阶成了棒球队的后援团团长。

　　1956 年 4 月 2 日，天气颇为阴沉。弘子原以为阪本要和生物部的学生一起出去观察植物，于是给他准备好便当。这时阪本对弘子说：

"二阶当了后援团团长，我去给他们加油。"

弘子回答了一声"好的"，阪本便精神抖擞地出门了。

弘子经常听丈夫谈及基督教徒大贺一郎的事。

阪本自己虽然没有信教，但是他也经常阅读《圣经》，同时还阅读与佛教相关的书籍。他就像是书虫一般，一回到和歌山，就把自己关在房间里专心致志地读书。

阪本从东京农林专门学校毕业后，也一直给大贺写信。在和弘子结婚之后，阪本经常收到大贺寄给他的书信与明信片。

大贺的字迹颇富韵味。换句话说，辨认起来相当困难。收到大贺的明信片后，弘子不得不花费一晚上的时间阅读。

总之，完全不知道大贺在信里写了些什么。不过，弘子后来在不知不觉中也慢慢习惯了大贺的字迹，可以进行流畅的阅读了。

1956 年 4 月，阪本的结核病再次发作。他不得不向学校请假，住进了医院。

阪本先后做了六次肺部手术。

当时的医疗技术与设备都不完善，但是结核可以通过手术治愈的消息传播了开来。听说是在发生过火灾的废墟中新建的一家小医院。

由于家后边建了一座高楼，挡住了阳光，所以趁着阪本住院的机会，弘子卖掉了房子。

大贺博士寄来的书信

阪本住进了和歌山县立医科大学附属医院，弘子把孩子交给父母照顾，每天给阪本洗衣服、做他喜欢吃的饭菜送到医院。

"我不在这里住了。你帮我张罗一下出院的准备。"

弘子惊讶地问：

"为什么呢？"

"周围做完手术的人接二连三地死了。每天都听到家人的哭泣声，我实在待不下去了。"

阪本对弘子说：

"大阪有一家叫山梨的医院，我想去那儿看病。"

阪本像是已经收集了医院的信息。

弘子有些犹豫不决。

"话虽如此，但是我没有钱，没法带你去呀。"

但是阪本的性格是一言既出，驷马难追。

"我要去大阪。"

弘子只能无可奈何地急忙去朋友那儿借钱，之后又慌慌张张地办理了转院手续。

弘子不顾一切地带着丈夫坐上火车，她慌乱得甚至连记忆都有些模糊了。

尽管她还记得去了大阪，但是怎样搬运住院时的行李、什么时候整理好这些行李并且送去，这些事情完全没有一点儿印象了。

阪本在大阪的山梨医院接受了双肺的手术。

第一次手术切除了左肺上叶。手术后阪本恢复得十分顺利，走路时肺部会伸展开来，他甚至每天都期待着散步。由于恢复得太过顺利，阪本提出想要对以前因患病粘连的肋膜也进行手术。

医生马上拒绝了。

"剥离肋膜的手术会化脓的，最好不要做。"

但是阪本还是固执地不肯让步。

"你不给我做的话我就不回去了。"

他想彻底告别结核。

最后医生实在拗不过阪本，为他进行了肋膜手术。

但是正如医生所言，术后出现了化脓。

阪本持续了 40 天的 40 度高烧。弘子的母亲担心不已，她早上独自参拜氏族神，每天都去神社祈祷，还给弘子带去了现金。弘子收到后高兴得泪流满面，她也一直在祈祷。

住在同一病房旁边床上的男性和阪本在同一天做了手术，他也非常痛苦。这名病人的妻子说："这家医院不行。我们要去别家。"于是转至了大阪大学医学部附属医院。

但是，这名男性在转院后不久就去世了。弘子在事后听说了该消息，吓得浑身直哆嗦。

阪本又一次提出：

"我也要转院。"

"要转去外面医院的话，又要从头开始检查。绝对不能去。你就在这儿忍着点儿！听到了吗？你已经做了好几次手术了，外面的大夫不可能了解情况。你就在这里依靠这位大夫吧。"

这次弘子无论如何都不愿意让步了。毕竟阪本接受了多次手术。弘子哭了一整晚，终于说服了丈夫。

弘子哭着求医生：

"大夫，请您治好我丈夫吧。拜托您了。"

弘子感觉到蚀骨般的煎熬。

此时，一种后来取名为"霉素"的抗生素药物大量出现在市场上。在这工资只有8000日元的时代，有些发高烧病倒的病人服用了标价3万日元的高价药"金霉素"。阪本也仔细研究了这种药。

在手术后的一天，阪本因为发高烧而说着胡话：

"卡那霉素……卡那霉素……"

等阪本恢复意识后，弘子询问丈夫：

"卡那霉素是什么？"

阪本解释道：

"医学书上提到今年制造了一种名为卡那霉素的药物……"

阪本阅读了医学书后，掌握了名为卡那霉素的新型药物的信息。

弘子想方设法去各家医院打听。

"卡那霉素还在临床实验中，不能给你们。"

弘子向丈夫解释道：

"现在卡那霉素还不能使用。"

听到这句话，阪本深感绝望。

"我已经不行了……"

弘子也陷入了绝望当中，她坐在病房外的椅子上潸然泪下。她已经完全不知所措了。

"已经没法带他回家了吗……"

此时，与阪本关系很好的堂兄弟的妻子突然带来自家庭院里绽放的朱顶红花束探望阪本。弘子和她的关系并不是非常亲密，但是她有两个儿子在阪本的学校读书，所以特意前来探望阪本，弘子也对此心存感激。

堂兄弟的妻子看到弘子哭泣的样子，询问道：

"你怎么了?"

弘子告诉了她自己没法买到卡那霉素。

"我想要卡那霉素,可是弄不到。"

堂兄弟的妻子听到这儿,挺起胸膛说:

"交给我,交给我好了!你可不能放弃啊,没有做不到的事情。"

弘子深感惊讶。

"她的话可真了不得啊。"

没有任何其他办法了。弘子低头请求:

"那样的话,就交给您了。"

这位堂兄弟的妻子好像是在东京的递信医院认识朋友。她拜托了朋友之后,很快就空运来了一疗程的 30 瓶卡那霉素。

"使用这种药物的条件是在日记中记载每天的病情、经过、在什么阶段治好的所有情况,并且把日记交给我们。"

弘子马上答应,并拜托了山梨医院的医生。

"请使用这种药物,把经过全部记载下来。"

医生大吃一惊。

"你居然能弄到这种药?!"

卡那霉素对阪本的身体非常奏效。他开始一天天康复起来,速度快得令人不敢置信。

卡那霉素是 1957 年由微生物化学研究所的梅泽滨夫博士发现的最早的日本国产抗生素,至今依然可以有效地治疗结核。盘尼西林和链霉素的耐药菌对治疗结核尤其有效。

如果不是获得了卡那霉素的话,阪本在山梨医院是必死无疑了。如果不能说服阪本再次转院的话,阪本也可能已经去世了。

阪本服用卡那霉素后身体基本康复了,他住进山梨医院的伊丹分院疗养。虽然已经退烧,但是身体还很衰弱,手术后的伤痕也没有痊愈,然而此时阪本又说出任性的话:

"我要出院了。你来接我。"

弘子连连摇头。

"你还不能回家。手术后的伤口都没有长好!"

但是此时阪本还是倔强地不听妻子的劝说。

"不行,无论如何我都要回去了。"

弘子说：

"你又不是小孩子了，转院到美滨町的结核病医院吧。"

阪本还是表示拒绝。

弘子顿时束手无策了。虽然弘子娘家后面有房子可以入住，但是由于房子前面建有一栋三层的建筑，阳光非常不好，铺着被褥都会生霉。实在没法让大病初愈的丈夫居住在这种环境中。弘子在丈夫住院前就把房子卖了，带着孩子尚生回到娘家的偏僻住宅中。

弘子向丈夫解释：

"娘家有一处偏僻住宅，我们去那儿吧。"

阪本不高兴地说：

"我才不去那种地方。"

当时没有出租的公寓，弘子只能四处奔走寻找空房。虽然弘子很快就找到了可以租住的房间，但是一听说她丈夫患有结核病，所有房东都马上拒绝了她。

去了好几家都是同样的情况。

具有传染性的结核病在当时是人们十分忌讳的疾病。弘子的父亲实在不忍看到自己女儿如此奔波操劳，在繁忙工作的闲暇时间中，通过朋友一起为她寻找房子。后来，父亲的朋友介绍了一家正待租售的房屋。

那家人的行李还堆积在房间里，父亲与其商量后，把行李集中放在一个房间中，仅租借了光线良好的二层中的一个房间。找房子的事情终于尘埃落定了。

1958 年 12 月，阪本出院了。弘子从老家领回孩子，终于开始了一家三口的生活。

一家三口在一起生活的日子中，弘子每天都用心做饭，餐桌上充满了欢声笑语。虽然没让阪本住院，很是担心伤口的情况，但是弘子在家中照顾着他，他的伤口也逐渐开始痊愈。

弘子的父亲虽然为他们租借了旧房子，但是心里依然挂念着他们生活没法安定下来，于是在御坊市北部一处幽静的场所寻找土地，准备建造一栋新房子。

附近是日本基督教会与 Hakopune 幼儿园，对阪本来说也是非常好的居住环境，于是他高兴地决定了。他期盼着每天傍晚外出散步时不用怎么见到其他人，独享散步的乐趣。

翌年 1959 年 3 月，阪本一家在御坊市日高川河口街道一处 120 坪的土地上建造了建筑面积 12 坪的房屋。

阪本家沿着单轨御坊临港铁路（现在的纪州铁路）而建，该铁路是从御坊到西御坊的单厢列车行驶的一条幽静的路线。

儿子尚生此时已经 3 岁了。之前父亲因为住院一直不在身边。尽管母亲弘子给他看了许多父亲的照片，但是在尚生幼小的心灵中，总感觉出院后回家的父亲有些难以接近。不过，父亲在傍晚散步时带上他令尚生十分高兴。

1959 年 4 月，阪本终于重新回到和歌山县立日高高级中学。

由于几次手术取出了四根肋骨，所以阪本的身体有些歪斜，不能穿着成衣。于是找到熟悉阪本的一家西服裁缝店制作了西服。刚复职时，阪本的体力还没有恢复，工作回来之后倒头就睡。每天都过着学校与家两点一线的生活。

由于阪本生病，所以与大贺之间的书信往来暂时中断了。阪本向大贺汇报出院的消息后，马上收到了大贺的来信。

"你恢复健康了的话，我想见你一面。我每年夏天要去冈山后乐园举办的观莲会，中途下车去一趟你家。"

大贺十分热爱故乡，他向家乡冈山市川入的朋友吟咏道：

"几番夜晚心往西，莲之浮叶如暮露。"

川入的人们也满心期待着大贺回到家乡。

1961 年 7 月 29 日，大贺在大阪中途下车。阪本来到大阪迎接大贺，并且带他来到自己家中。

弘子刚听到丈夫说大贺要来家中拜访时，不禁想象：

"说是大学的老师，他会过着怎样豪华的生活呢？……"

然而，实际看到大贺后，弘子大吃一惊。大贺身上穿着缝缝补补的破旧外套，看上去极其贫寒。

阪本为了招待大贺，带他去了当地最好的料理屋旅馆"保田屋"，里面的菜肴连弘子都没有吃过。

大贺说：

"胃都吃了一惊。"

弘子询问：

"老师，这是怎么回事呢？"

"每天都只喝水和吃纺锤面包，所以今天吃了一顿这么豪华的大餐，胃都吃了一惊。"

一直保持清贫的大贺以此自嘲。他津津有味地吃完了所有菜肴。

当时正值盛夏时节，阪本家的窗子一直敞开着。刚建好的小型房屋的庭院里种植着各种鲜花。玄关前建造了玫瑰拱廊，前院栽种着郁金香，还有菜园。每天的日子平淡而愉快。

大贺在去往冈山观莲会的途中几次造访了阪本家。有一次，他眺望着庭院说：

"这儿的庭院真宽敞啊。我送点儿莲给阪本你吧。"

听到大贺的话语，阪本也有些心动了。

"这个庭院里能种莲花吗？"

阪本并没有特别想研究莲的意愿，他自己从事着寄生蜂与纪伊潮菊的研究。在此之前，阪本从未提及"在庭院里种莲"的事。不过，他还是在前院挖了一部分泥土，首先修建简单的池塘，等待大贺送来莲根。

阪本说：

"大贺莲是天然的纪念物。首先应该栽种于公共场所，而不是个人家里。"

阪本拜访了美滨町町长汤川忠一。汤川是阪本母校东京农林专门学校的前辈。

阪本与汤川商量：

"我想在道成寺中栽种莲。"

位于日高川町钟卷的道成寺以和歌山县最古老的寺院而闻名。其本尊千手观音拥有一千三百年的历史，后山建有池塘。

翌年 1962 年 1 月 29 日，阪本带领与助手同行的大贺来到道成寺。但是，大贺调查了池塘的情形后说：

"这个池塘有两米深。这样种不了莲。"

莲池最深只能到一米左右。而且最后也没有收到道成寺答应接受大贺莲的回复。

汤川自告奋勇地提出帮助。

"我们去美滨町找一处合适的地方吧。"

汤川与阪本东寻西觅，最后终于找到汤川的一个朋友愿意把美滨町三尾的一处作为田地借给他们。田地面积约为 100 平方米，即 30 坪左右。

大贺博士与阪本佑二（美滨町大贺池）

　　1962 年 3 月，在美滨町町长汤川忠一、南海巴士公司社长木冈米一的帮助下，阪本等人决定在美滨町三尾的田地栽种大贺莲，并建成了莲池。

　　莲池周边是日本的原生态风景，无边无际地蔓延着恬静的田园风光。

　　翌月 4 月，东京都府中市教育委员会通过大贺向美滨町教育委员会赠送了 10 根大贺莲的莲根。

　　在南海巴士公司等方面百余人列席的见证下，汤川栽种了大贺莲。该池塘被命名为"大贺池"。

　　大贺还送给阪本大贺莲和王子莲。

　　1960 年，皇太子夫妇结婚的翌年访美之际，住在科罗拉多州丹佛市的日裔、在美国农业部工作的小川一郎将美国的黄花莲子赠送给了皇太子夫妇。据说美国只有黄莲，印第安人曾经食用黄莲的粗壮莲根。皇太子回国后，将该莲子托付给了大贺。大贺在 1961 年将莲子培育发芽，1962 年开花。由于是皇太子赠送的莲子，所以为其取名"王子莲"。

　　阪本为了栽种大贺赠送的莲，急忙在自家庭院里修建了池塘。

　　一开始修造的池塘四边长约 4 米。

　　阪本身体羸弱，因此弘子和尚生两人挖掘泥土，按照其一项项的指示栽种了莲根。

阪本的莲之人生以此为契机拉开了序幕。

在刚建好房子时，弘子非常期待种植郁金香与玫瑰，甚至还建造了当时十分罕见的藤蔓玫瑰拱门。但是，庭院逐渐被莲池占领，不久后弘子放弃种植其他种类的花。

有一次，儿子尚生在刚建好的莲池中玩耍。阪本斥责儿子：

"不要伤害到莲花！"

尚生不服地问：

"莲和我哪个更重要……"

1962 年 5 月 27 日，大贺为了视察莲的生长情况，再次和助手一起拜访和歌山。

大贺池里的莲花茁壮地生长。

到了 7 月的开花时节，阪本与弘子每天牵着尚生的手来到大贺池照料莲。

第一年泥土很新，所以莲的生长情况很好。

但是每次下雨时，冰冷的溪水都会流入池塘中，溪水会让莲停止生长。

为了使水不会流入池塘中，每次下雨时两人都会来到池塘边堵住水流，或是修建排水沟。

从阪本家到大贺池乘坐巴士也需要 30 分钟时间。而且一小时只有一趟巴士。然而下雨时，周围山上的水会流至池塘当中，影响莲的生长，所以阪本无法置之不理。

年幼的儿子尚生或许是发现了每当下雨时父母就会带他乘坐巴士外出，于是他到了下雨天就说：

"走吧，走吧！"

尚生开始读小学时，阪本也恢复了健康，回到了原来的工作岗位。他开始表现出居家好爸爸的一面，带着孩子去往和歌山的公园游玩。在某个春假，他还带着孩子乘坐新干线和飞机去了东京。

不过，一旦开始从事莲的工作，阪本的注意力就完全集中在莲的问题上了。尚生看到父亲专心致志的样子，有些时候深感寂寞。

看到阪本与弘子努力地进行排水作业，阪本的学生们也过来帮忙。

结果，该年由于水温低，大贺莲的生长情况非常糟糕。水流使莲都挤向了池塘一角，只有角落里的莲花稍微绽放了一点儿。

但是既然知道了莲花与莲根正在逐渐枯萎，就更加需要精心照料大贺莲。阪本与弘子屡次去池塘工作，直到大贺莲完全扎下根来。

功夫不负有心人。7 月底，大贺池中的第一朵莲花炫然绽放。阪本让长子尚生站在这朵莲花旁边，用尚生刚出生时买的相机为他拍照留作纪念。

大贺池（和歌山县日高郡美滨町三尾）

大贺将莲献给皇太子

1962 年 3 月，在纪念内村鉴三 100 周年诞辰之际，教友们提出了设置"内村鉴三纪念文库"的计划。大贺为其实现付出了最热情的努力。他不仅与国际基督教大学进行交涉，私下煞费苦心地搜集资料，而且毫不吝惜地将自己收藏的宝贵书籍捐赠了出去。

1963 年 9 月，大贺将这些捐赠的图书装进汽车，从府中乘坐汽车把书籍送至世田谷的教友渡边五六家中。

大贺回顾自己将近八十年的人生，深切地感受到：

"只希望能够长寿。如果不能长寿的话，就无法完成我堆积如山的工作了。"

大贺以从内村鉴三那里学习、培养的信仰与基督教徒的生活为中心，脚踏实地地走过了人生的每一天。

再加上大贺自己的梦想，人生经历颇为丰富多彩。大贺到了 80 岁依然满怀梦想，他为自己鼓劲：

"今后还要研究纤维。虽然现在已经 80 岁了，但今后还要继续努力。"

大贺的研究始于莲，中途因莲丝的关系研究了当麻曼荼罗，最后在晚年还研究了古瓦的布纹图案，基本上贯彻了以莲为主题。

大贺为了通过原典阅读《圣经》，开始向玉川直重学习希腊语。大贺以前学过十五年左右的希腊语，但是都忘记了，所以开始重新学习。大贺心想：

"我还是只能以基督教为基础。许多人为了做学问而做学问，而我做学问的中心在于基督教。"

大贺回想起基督教的老师内村鉴三的话语：

"必须要以基督教为中心。不能是所谓的人道主义，而必须得是十字架的福音。"

大贺再次感受到内村的伟大。

"内村老师真的是十分伟大的人物。老师教给我基督教，指引我必须研究植物。内村老师为我决定了方向，我只要跟着去做就行了。所以我一直都在忙于工作。我不知道能工作到什么时候，但是还留有许多工作。可惜人手不足。也还有金钱的问题，但是金钱的问题总是可以解决的。总有人会送来钱。"

大贺感慨良深：

"人生虽短，学问却长，宗教更深……"

大贺还担任了财团法人染色体学会理事、日本植物学会名誉会员、古文化资料自然科学研究会会长等职务。同时被家乡冈山县吉备町推选为名誉町民。再多的时间也不够。

1961 年 7 月，大贺出版了从 1932 年到 1954 年研究当麻曼荼罗的集大成作品《国宝当麻曼荼罗图录》一书。政府资助了 200 万日元，在日本印刷 50 册，在外国印刷 50 册，总共只印刷了 100 册。不过这是非常值得荣耀的事情，《朝日新闻》报也刊登了介绍报道。

阅读了报纸的朋友们纷纷给大贺发送电报，或是打电话祝贺。

大贺从阪本那儿听说大贺池的莲生长状态不佳，于是直接将大贺莲的莲根带到了和歌山。

1963 年 4 月 10 日，阪本在大贺池中栽种了新的莲根。

在这两天后的 4 月 12 日，阪本夫妇生下了次子。阪本委托大贺为次子取名。

大贺考虑为其取一个基于基督教的名字。《圣经》新约中《哥林多前书》的第 13 章 13 节中记载了以下一句话：

"如今常存的有信，有望，有爱这三样，其中最大的是爱。"

大贺受到《圣经》该节的启发，建议如果是女孩的话就取名为希望中的"希"字，是男孩的话就取名为"信"，希望其一生坚持信仰。

大贺在阪本次子出生一周后来到阪本家，他抱着婴儿说：

"信二。"

于是阪本夫妇将次子取名为大贺所取的"信二"。

或许是因为新栽种的莲根质量不错，该年大贺池的莲生长得颇为茁壮。日之岬地区趁着莲花绽放之际开发了日之岬公园，将大贺池打造为观光景点的南海巴士还开通了观光巴士。附近还修建了青年旅馆、旅馆小屋与野营地。

1963 年 5 月 1 日，大贺应陛下之邀，在皇居的池塘中栽种了莲。

5 月 16 日，大贺参见了皇太子陛下，向其介绍莲的故事，并且赠送了莲。

1963 年 7 月 27 日，和歌山县美滨町三尾的大贺池畔举办了第一届观莲会，约有 200 人参加。

该年的大贺莲绽放得绚丽夺目。

大贺以莲为主题发表演讲之后，收到了感谢状。

还举办了茶会、短歌会、俳句会、琴演奏、摄影会，向各位来宾分发纪念毛巾，并且发行了机关报《莲之实》。

此外，近江守山町田中的妙莲也被成功移植，时隔七十年再次在故池大日堂池开花。

实际上，大贺与十日町也颇为有缘。大贺曾经研究过古代织物。1953 年 8 月，他拜访了十日町。大贺收集过越后上布的资料，他感慨这种三百年前的布料制作得极其精巧，于是在去往越后时顺便访问了十日町。

1960 年 4 月，十日町大贺会为了庆祝大贺喜寿而赠送了纪念品，该地借此机会也种植了大贺莲。

另外，位于新潟县上越市高田城楼旧址外的护城河中佳莲簇生。如今各个地区的城楼与城楼旧址的护城河都是人们熟悉的赏莲景点，而国内首屈一指的正是高田城楼旧址外的护城河。

在明治维新的动荡时期，高田城成了废城，留下了面积达 16 公顷以上的宽阔护城河。据说，1871 年在该护城河中栽种了莲。莲花逐渐覆盖了整个水面。

大贺看到眼前无边无际的莲花美景，不禁感慨：

"这个巨大的莲池在全世界都十分罕见……"

大贺池第一届观莲会（**1963 年 7 月 27 日**）

从 1976 年开始，每年夏天都会在高田城旧址的护城河举办"莲花节"。

各地都开始举办类似的观赏莲花的观莲会。大贺几乎出席了所有在各地举办的观莲会，他经常使用图表及实物，以他独特的快语速进行演讲。

阪本之后也邀请大贺来到和歌山，并且承担了从路费到饮食的所有费用。

弘子为了准备招待大贺来阪本家，每个月都存下一定的钱。但是存款全部用完也不够。

弘子通过少女时代学习的西式裁缝，努力补贴家用。好不容易存到 1 万日元时，阪本叫来了大贺。于是存款又清零了。接着再次开始存钱。就这样周而复始。

当大贺来到家里时，阪本让长子尚生不要去上学。弘子惊讶地问他：

"不要去上学吗？"

阪本说：

"比起学校的教育，让他听听大贺老师的教诲要更好。"

当时才读小学一年级的尚生完全记不得这时大贺跟他说了些什么。毕竟是小孩子，这也是情理之中的事情，但是阪本还是一直想要儿子待在大贺身边。

在送别大贺时，尚生也会跟着父亲一块去。三人一起走到大阪天王寺，其间大贺同尚生谈论了许多事情。阪本的弟子北野武俊在天王寺等待他们，并将大贺送去冈山。

1963 年，日中友好协会理事村上六三县议员请求阪本：

"我们要去拜访中国科学院的郭沫若先生，希望将大贺博士过去研究的普兰店出土的莲作为友好的象征赠送给他。"

在大贺池的莲花绚然盛放的当年秋天，为了参加北京、上海日本工业展览会，前首相石桥湛三带领和歌山县的丸山辉雄县议员、中芝顺县议员、松本新一郎县议员及县工商主管山本前往中国。其间，众人拜访了与日本颇有渊源的郭沫若。

郭沫若是一位政治家、文学家，他作为沟通日本与中国的桥梁积极地从事各种活动。郭出生于 1892 年，1914 年他留学日本，从九州帝国大学医学系毕业。他与佐藤富子结婚。

之后他回到中国，参加了蒋介石率领的国民党。后来加入由毛泽东领导的共产党。由于被蒋介石追杀，1928 年他逃亡至妻子的故乡日本。但是由于 1937 年 7 月 7 日"卢沟桥事变"爆发，他担心祖国的现状，毅然结束十年逃亡日本的生涯，独自一人回到祖国。他是站在激烈的抗日战线上的志士。他与之前受到大量帮助的日本成为敌对状态，同时不得不舍弃妻子奔赴战场，于是将这一悲怆的心境形容为"断藕丝"。郭也是与莲有着很深渊源的人。

1960 年，大贺一郎接受了将与孙文有关的莲子培育发芽的委托。"中国革命之父"孙文出生于 1866 年 10 月 10 日，1913 年至 1916 年逃亡日本。他在 1918 年第三次访日之际，将四颗莲子送给了他的支持者——山口县的田中隆。

该莲子是从普兰店出土的古莲种子中精心挑选出来的，包在精美的绢布中送给了田中。此外，孙文还为田中写下"至诚感神"四个字并赠送给他。

孙文于 1925 年 3 月 12 日去世。之后，田中为了缅怀孙氏，将象征着日中友好的四颗古莲种子珍藏于家中。

1935 年，病倒的田中给家人留下了遗言：

"要珍惜孙文赠送给我的莲子，在适当的时候让种子发芽、繁殖，世世代代继承下去。"

因此，田中隆的儿子医学博士田中隆宽将珍藏了几十年的古莲子托付给了大贺。

大贺在东京大学园艺实验所细心地栽培，成功地使其发芽了。1961 年 8 月 8 日举行了盛大的发芽仪式，并将其命名为"孙文莲"。

之后，孙文莲在道灌沟、奈良的唐招提寺等地栽种，绽放出优美的花朵。

答应了日中友好协会的请求后，阪本心想：

"'孙文莲'是很不错。不过日本有史以来一直从中国接受莲的赠礼，这次作为长年的谢礼，以及对中日事变的忏悔，将日本引以为豪的'大贺莲'作为和平友好的象征赠送给中国如何呢？"

阪本马上与大贺商量。大贺非常高兴地说：

"孙文在日本留下了四颗莲子与'博爱'。"

大贺写下"莲为和平之象征也"的题词，并交给阪本。

大贺对阪本说：

"我想跟你一块儿去趟中国。"

1963 年 10 月 1 日，阪本将百颗大贺莲的莲子与大贺亲笔书写的"莲为和平之象征也"的卷轴交给和歌山县代表成员。

该卷轴中蕴含着对日中战争的赎罪以及期盼友好的心愿。

大贺莲的莲子是从和歌山县美滨

孙文莲（古幡光男摄影）

町的莲池中收集了 50 颗，从千叶弁天池中收集了 50 颗。

阪本还给郭沫若写了一封信：

我很荣幸为您呈上这封书函。

　　这次访华使节团通过和歌山县托付我准备百颗"大贺莲"的莲子，我感觉十分荣幸。这项工作获得了当地人的诸多协助，而最重要的是"大贺莲"之父大贺一郎博士希望其作为"和平之花"在贵国怒放，愿其成为两个民族之间和平友好的纽带。

　　关于莲的由来有两种说法，一是古代莲由贵国传入日本的"舶来说"，一是从现在日本出土的莲化石等来看，日本自古以来就长有莲的"本地说"。无论如何，两国在有史以前就保持了一定的来往是不争的事实，日本的遣唐使和慈觉、道元、隐元、即非等名僧、知识分子们从贵国带回莲子栽种于日本各地的史实不胜枚举。莲作为两个民族的"心灵之花"，反映出不即不离的历史事实。至今为止，我们一直都在接受贵国的馈赠，而这次我们希望将世界闻名的日本"大贺莲"赠送给贵国，让两个民族的"心灵之花"在今天再次绽放，进一步推进两国之间的和平友好，我对此感到由衷的喜悦。

　　关于大贺莲的由来，以下稍作解释。

阪本对"大贺莲"解释道：

　　这次交给您的"大贺莲"莲子，是由一颗莲子长成的莲根在和歌山县分根后培育而成的。世人称其为"两千年莲"，千叶县为其取名"大贺莲"，并将其指定为天然纪念物，采取了永久保护的措施。现在大贺莲栽种于日本十几处，德国、澳大利亚和美国各一处。

　　大贺博士今年88岁，他将自己的半生奉献给了莲的研究，是国内外知名的莲博士。他年轻时赴任于满洲，对当时日本贪婪的殖民地型的优越感心存警戒，并且一贯坚持以真理与自由、正义与爱为基调的和平主义。在"满洲事变"发生之后，他说"等到二十年后再来看事情的是非"，便离开了满洲。这次我们将他费尽心血培育的"大贺莲"作为和平的使者赠送至贵国，他心中无限感慨。正如"莲为和平之象征也"的题词所示，他将和平的心愿寄托在莲花上，由衷期待莲花能够开遍中国大陆。日本境内有"孙文莲"，它的莲子是过去孙文先生送给一个援助革命的日本人的赠礼。大贺博士让源于君子之交的莲子发芽开花为"孙文莲"，以此永久地歌颂孙文。正如孙文留下了"博爱"的题词一样，大贺博士也以"莲为和平之象征也"的题词，由衷地希望日本和贵国都能共同保存大贺莲。

　　希望大贺莲能够栽种于贵国北京等十几处地方，作为两个民族的"心灵之花"，作为"和平的象征"获得保护与培育，两年后开满整个中国大陆！这是以大贺博士为首的和歌山县，不，是日本的有心之人都翘首以盼的心愿。

　　大贺一郎博士的地址为：

　　"东京都府中市寿町二之八"，请联系这一地址。

　　关于莲的发芽方法等，请参考附页。

1963 年 10 月 1 日

和歌山县立日高高级中学

阪本佑二

中国科学院

郭沫若院长　阁下

使节团带着大贺莲的莲子与大贺的题字、阪本的信件赶赴中国。

同年 11 月 15 日，大贺与阪本收到了郭沫若郑重致谢的回函。

信中写满了"不胜感激"的文字。他用中文写下了以下内容：

"已将大贺莲的莲子分配给中国十几处植物园，我们将发扬其宗旨，精心培育。希望往后经常交流，为荷做出贡献。"

"十几处"是指北京、上海、南京、西安、杭州、广州、昆明等地。等待两年后大贺莲的开花。

阪本十分担心送去中国的大贺莲。在第二年，1964 年，他实在等不及了，拜托日中友好协会和歌山县莲事务局局长桥爪利次与米田贯真询问了大贺莲的生长情况。

此外，他还委托友好视察团的平尾利彦视察莲实际的生长情况。

阪本读完中国寄来的信件与报告后，得知莲的生长和预料的一样。他十分感谢中国的深厚信义。

随着大贺莲越来越有名，许多人找到阪本，对他说："希望能在自己的地方栽种大贺莲。"但是，大多数人完全不清楚种植莲的辛苦。他们只是想栽种有名的莲。

有些时候，阪本特意分根赠送的莲根没能扎下根来，当他听说莲花绽放而前往观赏时，发现是与大贺莲完全不同的其他品种。

阪本在向二阶俊博提到这些时，口吻十分平静。但是二阶心想：

"阪本先生的内心应该是很生气吧。"

大贺莲发掘碑

一天，阪本对妻子弘子说：

"听说川边町若野的蜜柑很甜，我们去找找哪家农户有美味的蜜柑，给大贺老师送些过去吧。"

与市场上的普通蜜柑不同，这种蜜柑皮薄，颗粒很小。吃下去感觉甜得惊人。阪本非常喜欢这种蜜柑。

听弘子说，川边町（现日高川町）若野的蜜柑尤其美味。

曾经有学生来阪本家玩时，给他带来大蜜柑。阪本每次都会对学生说：

"大的蜜柑拿去市场上卖。拿小的就可以了。"

阪本曾经为喜爱甜食的大贺准备了田边的高级点心"三万五千石"馒头等送过去。有一次，他想送给大贺这种蜜柑。

弘子听了丈夫的话后，联系了大贺。

"老师，我们送您一些蜜柑吧？"

但是大贺的反应并不积极。

"我不吃什么蜜柑。"

"为什么呢？"

"牙齿会发酸。"

据说，大贺吃的是静冈产的蜜柑。吃酸的蜜柑的话，会感觉牙龈肿痛，所以不怎么喜欢。

弘子告诉阪本后，阪本依然说：

"没事，给他送些去吧。"

弘子给大贺送了一些过去，之后，收到了大贺回复的明信片：

"蜜柑写成'蜜'和'柑'两个字，我在吃了你送过来的蜜柑之后，终于明白了'蜜'这个字的意思，你再给我送一些吧！"

弘子看到这张明信片后非常佩服。

"咦，还有这种表现呀？果然大贺老师是一名学者，他写的东西也真的是不一样呀！"

阪本根据大贺的要求，又给他送了一些蜜柑过去。阪本说自己非常中意这种蜜柑，所以送给了许多朋友，之后大家都反馈说希望再给自己送一些，可见这种蜜柑有多好吃。

把莲煎好饮用的话会止咳。大贺认识的一个医生是过去德川家的侍医、石冢左玄的后代。左玄是莲之医生，他对莲一直赞不绝口。他的后代在战争后一无所有的时候，说愿意出很大一笔钱购买莲，将其制成药。由于他是一名中医，而且是莲之医生，所以 1963 年大贺每次去探访他时，他都会帮忙把莲碾成粉末。用现在的话来说，就是食物疗法。听说，即使是乘坐飞机去法国订购材料再制成药，也非常合算。

1963 年，大贺 80 岁的时候，获得了长岛时子所在的大学研究会的特别许可，每周都会出席研究会。

大贺对长岛说：

"人必须努力学习，至死方休。到了 80 岁的时候，耳朵眼睛大脑的一切都会衰老，持久力不行了，马上就会感觉疲劳。我果然还是讨厌变老。"

大贺在 80 岁以后，每次当他的好友过来拜访时都会对他们说：

"我还有许多想做的事情，真想再活三百年啊！"

大约从 1960 年开始，有人就提出在大贺莲的发掘地东京大学检见川厚生农场修建纪念碑。倾慕大贺的人们齐聚一堂，并且志同道合的成员越来越多，他们热情地推进建设纪念碑一事走上正轨。

在 1964 年举办的东京奥运会上，东京大学检见川综合体育场成为越野赛跑的终点。于是，人们趁着奥运会的召开举行了揭幕仪式，让更多的人可以看到纪念碑。

加上实验所的职员四宫大典也提供了帮助，安排在体育场内的池塘中种植大贺莲。

后来，大贺莲繁殖了众多后代，并传至日本各地，千叶公园和府中也栽种了许多大贺莲，但是在关键的发掘场所——东京大学里却没有。

栽种大贺莲的莲根一事是由职员南定雄与高桥清来负责的。

南定雄于 1945 年 11 月 3 日在鹿儿岛县出生，高中毕业之后的 1964 年 4 月 1 日，他在千叶县检见川东京大学农学部附属园艺实验所（现东京大学研究生院农学生命科学研究科附属绿地植物实验场）成为一名技术人员。南选择这里是由于自己的一个亲戚曾经在这家实验场工作。南负责培养植物、管理学生的实习指导等工作。

南和高桥从纪念仪式之前的 3 月 25 日开始，就在发掘碑附近的池塘中种植大贺莲的莲根。该池塘为 10 米 × 5 米的四边形，面积为 50 平方米左右。

两人穿着胶皮连腿裤走进池中，将莲根插入水底泥土中 10 厘米到 15 厘米处。大贺在他们栽种莲根时也过来参观过。

在此瞬间，远离发掘地的大贺莲时隔十三年再次回到原地。这也是南与莲的首次邂逅。

大贺莲生长得十分顺利，纪念碑的修建工作也正在紧锣密鼓地进行。纪念仪式于 7 月 18 日举行，这是大贺莲初次绽放的纪念日。

在纪念仪式之前，莲花顺利地开花了。这是南首次看到大贺莲的莲花。当时的南并不知道千叶公园和府中有大贺莲。

"真美啊！……"

南在心中唏嘘感叹。栽种莲、莲花绽放时带给人难以言喻的感动。神秘的莲花之美深深地触动了他的心扉。

普通的莲花会有一种叫作"条线"的维管束。但大贺莲只留有些许痕迹，不仔细观察的话是发现不了的。这一特点给莲花带来温柔的韵味。

接到开花的通知后，大贺前去参观。他感慨颇深地眺望着盛放的莲花。

7 月 18 日，纪念仪式如期举行，大贺莲发掘碑建设委员会会长杉本郁太郎、千叶市市长宫内三朗、最早筛选大贺莲莲子的原花园中学的学生西野真理子等人出席了纪念仪式。杉本还担任了千叶莲会会长，他是让大贺与大贺莲广为人知的人物之一。此外，文部大臣爱知揆一、原东京大学校长南原繁、府中市市长矢部隆治等人也献上了贺词。

大贺在揭幕仪式上表达了感谢：

> 我现在站在这里，实在是感慨无限，感激涕零。
>
> 回想起来，我在吉祥寺的武藏野博物馆参观了这里出土的丸木舟，当时看到旁边的盒子中陈放着古莲的果托，至今已经过了十七八年的岁月了。回想 1950 年的初秋，我首次站在检见川这片荒芜的草炭地上，而今年秋天它将成为奥林匹克大会的竞技场，十四年的岁月转瞬即逝。
>
> 自从我首次见到在此出土的古莲的果托，到挖掘这片土地，挖出古莲的果实，这一系列的故事是贯穿检见川的町史与我一生的一大插曲。
>
> 我于 1951 年 3 月 30 日下午 5 点在这片土地发现了古莲子，当时的

感动在我一生中最难以释怀。这件事情给检见川町史，不，甚至是日本学会、世界学会都留下了浓重的一笔。

接着我将莲子培育发芽，翌年1952年7月18日，我在畑町伊原茂氏的宅邸中看到初绽的莲花的瞬间，感觉检见川获得了整个世界的瞩目。

检见川因为发现一颗古莲的莲子，令整个世界铭记于心。

这件小事的意义绝非无足轻重。莲子虽小，但其中蕴含的生命可以让世界为之震动。

我在十四年前挖出一颗古莲子，当时感激的泪水化为了现在这座伟大的发掘碑。在这十四年时间内，我再也没有做过如此伟大的事情。而我现在需要做的工作还堆积如山。

在这日新月异的世界中，我真的不想变老，想法太多，然而力量却不足，也不知道什么时候会离开人世。我终于走到了现在这一步。

与发掘之际一样，由于多方人士的深情厚谊，今天才能在检见川的土地上建立发掘碑，感谢各位的协助。

今天尤其是爱知文部大臣阁下，以及东京大学校长大河内，千叶县知事友纳、冈山县知事三木、千叶市市长宫内、府中市市长矢部献上贺词，我对此不胜感激。此外，由于获得朝野各界人士的同情与理解，才有机会举办这一大盛事，我真的感激涕零。这是我最大的喜悦。

非常感谢各位。在此谨表谢意。

揭幕仪式的下午，大贺在花园中学发表了演讲。

大贺莲的发掘碑上刻着如下的日语与英语：

"1951年3月30日，大贺一郎博士在南500米的地点发掘了古代莲子。在地下沉睡了两千年以上的莲子于当年5月发芽，并且在翌年7月18日绽放出淡红色的美丽花朵。这株大贺莲移植于世界各地，展示了生命的神秘。大贺莲发掘碑建设委员会　1964年7月18日"

石桥湛山议员的秘书菅形由夫为修建发掘碑付出了不懈的努力。发掘碑是用大贺的出生地冈山县的万成石建造的。由于万成石呈现出柔和的浅樱色，所以俗称"樱御影"，这是冈山县的一大特产。

该石头是菅形与当时冈山县的知事三木行治商量后，由冈山县免费提供的。

大贺莲发掘碑（东京大学检见川
综合体育场）

1964 年 7 月 23 日，和歌山县的大贺池举办了第二届观莲会。当年的莲因为盐害而发育不良。

大贺应阪本佑二的邀请，同去年一样来到和歌山举办了演讲。

大贺访问阪本家时，坐在面向南方的走廊上眺望庭园。这时，他对弘子说：

"夫人，我想在这个庭园的空余处建立我的研究室，就算小一点儿也没有关系。"

"啊……"

弘子心想：

"老师心情肯定非常寂寞吧……"

大贺的妻子歌子已经先他一步撒手人寰，他也没有孩子，所以想待在爱徒阪本的身边吧。

之后，阪本与弘子认真地讨论了修建研究室的事情。

然而正当他们进行商量的时候，接到大贺病情骤变的消息。大贺在 10 月 8 日突然晕倒了。

长岛时子从东京大学回来时，住在一起的侄子大贺武子脸色发青地通知了她：

"舅舅晕倒了。"

长岛马上联系了最初为他们提供府中房子的医学博士村上芳男。

"大贺老师晕倒了。"

"先让他躺着。"

村上立刻赶过来，他叫了救护车，将大贺送去了府中医院。但是由于该医院是结核病医院，在救治的范围外，于是又将大贺转至了武藏境医院。

长岛与原东京大学校长南原繁也取得了联系。南原说：

"不能在那家医院，来东京大学吧。"

根据南原的指示，大贺转院至东京大学医学部附属医院。

由于大河内一男校长的盛情厚意，大贺免费住进了特别病房，而且医院为他配备了护士。

南原有时会来大贺家里坐坐。长岛跟他打招呼时，他会说："啊，是长岛呀！"

诊断结果为大贺患有大脑软化症。幸好他的头脑还算清醒，而且也能够说话。

"大贺博士病倒了。"

报纸上报道了这一消息后，社会上的各界人士，甚至是小学生都从全国各地表示慰问与同情。

大贺的近亲与朋友们组织了"大贺一郎老师干事会"，并将慰问金用作大贺的疗养费。

南原看到这一情景，不由心生感动。

"大贺真可谓是'街头的哲人''民众的学者'，这一场景非常适合以莲博士而著称的学者的最后生涯。"

此外，皇太子殿下夫妻为大贺寄去从泰国带来的兰花等花束慰问他，花香萦绕于大贺枕边。

此时，正值内村鉴三去世后，内村 20 多名学生们组成的"灵友会"解散之际。

该年 11 月 3 日，南原获得了一等勋章瑞宝章。长岛询问大贺：

"我想以老师的名义给南原老师发去贺电。"

"可以啊。"

长岛马上给南原发去了贺电。

没过多久，南原回了电话。

"是长岛你给我发送了贺电吧。"

"是的。"

"谢谢，其实没必要这么客气的。"

南原前来探望大贺时，看到病床上的大贺在数名教友跟前祈祷，他请求上帝原谅自己的罪过，感谢上帝带来的恩惠，眼泪浸湿了枕边。南原心想：

"正是因为大贺拥有这样的信仰，所以他的丰功伟绩才远远地超出了莲与曼荼罗的研究。"

大贺在病床上对长岛提过好几次：

"请再次从检见川的泥炭地为我挖掘莲子……"

如果可以再次从那片泥炭地挖掘莲子的话，就可以测量年代了。由于莲子是与丸木舟从同一地层中出土的，所以可以说它与丸木舟处于相同的年代。但是由于没有直接测量莲子的年代，所以大贺心里仍然留有遗憾。再次挖掘莲子是大贺作为一名研究者务必想要完成的心愿。

在这一情况下，长岛无法说"我做不到"，于是她回答说：

"我知道了。"

大贺接着说：

"这是我最大的心愿。用碳或者别的东西来测试都行，希望你能弄清楚莲子的年代。我希望你能够挖掘 300 克以上的量，这样才能进行鉴定，然后拿去做实验……"

在大贺住院时，长岛的指导教授川田信一郎询问长岛以后的出路：

"你要继续读博吗？因为大贺老师病倒了，莲的课题没有真正的指导老师。这样你会遇到一些麻烦。如果你实在想做莲的课题，最好要花费一定的时间。那你不如读完研究生之后就工作吧。如果你想把方向改为研究遗传的话，最好是进一步学习博士课程。你好好考虑一下。"

正是因为有大贺在，所以才能够将学问做到这一步。长岛实在无法放弃大贺用一生去研究的莲。

长岛做出了决定。

"我还是研究莲。"

指导教授点头说：

"那样的话你最好就去工作吧。慢慢地花时间去做。"

长岛回到了自己的母校惠泉女学园工作。

劝长岛先找工作的指导教授，接着说：

"女性要研究莲根之类的非常困难。你要不放弃莲的课题，改成盆栽植物怎么样？"

长岛再次心生犹豫。的确，比起莲来，盆栽植物的栽培更加简单。但是突然要改变课题，一时感觉不知所措。

指导教授询问她：

"长岛，你的论文已经写完了吗？"

"是的，可是……"

论文不是不能完成。但是长岛回想起大贺所说的话：

"最后去东京大学拿到学位。"

如果以莲为课题写论文的话，恐怕拿不到东京大学的学位。长岛考虑了很长时间之后，决定将论文的课题改为兰。

朋友问长岛：

"长岛，你至今为止一直都是使用莲这种受大众欢迎的研究对象，为什么突然变成了兰这类高级研究对象呢？"

"你真是非常坚决地换了课题呀！"

就算是研究兰，长岛选择的也是不需要花费多少钱的便宜兰花。她没有辜负大贺的期望，在写完兰的论文后，获得了东京大学的学位。

长岛在阅读了《大贺博士病倒》的报纸报道后，回顾了自己的人生，她再次感到：

"与大贺老师的相逢，以及儿童时代家庭的没落使自己的价值观发生了改变，没有这两点，就不会有现在的自己。走到现在这一步，总感觉像是受到了上帝的引导一样。"

大贺一郎去世

1965 年 4 月，和歌山县立日高高中教师阪本佑二扩建了自家前的研究池塘，从各地收集、保存莲，开始育种研究。

在翌月 5 月，阪本收集了大贺莲观莲会的同志们捐给大贺的慰问金，去往东京的东京大学附属医院探望大贺。

6 月 13 日早晨，大贺的朋友与相关人士收到了大贺病危的消息。

南原赶去医院的时候，大贺的意识还没有完全清醒。他瘦弱的右手握着铅笔，横卧在床上，在纸张上写下了一行文字。他用并不流利但十分清楚的声音读道：

"在光芒中。"

当天，大贺发表的研究妙莲的著作《从近江妙莲到近江妙莲》送到了他的枕边。大贺抚摩着崭新的书本，脸上浮现出满足的笑容。

在这两天后的 6 月 15 日，大贺离开了人世，享年 82 岁。他的一生献给了莲的研究。构成其基础的原动力，是内村鉴三教授的信仰、基督教的精神。

6 月 17 日的《每日新闻·余禄》中刊登了大贺的消息：

"莲博士"大贺去世了。感觉像是在泥沼一隅独枝绽放的白莲花悄然凋落了一般。大贺从事莲的研究六十年，晚年的他穷困潦倒，只能通过生活保护来接受治疗，但是他依然一心向往信仰与研究，在众人的好意之下结束了自己八十二年的生涯。

在介绍了大贺莲之后，这篇报道继续写道：

> 像大贺博士这样的学者是非常罕见的。他完全不考虑自己的生活，将自己的一生全部奉献给学问的兴趣。我们很难评论这种生活态度究竟是好是坏。但是这种"执念"被学者、研究者所继承，这一意义上来说，他可谓是象征性的人物。他临死前还在病床上说"希望能够再次研究莲"……我们无从了解他最后是怎样的心境。"我这一生过得非常愉快"，能抱着这样的想法离开人世的人非常少见，莲博士或许就是其中之一。

1965 年 6 月 20 日，告别式在新宿区百人町的日本基督教妇女矫风会馆举行。铃木俊郎担任司仪、筱远喜人担任委员长，丧主是大贺的弟弟神门诚三的孩子，也是大贺的养子大贺荣一。

原东京帝国大学校长、大贺的好友南原繁陈述了追忆的致辞之后，献上了思念大贺的和歌："出浊江之莲花　洁白无瑕　如君之一生也"。

大贺一郎

曾经翻译过内村《代表性的日本人》一书的铃木俊郎回顾了大贺的一生，他认为其与《圣经·新约》中在罗马领土上四处奔走，坚持传播耶稣福音的基督教使徒保罗写下的关于自己的话语有着异曲同工之处。保罗说：

"《哥林多后书》第四章 8—9：我们四面受敌，却不被困住；心里作难，却不至失望；遭逼迫，却不被丢弃；打倒了，却不至死亡。

"《哥林多后书》第六章 8—10：荣耀、羞辱、恶名、美名；似乎是诱惑人的，却是诚实的；似乎不为人所知，却是人所共知的；似乎要死，却是活着的；似乎受责罚，却是不至丧命的；似乎忧愁，却是常常快乐的；似乎贫穷，却是叫许多人富足的；似乎一无所有，却是样样都有的。

"《腓立比书》第四章11—13：我并不是因缺乏说这话，我无论在什么景况都可以知足，这是我已经学会了。我知道怎样处卑贱，也知道怎样处丰富，或饱足、或饥饿、或有余、或缺乏，随事随在，我都得了秘诀。我靠着那加给我力量的，凡事都能做。"

铃木认为保罗的这些话如实地反映了大贺的一个侧面。

同时，大贺一直怀着近乎执拗的热情潜心钻研学问。

铃木听过很多次大贺的祈祷。大贺每次祈祷说的都是一样的话语。即感谢自己的罪恶在基督的十字架上得到了上帝的宽恕，感谢上帝通过各种各样的人对大贺赐予各种恩赐。

"上帝，谢谢您!"

大贺在祈祷中不断地重复这句话。

由于大贺说话时有点儿含糊不清，所以周围的人有点儿难以听懂。尤其是在祈祷的时候更是如此，只有感谢的话语说得特别清楚。

此外，大贺拥有坚定不移的信念。他对自己认为是正确的、自己所建立的学说丝毫不肯让步。同时他还具有不同寻常的谦虚的一面，他对于自己没有仔细考虑的事情，经常听取他人的意见，并且能够虚心地接受。

他与任何人都平等地以适合对方的方式交往。他内心单纯，丝毫不遮掩自己的想法，像是天真无邪的孩童一样。在"和蔼可亲"的同时，他的性格还非常开朗、喜欢聊天，这种社交性的性格颇富有人情味，许多时候给对方带来一种不可名状的好感。正是因为这种"和蔼可亲"与"轻松随意"，大贺与各种团体的各种各样的人士都保持着亲密的交往，拥有大量的朋友。

此外，大贺在离开人世之前，通过自己的生活证明了耶稣的宝贵教诲《马太福音》第四章第33节中所说的："你们要先求他的国和他的义，这些东西都要加给你们了。"

南原认为，大贺的一生正是中国宋朝首届一指的诗人、优秀的禅者东坡禅所说的"无一物中无尽藏"的写照。

大贺的故乡冈山县的吉备町立吉备初中也举办了町民告别式。

大贺的遗骨被分别安葬于其师内村鉴三长眠的府中的东京都多磨灵园、大贺的父亲纲太长眠的高野山以及故乡冈山。

位于多磨灵园的大贺的墓碑上刻有以下的话语：

> 向莲花歌颂上帝的荣耀，大贺一郎兄在此长眠。直到复活的喇叭鸣响时。教友、八八翁 坂田佑 记

> 大贺年轻的时候因为小型莲对水草的研究产生了兴趣，同时还着手于水莲、慈姑、泽泻、莼菜、浮萍等方面的研究。此外，他还通过莲丝对生丝、麻丝、锦丝等纤维产生兴趣，同时从当麻曼荼罗发展至中宫寺曼荼罗、劝修寺曼荼罗、两部曼荼罗，并延伸至染织美术，以及对博大精深的古代美术产生了憧憬，他由此甚至开始投入到保存古代文化遗产的工作，这一切都印证了他矢志不渝的人生。

东京大学农学部附属园艺实验所的南定雄也总算放下心来。

"幸好是在老师去世之前建立了大贺莲的发掘纪念碑。"

关于大贺所持有的大约 20 个品种的莲，与大贺的亲朋好友们商量之后，决定分根于府中公园、神代植物园、府中赛马场、东京大学园艺实验所等各处。

1965 年 7 月，和歌山举办了第三届观莲会，这也是追悼大贺的观莲会。10 月份成立了和歌山县大贺莲保存会，会长由美滨町町长中前胜担任，副会长兼事务局局长则由阪本佑二担任。

当年正值赠送给中国的大贺莲预定开花的年份。最后还是没能在大贺生前向其报告开花的消息。阪本对于这点深感遗憾，他向中国科学院通知了大贺的离世，并询问了莲花绽放的情况。

7 月 18 日，在大贺莲的发掘地点埋设了发掘地点标明碑，并且举办了揭幕仪式。

水泽纬度观测所所长奥田丰三等人、当时的国土地理院对发现场所进行了精确的测量。测量结果为：其位置处于东经 140° 4′ 48″ 216、北纬 35° 39′ 26″ 231，海拔高度 6.24 米。在其上方放置了石碑。

在夏日即将过去的 8 月 24 日，《亚洲通讯》报道说："华南植物园的大贺莲在中国也被称为'大贺莲'，它作为心灵之花得到精心的培育，今年秋天应该会开花。最近日中友好青年大交流的日本青年们访问中国时参观了该花。"日本的各大新闻机构也登载了这则报道。

阪本委托当地的岸元春雄市议员、伊藤公夫町议员等人将大贺的事情

通知杭州华南植物园，并将收录了大贺莲的科学性照片、日本的反响等的一本相册托付给他们，等待对方的回复。

还没有等到回复，就收到了对方的报告。

11 月 11 日，中国科学院等医大联络局的代局长藩纯通知道，1963 年赠送的大贺莲子于该年 7 月在北京植物园开花。

对方还寄来了照片。里面有两张大贺莲第一次开花和第一次结果的照片，另外还附上一封信函，其中写道："我们对失去世界第一'莲博士'的大贺博士的日本朋友的悲痛表示深切的共鸣，在此表示哀悼之意，赠送此物以表纪念。"

阪本虽然对大贺在世时没能看到开花而深表遗憾，但是衷心地为大贺莲开花而高兴。

阪本在收到该报告之后，撰写了以《莲为和平之象征也》和《请能交为荷》为题的小册子。

阪本将开花结果的照片小心地供奉于大贺的灵位前。

阪本在心中祈祷：

"希望日中两国能够尽早建立正常的关系……"

原来充当大贺的医疗费的慰问金被用于捐赠大贺遗物时的整理费，此外还用于筱远善人等人发行的《理学博士大贺一郎科学论文选集》等有意义的工作。

这些论文选集还寄给了与大贺渊源很深的府中市、千叶市、冈山市、吉备町。

1965 年，千叶市举办了大贺去世之后的首届莲会。NHK 电视台"播音室 102"对其进行了直播。该莲会在露天的场所举行，参加者们向大贺供茶，为大贺祈祷冥福。

1966 年 4 月 5 日，高野忠兴的著作《莲之实——从这里可以挖掘出莲子》（《学士会报》杂志转载）由和歌山县大贺莲保存会发行。这本小册子详细地描述了当时发掘大贺莲的情景。

千叶市向对发掘古莲子提供协助的花园中学赠予了育英资金，1966 年 10 月 22 日，通过筱远以大贺博士育英会基金的名义捐赠了 50 万日元。学校经由千叶市市长宫内领取了这笔赠款。

1967 年 2 月 29 日，花园中学大贺博士育英会成立，铃木三郎担任首任会长。

《莲之实》册子

育英会的经费第一次为 5000 日元，之后达到 3 万日元，现在的育英会主要是表彰优秀的学生。

表彰规定：对在市大会取得优胜、在县内取得前三名的学生颁发奖杯，如果是团体内的话，对每个人颁发奖章。

据说，育英会通讯杂志最初是刻蜡板手工制作的。花园中学收到了南原繁的赠书，但是由于学校失火而烧毁了。生前的大贺听到这一消息后委托南原，再次赠送了南原的《真理立国》一书。

东京大学农学部附属园艺实验所收到的十种大贺莲都成功地开花了。此外，提议修建发掘碑的人士组织了"大贺莲之会"，该会的成员举办了观莲会。

莲一开始种植在塑料膜的池塘当中。但即使是很厚的塑料膜，第二年莲根也会穿破，所以必须每两年重修一次。这样既费时又费力，所以众人以大贺莲发掘碑建设委员会的名义向东京大学校长大河内一男提交了"捐赠 21 种莲，希望建造水槽"的申请。

1966 年，东京大学修建了用混凝土制造的保存水槽，还加上其他的品种，观赏用莲的标本园正式竣工。这是园艺试验所首次栽培花莲品种。

此时，菅形由夫付出了巨大的努力。从 1967 年开始，为了让更多的人了解莲的美丽，以整个花园地区成立的执行委员会为中心举办了"花园莲祭"，并且向大众公开。

该活动在 7 月份的最后一个星期六、星期日举行。尤其是星期日，从早晨 5 点开始就对外开放实验所，深受参加者们的喜爱。

从 1966 年开始，千叶莲会不仅作为欣赏在千叶公园中盛放的大贺莲的集会，同时也作为追悼大贺的集会召开。

1967 年，东京大学农学部附属园艺实验所从神代植物园收到的属于大贺遗物的且实验所里没有的十几种莲，集齐了大贺收集的所有莲的品种。

栽培这些莲的水槽所在的一角被打造为"花莲品种标本园"，园艺实验所率先在此展览了花莲与保存品种。

当时，实验所里栽培的莲的种类包括大贺莲、王子莲、渔山红莲、中日友谊莲、每叶莲、藤壶莲、妙莲、玉绣莲、天竺斑莲、芦山白莲、中国莲、樱醉莲、金轮莲、白君子莲、嘉祥红莲、西湖莲、白万叶莲、福冈八重莲、原七、原四、原十六 21 种。

后来，阪本佑二捐赠了斯洛克姆夫人莲、弗吉尼亚莲等数个品种，长岛时子捐赠了白玉莲等，实验所共收集了约 40 种莲。

和歌山县立日高高中的教师阪本佑二自大贺去世开始正式从事莲的研究。研究内容主要包括品种的收集、育种、文化史的研究，再加上学校的工作，每天都非常繁忙。他不顾自己病后虚弱的身体，陆续增种了许多莲，还扩建了池塘，购买花盆堆满了整个庭院。因此，他的薪水与奖金很快就花光了。

从早春开始换土、移植、除草，沾满泥污的工作接连不断。由于没法拜托别人，这些便全部成了阪本的妻子弘子的工作。这对完全没有农耕经验的弘子来说非常吃力。

为了填补丈夫用于研究莲的资金空缺，弘子还从事了少女时代学习的西装剪裁等副业。虽然拿到的报酬远远不够填补生活费的空缺，但是弘子还是不分日夜地持续工作。想起过去丈夫住院时的心疼，不得不将幼小的孩子交给娘家、与其分离的悲哀与寂寞，现在总算有了虽然小却很温馨的家，家人每天都能在一起愉快地生活，这种喜悦让她忘却了一切的痛苦。

到了夏天，如碧玉圆盘般的莲叶覆盖了庭院，娇艳欲滴的莲花竞相争艳，空气中洋溢着淡淡的芳香。

此时，阪本已经收集了数十种莲，培育研究也进行得十分顺利，他准备开始着手研究杂交实验。

1966 年 4 月，阪本在中国报纸《人民日报》当中找到了一则中日友谊莲的相关报道。报道中说，中国科学院武汉植物研究所是 1963 年 10 月 1 日接受了阪本赠送给中国的大贺莲莲子的研究所之一，武汉植物园的王秋圃对莲的交配很感兴趣。

据说，他以大贺莲为雄花、以中国古代莲为雌花进行了交配，"中日友谊莲"于 1965 年开花。该名字源自将其视为中日友好的象征。

阪本马上写了一封信给中国科学院，希望他们将中日友谊莲的莲子送给自己。

1966 年 6 月 15 日，中日友谊莲的 10 颗莲子连同"愿这种中日人民友谊之花，早日在日本结果”的信函一起寄至阪本家中。

接受大贺莲的研究所总共有十所，但是除了武汉以外，其他研究所都没有任何消息。从 20 世纪 60 年代后半期开始，受“文化大革命”影响，相关大贺莲的植物研究机构也荒废，几乎都关门了。

阪本马上将中日友谊莲浸入水中，该莲于 6 月 24 日发芽。

第二年 1967 年 9 月 3 日，中日友谊莲开花。

朝日、每日等各大报社都报道了这一新闻。

日美友好之花“舞妃莲”

1966 年 7 月 31 日，和歌山县美滨町的大贺池举办了第四届观莲会。同年，在大贺池的池畔竖起了刻有“莲为和平之象征也”的大贺表彰碑。该石碑使用的是美滨町三尾海岸的自然石头，由大贺的养子大贺荣一主持了揭幕仪式。

大贺表彰碑（大贺池）

1966 年 8 月，阪本为了研究莲而在自家庭院中修建了温室。10 月，他又在后院中扩建了宽敞的走廊与自己的书斋。大贺已经去世十一年了。阪本对莲的感情也越来越深。

弘子看到莲花一朵朵绽开，情不自禁地感慨：

“啊，澡盆开花了！厨房开花了！”

要是把花在莲上的钱用作生活费该多好呀。弘子的感慨正是出自这样的心情。阪本的月薪为 6 万日元。但是在建造莲池后的十年中，他将 1/3 的月薪都花在了与莲相关的方面。因此在这十年间，弘子连一件衣服都没有买过，她只能购买便宜的面料，自己制作所有的衣物。阪本的身体不好，为了让正在发育的儿子不至于节省伙食费，她首先将自己的欲望都控制在最低的限度。

正因为阪本知道弘子说这些话并非是在讽刺他，所以这些天真无邪的话语反而触动了他的心扉。

阪本将一个月的零花钱也控制在两三千日元的香烟费上。只要稍微有些余钱，他都会作为莲的研究费。在迎来莲的开花期之际，阪本一天到晚都兴趣盎然地在莲池附近徘徊。

弘子一直目睹着丈夫为莲痴狂的样子，她逐渐也被莲的魅力征服了。

"比起让他给我买漂亮的衣服和鞋子，美丽的莲花绽放时我感觉更加开心……"

阪本曾经提到皇室的纹章。

"皇室纹章的菊花的正中间有像莲的果托一样的形状。莫非皇室的纹章不是菊花，而是莲花？虽然这种话不应该说。"

弘子看过菊花纹章之后也心想：

"这么说起来，的确是与菊花的果托不一样啊。"

大贺也在生前提倡过这一学说。1967 年 8 月，阪本首次出席了在大贺一郎的故乡冈山县后乐园举办的观莲会。

阪本在收到大贺莲与中国古代莲杂交而成的中日友谊莲时，忽然闪现出一个想法：

"就是这个！"

1967 年 8 月，阪本以大贺莲为母，以皇太子托付给大贺的种子栽培的王子莲为父，进行了杂交实验。

在杂交花时，为了防止自我受粉（同一花朵的花粉与雌蕊接触受粉），需要在雄蕊成熟之前将其取除（除雄），以便让雌蕊成熟时接受其他花朵的花粉。

在交配莲的时候，需要在开花的前一天将花蕊打开取出雄蕊，然后在开花的第二天加入花粉。之后为了防止蜜蜂聚集在一起传粉，还要为其加装袋子。这些工作必须在莲花完全绽放的盛夏时节进行，需要花费很多的体力与毅力。这个时候弘子非常担心丈夫的身体，自己也没有办法去帮他，只能为丈夫准备冷水与毛巾。

但是看到丈夫瘦弱的背影，弘子突然想到：

"或许是莲为他赋予了生命的力量……"

在进行杂交实验的当年秋天，阪本与弘子的努力终于没有白费，莲顺利地结出了果实。

阪本脸上浮现出得意的微笑，他将手心中黑色的大果实给弘子看，并且说：

"这次结的果实可真不错呀，不知道会开出什么颜色的花来。"

莲从种子里生长出来时，第一年不会开花。阪本早早地开始对明年绽放的莲花心驰神往了。

"中日友谊莲"
（阪本尚生摄影）

阪本马上对果实进行了发芽处理，莲生长得十分顺利，他在翌年伊始便增设了莲池，将莲根种植于池塘中，等待着开花的那一天。

莲开始长出花蕾时，阪本每天拂晓之前就开始对其进行观察。

1968 年 6 月 21 日。这一天对阪本与弘子来说，是难以忘却的莲花绽放之日。

阪本的心情从前一天开始就忐忑不安，他在莲池旁激动不已，徘徊踱步。

当天，阪本与弘子从清晨开始就站在花蕾前，等待着开花的时候。

早晨 6 点左右，阪本自言自语道：

"要开啦！"

粉红色的花瓣从上午 6 点左右开始绽放，到了七八点时绽放至最大。花瓣为 22 ~ 25 枚、直径为 30 ~ 32 厘米的硕大莲花迎着清晨的阳光亭亭玉立地绽放。

由于阪本是将红色与黄色的莲花进行杂交，所以他本以为会开出橘黄色的花朵，但是实际绽放的莲花为黄色的台座微微晕成粉红色。

阪本对弘子说：

"这种莲花第一天开花的方式与其他莲花不一样。淡黄的色调上镶嵌着粉红色的边饰，花朵非常美丽。这不是我想象中的茶色系橘黄色。"

大贺莲的花瓣是红色，王子莲的花瓣是黄色，所以阪本原来以为两者杂交的花朵会呈现出橘黄色，但结果截然不同。淡黄色的色调源自王子莲，粉红色的边饰源自大贺莲。莲花的颜色充分反映出两者的特点。莲花绽放了三天半时间，直到花瓣不规则地掉落为止，夫妇两人每天都感动不已。

阪本在接受采访时说道：

"这么说可能有些奇怪，但是莲花有时也会想要寻求恋人。如果你不能够准确地发现它想要求偶的时间的话，就无法进行杂交。问题是这一时间究竟是什么时候呢？一般来说是在开花的前一天。还是小花蕾的时候，用手指打开花，取出雄蕊加入其他花粉。就像是恋爱的介绍人一样。"

阪本详细地做了观察笔记：

"第一天。从早上 6 点左右开始绽放，到 7 点 ~ 8 点左右绽放至最大，口径为 20 厘米，形状为牵牛花形。

"第二天。凌晨 2 点左右从外侧的花瓣开始绽放，到 7 点左右花瓣盛开时垂落至水平线以下。从 11 点左右开始收拢花瓣，各枚花瓣表现出趋光性，开始像飘舞一般关闭。到了下午 3 点左右，完全缩成一团。

"第三天。开始绽放，时间比第二天要迟，8 点左右，外侧的花瓣盛开时垂落至快碰到花轴的地方。从上午 10 点左右开始，花瓣像飘舞一般折叠关闭。

"第四天。没有再开花，以花卷的形状在上午凋落。"

阪本面对前来采访的《朝日新闻》记者，将初生的莲花之美形容如下：

薄红裳裾轻翻转，
馥郁清香传微风，
孕育的女神
乃为日本太古之命
再次换装显身，
为后世传诵永恒之美。

由于种在花盆中的舞妃莲顺利地长出了花蕾，所以阪本想要将其献给皇太子夫妇。

"我想奉上这盆莲花。"

花盆的大小重量都不可小觑，花叶茎长到 1 米高。尤其是不能够损坏花蕾。

阪本咨询了运输公司，但是阪本家实在负担不起这一金额。在两人想办法的时候，北冈运送公司体谅到阪本的心情，对他说：

"我们可以按成本价给你运送。"

阪本欣喜若狂，马上开始根据花蕾开花的情形着手准备。他用和纸轻轻地包裹着花蕾，还为花叶茎添加了支柱。

北冈运送公司动员员工做好万全的准备，他们将莲的盆栽小心地装载至卡车上，这台卡车只运输这一件货物。

　　阪本与弘子将莲托付给司机，两人一边在心里祈祷着莲平安到达，一边目送卡车消失在夕阳中。卡车在东海道行驶了一个晚上，第二天顺利到达了东京。

　　6月24日，阪本收到消息后去往东京。

　　到达东京后，阪本首先查看了提前寄到的莲。然后，在长眠于多磨灵园的大贺墓前进行了汇报。

　　在挖掘大贺莲的莲子时做出贡献的高野忠兴、大贺的弟子长岛时子、千叶市花园公民馆运营审议委员长藤川觉、东京大学农学部附属园艺实验所的职员、莲专家四宫大典、石桥湛山的秘书菅形由夫、植物画家太田洋爱等人迎接了阪本，并且一起欣赏了莲花。

　　阪本前往高野与东宫御所，将莲献给了八木贞二侍从。

　　之后，阪本面向聚集在一起的人们，就至今为止的来龙去脉与学问性的解释介绍了将近两个小时。

　　阪本回到和歌山县御坊的家中后，告诉了家人在东京的详细见闻。

　　后来，阪本收到了东宫御所寄来的信。

　　6月28日早晨，皇太子夫妇与礼宫殿下观赏了莲花第一天开花。由于皇太子殿下提出请求，天皇和皇后陛下也观赏了莲花，信中附上了两陛下赏花时的场景与开花时的照片。

　　由于莲花色泽柔和，而且为了纪念皇太子夫妇，阪本将这种莲取名为"Grand Princess"。弘子听到这一名字后，心里觉得有些奇怪。

　　"莲是东洋之花，我觉得应该取一个东洋的名字……"

　　阪本生性顽固，他平时就完全不听妻子所说的话。

舞妃莲（阪本尚生拍摄）

　　阪本询问了冢本洋太郎博士。冢本博士说："莲带给人一种东洋的神秘感，所以我觉得你最好取一个东洋的名字。"

　　阪本犹豫了许久，后来《每日新闻》的田中武文来到阪本家里，对他说：

　　"这莲的身姿像是在跳舞一样。"

　　阪本觉得这一形容非常贴切，马上决定为它取名为"舞妃莲"。

　　为了能够使用"妃"字，阪本特意获得了皇室的批准，日美友好之花"舞妃莲"就此诞生。

皇太子夫妇也观赏了阪本献上的舞妃莲。

但是由于献上的莲花没法放置于皇室，所以之后其被搬运至东京大学农学部附属的园艺实验所，委托其进行管理。

中国科学院武汉植物园一开始会偶尔联系阪本佑二。但是不久后，中国方面的音信完全断绝了。

当时担任众议院议员远藤三郎秘书一职的二阶俊博向恩师阪本佑二询问：

"老师，大贺莲原本是不是从中国传入的？"

阪本回答说：

"大贺莲的莲子是从丸木舟当中发现的，所以也可以这么说，但是现在还没有确凿的证据。"

二阶向阪本建议道：

"无论如何，莲都是东洋之花，也是佛教之花，与中国有着很深的渊源，所以把大贺莲带去中国怎么样呢？趁着回乡的机会，把至今为止的研究成果在中国发表如何？"

阪本面露难色地说：

"现在能够这么轻易地去往中国吗？"

当时中日两国邦交还未正常化，在那个时代前往中国是非常困难的事情。

二阶说：

"我也跟您一块去，老师，我们一起去吧。"

听到这，阪本高兴地说：

"好的，那我们就一起去吧。"

两人约好了共赴中国。

1968 年 7 月 21 日，阪本所在的美滨町举办了第五届观莲会。阪本以《关于莲》为题发表了演讲。此后，他在每年的观莲会上都发表讲话。

1968 年 10 月，阪本收到了在计划于 1970 年举办世博会的日本庭园中展览莲花的委托。品种为大贺莲、美国黄莲、舞妃莲等。

阪本制订了计划，准备在第二年春天的 4 月到 5 月栽种莲根。为了能够在世博会上展览莲，阪本再次扩建了自家庭院的池塘。

1969 年 4 月，阪本向美国得克萨斯州奥斯汀市的谷口勇赠送了舞妃莲、大贺莲、碧台莲。

阪本赠送的莲栽种在奥斯汀市的东方花园日本庭园当中。

4 月 13 日，阪本向唐招提寺赠送了中日友谊莲等各种莲根。

大贺莲的真伪论

大贺一郎发现的大贺莲以两千年莲为世人所知，大贺亦成为世界闻名的"莲博士"。

但是与此同时，即使是在大贺去世之后，以东京大学植物学科为中心的学会内部集团对大贺的学说还存在着疑问。

东京大学的小仓谦与前川文夫在背后讨论过大贺莲。

"这有些奇怪吧……"

但是，如果提出大贺莲不是两千年之前的莲的话，需要拿出一定的证据。由于两人无法提出证据，所以不能从正面进行反驳。直到大贺去世两年后，反驳的声音才浮出水面。

神奈川齿科大学教授、莲研究专家丰田清修在 1967 年 12 月的《植物研究杂志》中发表了《关于检见川出土的莲子开花的疑问》一文。

论文以"所谓的大贺莲"开头：

"所谓的大贺莲，有一种莲俗称'大贺莲'，或是'两千年莲''古代莲'等。这些都是通俗的称呼，在一般的学术书籍当中看不到，或是只能偶尔看到。然而，这些名称并非植物学上被普遍承认的种名或是品种名，所以我想在此将其称为检见川出土的莲。"

丰田以一名学会学者身份，首次对大贺的学说公开提出了疑问。

第二年，丰田详细地整理了其疑问、主张，他在《植物与自然》9 月号上发表了论文《日本的莲——关于检见川莲的疑问》，并在《植物与自然》1969 年 2 月号上刊登了《古莲子的年代》一文，对大贺的学说正式摆出辩论阵势。

丰田提出了以下五点疑问。

（1）"两千年前"这一年代计算没有根据。根据放射性同位素碳 14 的调查，基本上可以确定在附近发现的丸木舟源自 3075 年前（有 180 年的误差），但是这与莲子的年代并没有关系。

（2）日本的莲子如果不进行特别处理的话，一般来说需要 3 ~ 4 年才可以开花，然而大贺莲在发现的第二年就马上开花了。

（3）出土的莲子顶端是圆形的，然而现在被誉为"大贺莲"的莲子顶端给人感觉有点呈尖形，形状颇为不同。

（4）大贺莲的根茎剖面与现代莲更加相似，而不是古代莲。从其他形态来看，也与现代莲更加接近。

（5）在出土的三颗莲子当中，大贺博士所栽培的两颗枯萎了，而剩下的托付给千叶县农业试验场的一颗莲子开了花。然而到开花为止的期间，该莲子被很多人经手，其栽培的地方也换了好几次。没有确切的证据表明，该莲花与出土的莲子是同一棵莲。

就算这些反对意见是在大贺去世之后才出现的，相关人员也不能对此袖手旁观。和歌山县立日高高中教师阪本佑二作为拥护大贺学说的先锋，开始准备反驳丰田的疑问。

阪本心想：

"丰田氏疑问论的中心是到开花为止的疑问。"

阪本反复进行了大量实证与实验。

其结果是，阪本在 1968 年 12 月号的《植物与自然》杂志上发表了《从莲子发芽到开花——莲在一年内开花》一文，反驳了丰田最开始的论文。

此外，针对丰田第二篇论文，阪本在 1969 年 2 月号的《植物与自然》杂志上发表了《关于莲的莲根形成——反驳丰田清修氏的学说》一文，对其学说分别进行了反驳。

《植物与自然》编辑部注意到了这些争论。在 1969 年 2 月号的杂志当中，以《古代莲争论》为题同时刊登了阪本与丰田的论文。

丰田在论文《古莲子的年代与开花——关于检见川莲等》一文当中反复重申自己过去的论点，此外还新增了对大贺莲的莲子与根茎的形态的相关疑问。不过他在附记当中写道，今后不再想继续该争论了。

以下是丰田的论文：

　　关于莲子的发芽、生长、开花等方面有许多报告，但是关于古莲子的研究相对比较少。古莲的莲子与新莲子有很大的区别，在此我想对检见川莲、普兰店莲的相关调查结果进行报告。

　　一　关于年代

　　由于这一问题有着重要的关联，所以我想首先阐述这一点。据称，检见川莲是 2000 年前的产物，满洲普兰店莲是千年前的产物。

普兰店出土的莲子，从考古学或是地质学来看，大约为 150 年或是约 500 年前的产物。然而，用蛋白质凝固的相关计算方法可以推断出其为数千年前的产物，这一数值极为粗略。但是后来普兰店的莲子被送往美国，通过放射性碳同位素进行测定，结果表明该莲子的寿命为 1040 年 ±210 年。该数值在科学上是极其值得信赖的。这就意味着，通过蛋白质凝固得出的测定值与通过同位素得出的测定值有着非常大的差距。这究竟意味着什么呢？恐怕表明了通过蛋白质凝固的测定方法并不值得信赖吧。

接下来让我们来看检见川出土的莲，也就是俗称的大贺莲。在同一地层中出土的九木舟通过碳同位素进行测定，其结果为 3075 年 ±180 年。但是如果使用蛋白质凝固的测定方法，对出土泥层的地下温度进行计算的话，结果为 1700 余年，接近 2000 年。这样的话就如以下表格所示：

	普兰店莲	检见川莲
根据同位素	约 1000 年	约 3000 年
根据蛋白质凝固	数千年	1700 余年

从以上结果可以看出，通过同位素测定，检见川莲的年代为普兰店莲的 3 倍；而通过蛋白质凝固进行计算，则只有普兰店莲的约 1/3。究竟怎样才能从这一结果推导至 2000 年之说呢？普兰店莲为千年莲的说法基本上已经被科学证实了，但是检见川莲的 2000 年之说存在着很大的疑问。这与我在接下来阐述的古莲子的生长、开花也有着重要的关联。

此外，通过蛋白质凝固进行测定的方法似乎揭示了在该温度下具有发芽能力的最长时间，不过本文并不涉及这一点。

二　准确的文献

关于莲子发芽到开花的这段时间，我调查了准确的文献、记录，发现了以下论述。

（1）大贺一郎氏："……然而从果实发芽后到开花为止至少需要 3 年时间……"

（2）大贺一郎氏关于普兰店出土的莲有着以下记载："……将莲子加工后置于水中，4 天后出现胚芽，两周后长出幼嫩的植物，将其移植至花盆，4 个月后长出数枚叶子。据说，莲在播种之后需要 3 年时间才会开花，精心栽培的古莲发芽后，的确是在第三年才开花。

岐阜县大垣的安八郡农学校的教师石崎赖一氏于 1928 年秋天播种了该古莲的莲子，对其进行十分周到的照料，于 1931 年夏天首次开花……"

（3）大贺一郎氏："莲花通常在发芽 3 年后才会绽放。"

（4）还出现了以下的相反论述："在 1961 年播种大贺莲的莲子，于 2 年后 1963 年夏天首次开花。"

（5）大贺一郎氏："尽量使用新鲜的种子，最理想的播种期为 2 月下旬～3 月末。……温度为 30～35℃。如果水深 5 米的话，7～10 天就能发育。……这样的话，会在第二年或者是第三年的 8 月左右开花……"（《园艺大辞典》，诚文堂）

（6）大贺一郎氏："如果使用种子繁殖的话，到开花为止需要 2 年以上的时间。"（《百科辞典》，小学馆）

（7）奥山春季氏："……使用果实播种时，将果实撒于泥中，注意不要伤害到果皮下方的发芽部分，数日后发芽，过 2～3 年后可以见到开花。"（《世界百科辞典》，平凡社）

以上是我调查的关于莲子发芽开花的所有文献。综述之，可以说新果实从发芽到开花需要 2～3 年，普兰店莲这种古莲子则需要花费大约 3 年时间，如果进行高温等特殊处理的话，也需要 1 年 6 个月左右才有可能开花。

普通的栽花人认为，莲从发芽到开花需要 2～3 年时间，这一点也被植物学家们所承认。

丰田称以后不想再继续争论了，但是阪本无法接受。

阪本坚持向丰田的论文提出反驳，他向《植物与自然》编辑部寄送了《大贺莲的莲子与莲根——反驳丰田氏再次提出的辩驳》一文。

但是编辑部认为，这一争论没有进展、僵持不下，所以迟迟不愿意发表阪本的论文。

结果，阪本的这篇论文没有被刊登。一时热火朝天的古代莲争论似乎就这样不了了之了。

自从与丰田发生争论以来，阪本日渐消瘦，话也少了许多。

阪本对弘子说：

"做这些事情也没法得出一个结果。"

对方是拥有博士头衔的人物，而阪本只是居住在乡村里的一名高中老师。

弘子心想：

"这样的话，他也想自己去东京大学绿地植物研究所吧。"

阪本一直与学会保持一定的距离，这点也是他的魅力所在。

在对大贺莲进行争论时，阪本的儿子尚生正好在读小学四年级。身为一名老师，阪本在学校里尽可能亲切地对待周围的人们，但是或许是由于体力不足，总觉得有些疲累。他在家的时候也不怎么开口说话，很多时候独自待在房间里闷闷不乐。尚生完全不知道父亲为什么会不高兴，他感觉非常困惑。

阪本对妻子也没有谈及太多关于争论的事情。

"真是难呀！……"

阪本留下这句话，把自己关在房间里。

1969 年 8 月，东京大学农学部附属园艺实验所的北村文雄副教授只用了一年时间就将发芽后的莲子培育开花，这给丰田的疑问论带来了迎头一击。因此，世人认为关于古代莲的争论现在还在继续。此外，在 1970 年举办的世博会上，大贺莲被选为"维系世界和平之花"，因此这一争论受到了世人的广泛关注。

由于杂志上的争论已经告一段落了，所以其舞台不得不转移至街头巷尾。同时，争论的性质也远离了学问，带上不少感情色彩。

丰田收到了大量抗议的电话与信件。

"居然去诋毁大贺莲的名誉，你真是太不像话了。"

在 1969 年 12 月 25 日发行的《朝日新闻》上，刊载了名为《真伪之争/两千年前的大贺莲/提出异议者收到恐吓状/学会中火花四溅》的报道：

> 植物学家就已故大贺一郎博士所培育开花的、据说为两千年前的"大贺莲"的真伪展开了争论。大贺莲还被明年的世博会选为"维系世界和平之花"，这是诘问莲花渊源的一大问题。为该争论点燃导火线的神奈川齿科大学丰田清修教授（生物学）最近还收到了大量威胁的信

件与电话，被质问："诋毁大贺莲的名誉太不像话了。"

丰田教授也是近二十年来从事莲子研究的莲博士。他曾经有一段时间还师从于大贺博士。大贺莲于1951年在千叶县检见川的泥炭层当中被发现，丰田教授对此表示怀疑，并且调查了疑点，他从前年年末开始到现在，在自己署名的《莲子的研究》与学会杂志《植物研究杂志》《植物与自然》等处发表了文章。

丰田教授提出了以下疑问点。

（1）2000年前这一年代计算没有根据。根据放射性同位素碳14的调查，基本上可以确定在附近发现的九木舟源自3075年前（有180年的误差），但是这与莲子的年代并没有关系。

（2）日本的莲子如果不进行特别的处理的话，一般来说需要3～4年才可以开花，然而大贺莲在发现的第二年就马上开花了。

（3）出土的莲子顶端是圆形的，然而现在被誉为"大贺莲"的莲子顶端给人感觉有点呈尖形，形状颇为不同。

（4）大贺莲的根茎剖面与现代莲更加相似，而不是古代莲。从其他形态来看，也与现代莲更加接近。

（5）在出土的三颗莲子当中，大贺博士所栽培的两颗枯萎了，而剩下的托付给千叶县农业试验场的一颗莲子开了花。然而到开花为止的期间，该莲子被许多人经手，其栽培的地方也换了好几次。没有确切的证据表明该莲花与出土的莲子是同一棵莲，等等。

大贺莲从千叶农业试验场被分根至全国各地，得到了许多人的精心栽培。这些人还栽培了在世博会上展出的莲。针对丰田教授提出的疑问，检见川当地的东京大学园艺实验所进行了反驳。

园艺实验所在去年5月播种了莲子，该莲子于当年8月开花，这证明莲子在播种的一年内就能开花。

北村文雄副教授提出以下主张："莲子的形状是有一定的不同，这是由于长期埋在地底，发生变形也是理所当然的事情。关于莲子的年代，诚然如其所言，必须要调查莲子本身才会知道，但是可以说其是两千年前的产物。"

对此，丰田教授再次反驳道："在千叶的实验场开花的莲子是外国产的特殊莲子，不能将其结果套用于古代莲。"双方展开了激烈的交锋。丰田的学说为世人所知之后，陆续收到了一些威胁的信件。类似于"你损害了大贺莲的名誉，马上撤回你的论文！""你给我出来，我要带着你去大贺老师的坟前谢罪！"没过多久，丰田教授还接到了类似的电话。

丰田教授以有些消沉的语气说："我不是想要损害大贺老师的名誉，我纯粹是从学问上来指出疑问点……从我收到的信件来看，真有不少大贺莲的信徒。我已经不想再发表了。"

关于大贺莲的真伪争论，东京大学名誉教授前川文夫（植物学）说：

"丰田是一名非常认真的研究者，他对莲子的研究做出了很大的贡献，从学问上来说，我也能够理解他提出的疑问。我自己也感觉虽然大贺并没有恶意作假，但是从莲子出土到开花之间，或许存在着重大的过失，与其他的莲弄混了……不过，这与大贺博士在学问上的热情是另外一回事。"

大贺莲的莲子

科学评论家筑波常治也谈道：

"我曾经也因为揭露了伟人野口英世的真实形象，破坏了人们心目中的偶像，因此受到了许多威胁。这些问题应该纯粹在学问上进行讨论，威胁什么的真的是荒谬绝伦。"

刊登了这则报道的《朝日新闻》也收到了大量电话：

"我是种莲的人，从发芽到开花需要五年时间是外行人的水平，顺利的话两年就完全可以开花了。这些提出反驳的人真是奇怪。"

大贺的爱徒长岛时子读到有人寄去恐吓状的报道，忍不住笑了出来。

《朝日新闻》的记者也采访了长岛。

"您知道有人反驳说大贺莲不是两千年前的古代莲吗？您对此有什么看法？"

长岛一脸平静地回答：

"想反驳的人就去反驳好了，我相信大贺老师，所以根本就没有在乎这些反驳。"

听到长岛的回答，记者深感惊讶。

针对《朝日新闻》的这则报道，阪本在四天后的 12 月 29 日的《朝日新闻》"声"专栏中提出了反驳。

此外，高野忠兴与植物研究家堀胜在第二年即1970年1月1日发行的大阪《朝日新闻》"声"专栏当中也进行了反驳。

高野在文章中解释道，他在东京大学检见川农场与大贺共同参与了挖掘莲子的工程，并介绍了自己一直关注着开花的种子的来龙去脉，接着补充说明了如下内容：

"这是当时的实际情况。从那时开始，以东京大学植物学科为中心的学院派的学者们就对民间学者大贺博士发现莲子一事冷眼旁观。但是，现在还有许多证人尚在人世，我本以为不会有人新提出这种没有结果的争论……"

堀也提出了以下反驳：

"神奈川齿科大学的丰田清修博士认为大贺莲在发芽之后不能在第二年开花，莲在发芽后需要三到四年才能开花。同月29日，阪本佑二氏在该栏中对此进行了反驳。我也赞成阪本氏，我认为发芽后需要三到四年开花是营养不良的表现。

"此外，我希望对以下两点进行观察。（1）与当地栽培的供人们食用或是自然生长的莲根相比，大贺莲的莲根形状更小，横截面接近于三角形。（2）池上政隆博士通过'灰像法'对叶子中含有的草酸石灰的结晶进行测定后发现，大贺莲中结晶体的直径为16.3μ（千分之一毫米）。其他还含有20%左右9~10μ的小型结晶体。食用莲的结晶体的直径为19.3μ，其中不含有小型结晶体。

"综合以上两点，我认为比起在当地食用的、田地里栽种的莲来，大贺莲确实更加原始。如果说大贺莲是假的，我希望他们能够在千叶县地区寻找一下有没有这种莲。"

《朝日新闻》的"声"专栏以"追踪投稿/梦想与科学疑问的分歧"为主题，描述了记者来到丰田在逗子的家中采访他时的情景。

丰田陈述道：

"我并没有否认大贺先生的莲。只不过是列出一些疑问点而已。老是在报纸上登载这些事情，我也觉得很困扰。

"由学术上的争论变成感情论的话，我就真的无可奈何了。虽然说这是学术上的争论，但是事到如今已经不存在辨明是非的基础了，而且我撰写论文也并非源自这样的心情。我承认大贺博士的成绩，也承认大贺莲的可能性，所以现在并没有问题……我只不过是从自己的研究成果当中，对前辈的学说指出一些疑问，这对一名学者来说，难道不是理所当然的吗？"

获得丰田的意见后，《朝日新闻》做出了如下的总结：

"千叶市的畑町、花园町居住着大量与挖掘莲子相关的人员。这些人以大贺莲为自豪，对于这次的争论，他们似乎抑制不住喷涌而出的怒火。

"寄托于两千年前的莲的美好梦想与科学冰冷的疑问，两者完全不是同一次元的事物。无论如何都不会有交集。"

这则报道反而给世间留下支持大贺学说的人们行动过火的负面影响。

此外，在《朝日新闻》提到丰田收到恐吓信的报道中，东京大学教授、植物学家前川文夫、科学史家筑波常治也透露出支持丰田的意思。这也是缘于一种同伴意识，权威人士对丰田的支持让拥护大贺学说的人们处于更加不利的形势当中。

实际上，大贺与丰田过去有过接触。丰田年轻时，曾经在东京大学的研究室研究莲子。

有一天，丰田拜访了大贺，向他请求：

"我希望能够在东京大学取得学位，能请您帮助我吗？"

大贺说：

"研究连自己都无法满意，我也没法帮你。"

结果，丰田没能在东京大学取得学位，最后取得了北海道大学的学位。

此外，从年轻时开始就对大贺抱有特殊感情的小仓谦自己没有出面，而是通过自己的徒孙、研究莲的专家黑田清修提出了反驳。

小仓比大贺要小 12 岁，他与大贺在同年取得了博士学位，11 年后成为植物学教授。也就是说，小仓是来自东京大学植物学教室的精英学者。

而大贺虽然进入了研究生院，但中途由于家庭的事情成为第八高等学校的教授，此后又任满铁研究员、留学美国研究生院执笔博士论文、成为满洲教育专门学校教授，回国以后担任了私立大学的教授，他是比较自由的民间学者，与学院派保持了一定的距离。

官方学院派的代言人小仓或许认为"大贺是不入流的人物"。而这样的人竟然挖掘出缺乏学问根据的古莲子，令世人为之瞩目。小仓或许觉得无法接受这点吧。

此次关于大贺莲的真伪争论看上去像是纯粹的学术争论，但是其背后还存在这样的一面。

长岛曾经在东京大学听过小仓谦与前川文夫的讲义。课上并没有教授莲的课题。两人应该都知道长岛是大贺的接班人，但是他们都装作不知道。

对大贺莲两千年学说提出反驳的全是东京大学教授等权威人士。而大贺到死为止也只是一介贫穷学者，而且他没有在学会上发表过大贺莲的课题。一个原因是他不喜欢学会，也有一个原因是确凿的证据过少，作为学会论文不够格。结果他只以蜡板油印出版了一份小型报告。大贺也曾经去往东京大学农学部进行染色体确认等方面的研究，他凭借自己的力量也只能做到这一步了。

大贺从满洲时代开始就从事莲的研究，他在美国学会上进行过发表，原本就被日本的学会有所疏远。由于对"满洲事变"、侵略满洲的过程心怀不满，他觉得自己是对天皇不忠的国民，于是下定决心不再担任官职。他是一名基督教徒，也是和平主义者，一直避免与他人进行争执。这些因素拉远了大贺与学会之间的距离。

理学部植物学教室原本就认为大贺莲的发现是贫穷学者闹出来的"多此一举之事"。在确认大贺莲实际上是两千年前的产物之前，权威人士一开始就根深蒂固地觉得"这是非常无聊的事"。

《朝日新闻》的报道似乎也暗示着这一争论毫无意义，想要就此终结该话题。但是报道中将阪本与北村坚持通过事实与科学性方法对丰田的疑问提出反驳、反证的努力，以及高野等见证了发掘莲子的证人的存在以"美好的梦想"一句话便匆匆带过，这让尊敬、支持大贺的人们深感不满。不过，陷入泥潭当中的争论总算是暂时画上了终止符，防止将争论带入大阪世博会当中，这点还是值得肯定的。关于大贺莲的真伪争论持续了四年，终于偃旗息鼓。

在争论愈演愈烈的 1969 年秋天，从阪本家移植至世博会日本庭园内的大贺莲等多个品种的莲依然在茁壮地生长。

将大贺莲的莲子装入"五千年的未来密封舱"中

为了纪念从 1970 年 3 月开始举办的日本世博会，1969 年 5 月，松下公司与每日新闻社怀着"将现代文化流传至五千年后的未来"的心愿制造了时间密封舱，他们委托阪本将十颗大贺莲的莲子装入密封舱当中。

9 月，阪本开始挖掘计划在世博会日本庭园中展出的千根莲根。原本预定在 4 月份栽种，但是由于工程延误，直到秋天才种植。

阪本开始了从池塘中挖掘 1000 根莲根的繁重工作。

夫妇两人每天在池塘中不停地挖掘莲根。

毕业生们看到阪本夫妇如此辛苦地工作，有时也会来帮忙。

由于连日来持续作业，弘子晚上梦到自己的手看上去就像莲根一样。

"不能把它折断！"

弘子在梦中焦急地说，猛然从床上一跃而起。

弘子向丈夫提到自己的梦，阪本苦笑道：

"你也是一样啊？"

这段时间，两人做了许多关于莲的噩梦，不过总算在 10 月顺利地挖完莲根并且准备好展出。

日本世博会上的阪本佑二（1970 年 4 月）

1970 年 1 月 26 日，阪本前往世博会日本庭园视察了莲的生长情况。由于栽种的时期延迟至秋天，所以他有些担心莲的生长情况，幸好确认了一切顺利。

1970 年 2 月 20 日，阪本将 10 颗大贺莲的莲子附带说明书一起装入时间密封舱当中。

1970 年 4 月 15 日，阪本受邀参加了日本世博会的开幕式。世博会是在日本举办的最早的国际博览会，会期为 180 天，地址为大阪府吹田市的千里丘陵。阪本赠送的莲在会场中绽放了绚丽的莲花，让世界各地拜访世博会的人们一饱眼福。

1970 年 10 月号的《科学朝日》中，以《古代莲开花》为题编辑了彩色特辑。阪本投稿了解说文章《一直守护大贺莲》，其中论述道：

　　莲的栽培很简单，开花也很容易。中国的书籍中有莲在发芽的当年或是第二年开花的记录。我国元禄时期出版的书籍也详细记载了其栽培的方法，发芽后当年即可开花，或是在第二年开花。最近大贺氏的《莲之实》也记载了从发芽到开花共花费一年多的时间。事实上，我们的实验也证明了这一点。

　　然而，就在大贺氏离开人世的两年后，丰田清修氏（神奈川齿科大学教授）在《植物学研究杂志》（479 号）当中提出，莲花开花的年数为 4 年，1 年 3 个月开花的大贺莲不是由检见川出土的莲子生长而成，"不得不认为其是从其他莲的根茎当中生长出来的"。丰田氏写道："大贺声称莲子发芽后不到一年分根为 3 根，然而不到一年时间，绝对无法长成类似于市面上销售的莲根。虽然可以长出小型根茎，但是将其分为 3 根是否还能够顺利无阻地生长，我对此深表怀疑。"我首先必须指出，他将大贺莲与品种不同、栽培情况不同的市面上销售的莲根（食用莲）比较，这是非常不科学的态度。而且他完全没有提出自己的实验方法，以及从其结果中获得的莲根等。丰田氏还在《植物与自然》（1968 年 9 月号）发表的文章中记述了一系列晦涩的内容："在我们的实验当中，发芽后一年以内只能长出 3~4 节细小的地下茎。如果要将其分根为 3 根的话，相当于不光是拔除细小的地下茎，而且需要将其几乎均等地分为 3 根。这样的话虽然勉强可以生长，但是条件会变得非常严酷"，但他还是没有提出栽培方法，只是断定"分根"的说法并不恰当。这是否定大贺莲的关键点。我想，丰田氏大概是将发芽后的莲根栽培于小花盆中。这样的话，莲只能长出像大拇指一样小的 1 块根茎。他或许是认为，大贺氏将这样小的莲根切断为三等分，分根至三个地方。如果真是这样的话，丰田氏弄错了最基本的栽培方法，但是他写得好像是使用其他莲根替换了大贺莲一样，身为一名科学家，需要对这件事负重大的责任。

　　一般来说，栽种莲时需要在春分时期对莲进行削皮处理，使其发芽，在长出 3~4 枚浅叶与根之际，将莲移植至加入土壤的 1 尺大小的花盆中。在地下茎绕圈时，需要将其再次移植于加入七成田土的大花盆（直径 60~100 厘米、深 30~50 厘米）中，只要整个夏天将莲放置于日照良好、温度高的地方，做好施肥、防止病虫害等管理，容易开花的品种甚至能够在初秋开花。到了冬季，莲长出地面的部分会枯萎。

在冬去春来的春分时节，只要在挖掘时不伤害顶芽，就可以获得一根顶端变粗的 2～3 节的莲根。分根是指将该莲根各节分开移植，这与将莲根等分切断是不同的。莲根的茁壮程度与开花有着密切的关系，所以如果种植最好的莲根，3 个月左右即可开花。当然还需要注意容器大小与上述栽培管理方法，这点无须赘言。总之，从发芽到开花 1～2 年时间就完全足够了。丰田氏在《植物研究杂志》上称需要 4 年，在《植物与自然》上称需要 2～3 年，并且断定"即使是新的莲子在第二年也不能开花"，在《植物与自然》（1969 年 2 月号）上却称，使用新种子与新技术的话 1 年即可以开花，这些论述可谓颠三倒四、含糊不清。通过我们的实验已经证明，无论是新的莲子，还是古莲子，1～2 年内完全可以开花。我不知道他所谓的新技术是什么样的技术，大概指的是荷尔蒙处理或是放射线处理吧，但是通过 300 年前的栽培方法都能得出这样的结果，所以丰田氏的主张很明显是错误的。从栽培方面来看，大贺氏从检见川出土的莲没有任何值得怀疑的地方。

阪本在解说中还提到大贺莲与古莲的比较数据，以及如今尚在人世的证人们对发掘大贺莲莲子时的证词。阪本自始至终坚持对丰田的反驳进行彻底辩驳。

这个时期，阪本还陆续培育了新的莲种，生活极其充实。当时只有真正的莲专家才会去考虑杂交莲的问题。即使是现在，如果不是非常沉迷于莲的话，自己对莲进行杂交是一项需要花费大量时间与精力的工作。

从 1967 年 8 月的"舞妃莲"开始，到 1968 年 8 月，阪本用弗吉尼亚黄莲与中国古代莲杂交出新品种"黄阳莲"。

1970 年 8 月，阪本接着用蜀红莲与舞妃莲杂交出"明光莲"，用大贺莲与舞妃莲杂交出"昭美莲"，并用舞妃莲与中国产的红莲自然杂交出"红舞妃莲"。

明光莲是大贺莲与蜀红莲杂交而成的品种，莲花的颜色比蜀红莲略浅，花瓣底部稍微带有一丝黄色。莲花直径在 20 厘米左右，为单瓣花瓣。花瓣稍细，线条鲜明，绽放的莲花形态优美。

昭美莲是大贺莲与舞妃莲杂交而成的品种，莲花的颜色呈现出淡橙色，比舞妃莲要晚一天褪色。莲花直径为 26～28 厘米，属于大型花。花瓣不会歪斜。

1971 年 8 月，阪本用舞妃莲与蜀红莲杂交出新的品种"瑞祥莲"。瑞祥莲是舞妃莲与蜀红莲杂交的产物，莲花颜色混合了深红与黄色，花瓣较长，与舞妃莲类似。花瓣的线条鲜明，直径达到 27 厘米，茎上有黑色的斑点，属于黄莲系。

此外，阪本在电视台里与花道小原流的掌门人小原丰云对谈，尝试将一般不用于插花的莲花也用作插花的材料。

由于阪本还研究美国黄莲，并在世博会上展出，进行普及美国黄莲活动，1970 年 8 月，他收到了美国弗吉尼亚女性俱乐部、得克萨斯州奥斯汀市的感谢状。

阪本的梦想是将莲的品种改良为园艺品种，让人们在庭院或是阳台上也能轻松惬意地欣赏莲花，为此他推进了许多普及活动。阪本将这一活动称为"荷风千里"。

在中国，莲花又称为"荷花"。阪本取的这个名字也是希望莲花的清香乘风飘往千里之外。阪本一开始并不知道中文里"荷"的意思，因此四处询问。

中国杭州也在研究栽种于小型容器中的小型莲花。阪本希望莲不要固化为佛教之花，而是作为一种园艺品种获得各个家庭的喜爱，可以随意地摆放在任何地方的桌子上。

在用花盆栽培莲时，用莲根作为种子进行繁殖的方法如下所示：

栽培的时间在 3 月下旬至 4 月下旬之间。在国内进行普通栽培的话，可以以樱花的开花时间作为大致标准。

即使是大花型的莲，在 50～60 升以下的花盆中栽培的话最好每年进行移植。中小型花的莲，栽培的地方越小，越需要每年移植。

栽培用土最好是田土（荒木田）之类稍微具有黏性的土壤，如果没有的话，可以用由 50% 田地里的土壤或庭院里的土壤、30% 的红土、20% 的腐叶土混合而成的土壤。清除土壤中的石头与垃圾，将结块的土壤敲碎并用簸箕筛选，得到细质的土壤。

如果使用栽培花盆（容积 50 升）的话，加入 35～40 升的用土，并且混入苦土石灰 50 克，使其混合均匀。基肥以有机化合物肥料为主。在有机化合物中掺入约一半的有机磷酸、氯化钾、硫酸苦土（硫酸镁），将 80～100 克这种肥料混合进栽培用土当中。

准备好栽培用土之后，开始挖掘莲根。莲根从顶端开始分别叫顶芽部、

第一节、第二节、第三节，最好是把到第三节部分为止的莲根作为一个整体来处理。

在对作为种子的莲根进行处理时需要小心，注意不要伤害到芽的部分。从第三节处切开，用水清洗之后，清除根部的腐烂部分。为了预防腐坏病等，需要将莲根种子在 500 倍的石灰乳液中浸泡 10～20 分钟左右进行消毒。在栽培时，从土壤表面往下挖掘 10 厘米左右，并将莲根种子的顶芽部稍微歪斜一点儿埋入深处并且盖上土壤。最后加水至花盆的上层。

栽培时需要将其置于光照良好、通风良好的地方，但是又要避开强风。用花盆栽培也在 4 月下旬左右，随着水温的上升开始出现浮叶，5 月上旬左右立叶开始生长。

第一次追加施肥也在此时进行。在追加施肥时需要控制氮肥的量，多加入磷酸、钾肥。根据莲花的生长情况，大约每隔两周追加一次施肥。

开花早的品种在 5 月下旬就会出现花芽，早的话在 6 月中旬左右就会开花。

如果气温和水温上升的话，7～8 月会是莲花生长的鼎盛期，开花也会变多。随着气温上升，花盆中的水也会加快蒸发，所以需要充分补给，避免缺水。

在害虫方面，蚜虫会出现 3～4 次，甘蓝夜盗虫也会出现 2 次左右，出现的时机都在秋季，如果莲位于地上的部分枯萎的话，地下茎会变得肥大，形成莲根。

冬季也要注意不要缺水，在寒冷的气候条件下保护莲根。

1970 年 12 月，阪本佑二请求和歌山县厅维修位于美滨町三尾的大贺莲池。如果冷水流入池塘中的话，莲花就会枯萎。

和歌山县厅答应了这一请求，原本预定于第二年 1971 年召开的观莲会由于维修工程而暂停。

1971 年 5 月，阪本第三次扩建了自家庭前的研究池塘。

1972 年 7 月 27 日，阪本出席了千叶县千叶市检见川东京大学农学部附属园艺实验所的观莲会。

当年 11 月 28 日，阪本与园艺实验所教授北村文雄合著的、由矢野勇拍摄照片的大型著作《花莲》由讲谈社限定出版了 2000 册。

1973 年，阪本的长子尚生同时被信州大学与鸟取大学录取。在他犹豫不决的时候，阪本对儿子说：

"鸟取大学要好。"

尽管存在一定的偏差，两校的校风等条件也各有千秋，但是阪本认为鸟取大学更加适合研究。大贺也曾在鸟取大学教过书。

尚生一开始想要学习考古学，但是后来选择了农学院，学习遗传育种学。似乎是受到父亲的影响，他自己也不知不觉地选择了和父亲相同的道路。

而且，尚生相对来说比较喜欢文科方面的内容，但是当时正值经济高速发展期，估计更加需要实用科学的学问。不过，尚生特意没有从事莲的研究。因为他从童年时代开始就卷入了阪本的莲研究当中。虽然心里想着需要与莲保持一定的联系，但是实在提不起劲儿从事莲的研究，一直处于摇摆不定的状态。

《花莲》

与鸟取藩主池田家颇有渊源的大名莲在鸟取大学附近的湖山池中绽放了。大名莲是白色花瓣上带有紫红色斑纹的一种斑莲，因为这种深紫红色与池田家即大名有关，所以取名为大名莲。尚生在寄给父亲的信中附上了该莲的莲子。

此外，在鸟取市湖山池附近的地名中许多有"莲"字，如莲原、莲见等。阪本经常写信让尚生去调查与鸟取的莲相关的事情。

1973 年 4 月 3 日至 7 日的五天中，阪本受东京都江户川区国柱会田中香甫的委托，与其同行去往韩国扶余郡植树。国柱会是日莲宗的在家佛教团体，作家宫泽贤治、陆军军人石原莞尔等人是该教的信徒。

1973 年 7 月 29 日，阪本在关西插花研究团体"插莲"小原丰云、桑原专溪代表研究会上，以"莲花"为主题进行了演讲。

从 1974 年 7 月 20 日开始，阪本与弘子为了调查美国黄莲，与医生西川敏、其朋友大谷茂、英语教师及翻译前岛富美子一起赴美。

在美国农业部工作、曾经赠送给皇太子殿下美国黄莲莲子的日裔小川一郎担任了向导与翻译，一行人游历了华盛顿、弗吉尼亚、威斯康星、科罗拉多、得克萨斯各州。

在弗吉尼亚州，众人出席了弗吉尼亚女性俱乐部的欢迎会，并且调查了弗吉尼亚黄莲。在威斯康星州，众人在威斯康星大学索玛博士的带领下乘坐大学观测船驶往密西西比河上游，调查了上游的美国黄莲。在得克萨斯州，阪本视察了以前赠送过舞妃莲、大贺莲、碧台莲的奥斯汀市东方公园。莲花一直茁壮地生长。

阪本获得奥斯汀市颁发的感谢状，8 月 20 日还在奥斯汀市的电视节目中露面。阪本在京都园艺的《美国产莲观察记》与纪州报纸《美国之花旅路》中记载了当时的情形，小川一郎还将连载于纪州报纸上的文章翻译为英文，将其介绍至美国。

1975 年 4 月 30 日，阪本的学生二阶俊博成为和歌山县议会议员候选人，最后成功当选。二阶曾经担任过原建设大臣远藤三郎的秘书，由于远藤在 1971 年 12 月 27 日去世，所以他又回到了和歌山。

二阶在重建母校和歌山县立日高高级中学之际，与文部省的职员商量：

"我们学校有'花博士'与'鸟博士'。你们能否讨论一下为他们设立研究室呢？"

"花博士"是指阪本，"鸟博士"是指阪本的学弟、与阪本自幼相识的黑田隆司。

阪本在黑田读高中时，多次劝他："来搞生物！来搞生物！"黑田听从了阪本的建议，在广岛高等师范学校学习了生物。

黑田在大学毕业后来到日高高中，与阪本一样成为生物部的教师。两人都很关注整个生物学，阪本曾经也与黑田一样研究过鸟，但是中途决定"一人负责植物，一人负责鸟"，于是诞生了"花博士"与"鸟博士"。

专心致志的研究态度往往能够打动人心。阪本专注于研究的态度以及对学生的照顾使他成为与其他教师不同的特别人物。阪本负责的生物部在学校里也尤为特别。这并不是因为有许多学生对生物感兴趣，而是有许多学生因为倾慕阪本而加入社团。

二阶在一旁观察社团的活动情形，不由心想"他们或许将来想成为生物学家吧"，可见学生们对社团活动非常热情。

阪本除了上课与社团活动以外，还积极地与学生接触。

"优秀的孩子不用管他也没有关系。教师应该拯救落后的孩子。"

学生们经常在放学后或是假日来到阪本家里与他交谈。大家都是性格开朗、毫无顾虑的高中生。到了寒暑假，在校生与高中毕业后的大学生齐聚一堂，在狭窄的房间里东一组、西一组地畅聊。

吃的东西虽然不算是盛宴，但是大家在一块儿分享私房菜，度过了热闹而愉快的时间。阪本微笑着与大家交谈。

弘子背着信二，忽然发现尚生不见了。找了半天才知道他去了隔壁基督教会的冈田家中，在那里吃的饭。尚生来到冈田家，似乎跟他说："家里没有我待的地方了。"

冈田拥有虔诚的信仰，他认为"阪本一家都是我的家人"，因此与阪本家来往十分密切。

这便是阪本家假日里的日常风景。虽然阪本看上去不苟言笑、沉默寡言，但实际上是非常富有人情味的温柔的男人。虔诚的基督教徒大贺也给予他很大的影响。

黑田也是充满了慈爱之情的教师。有一次，黑田对阪本的儿子尚生说：

"我小时候被誉为高材生。虽然后来回到母校高中成了一名教师，但是当时真的是自鸣得意。然而，我由于患上结核，徘徊于生死边界，休了两个月的病假。当时，我学会了对弱者或是不幸运的人心怀同情。如果没有那种体验的话，我估计现在还在洋洋得意着吧！"

尚生心想：

"父亲或许也是因为体验过疾病，所以才变成现在这样吧。"

在翻修后的教学楼中为阪本与黑田设立了研究室。

研究室建成之后，两人一直待在研究室当中，都不去职员室了。

每次二阶来日高高中时，阪本和黑田都不在职员室，而是从研究室出来见他。阪本与黑田都对二阶心存感激。

"我们在这里待的时间更多。"

为高中的教师设立研究室的事例非常罕见。不过，对阪本那一代的教师来说，就算是高中老师也通常会同时进行授课与研究。阪本的儿子尚生看到父亲与其他老师的状态，也觉得高中教师不光只负责上课，拥有自己的研究课题是理所当然的事情。

阪本对研究抱着纯粹的态度，所以他很少将自己的研究在外面发表。即使是为了研究而去韩国等地出差，他也总是利用暑假的空余时间。尽管经济情况并不宽

在研究室中的阪本佑二

裕，但他都是自费参加这些活动。

教师朋友向阪本建议：

"你向教育委员会申请的话，他们会支付费用的。"

但是阪本对其充耳不闻。

阪本为了研究经常买书。为经济困窘而烦恼的弘子轻轻地叹气：

"又是书……"

大贺与阪本对于金钱的感觉非常相似。他们完全不会算账。

二阶每次思考学校教育时，都会联想到阪本与黑田的教师形象。

"说到底，还是需要老师充满热情地投入研究，或是向学生分享学习的成果，这样的话，学生们也自然会被吸引。"

二阶对阪本的尊敬之情越来越深。

在中央学会阐述大贺的事实

世博会以后，对大贺莲的质疑看上去已经偃旗息鼓了。而到了 1975 年左右，质疑再次浮出水面。

这次的质疑居然是由参加了 1951 年发掘大贺莲莲子的考古学家吉田格所提出的。

吉田在武藏野文化教会考古学部会发行的《考古学部会新闻 No. 5》中发表了以《古代莲的疑问》为题的文章，其中提出了自己想象的情节，说挖掘出的莲子有可能被大贺换成了可以发芽的不忍池的莲子。

吉田是发掘丸木舟的考古学家之一，而丸木舟是解决大贺莲年代问题的重要证据。所以对大贺的相关人士来说，这一发言非常具有冲击力。

参与争论的当事人阪本也深深感到，对大贺莲的疑问并没有完全排除。

以该事件为契机，阪本开始摸索直接证明大贺莲为古代莲的方法。

大贺在临死时也说过，证明莲子长寿最直接、最有说服力的方法是从千叶县检见川的发掘地重新发掘出数量可供鉴定的莲子。

但是，重新发掘计划不仅在场所的选定方面存在问题，也就是说，不知道在哪挖掘才能保证出土大量莲子，而且尤其是在资金筹措上也十分困难，所以实现该计划几乎不可能。然而，阪本虽然明白不可能，但还是一直抱有重新发掘的想法。

除了大贺莲的发掘地以外，还有其他可能发掘出古代莲莲子的地方。

据称，在天平五年（733 年）二月三十日完成的《出云风土记》一书中记载道，秋鹿郡惠云乡，即从现在的岛根县鹿岛町佐陀本乡至惠云地区的一片区域是低湿地带，其中栽种了莲。阪本在私下考虑将这里作为重新挖掘古莲子的地方。

总之，挖掘古莲子是最后的手段。阪本首先将注意力集中至发现隐含于大贺莲自身当中的古代性特征。

阪本从各个角度尝试探索大贺莲的古代性特征，如分析细胞内草酸石灰的结晶状况与染色体组型，通过电泳法分析同工酶等。但是这些都无法成为决定性的证据。在各种试错之后，阪本终于发现了决定性的特征，这是 1977 年之后的事情了。

阪本对儿子尚生说：

"如果从花粉着手进行调查的话，就可以证明其原始性。"

证明莲的古代性的线索隐藏于花粉当中。大贺莲等野生品种与园艺品种之间花粉四分体的比例有着很大差异。四分体是指四个花粉牢牢结合之物。

雄蕊是构成被子植物花朵的因素之一。在日语中一般叫作 "Oshibe"，由装花粉的袋状花药与支撑着花药的花丝部分构成。不过有些植物并没有相当于花丝的部分，或者花丝不呈丝状而呈叶状。此外，重瓣花等花朵的雄蕊会变成花瓣的状态。

雄蕊的作用是从花药中取出花粉，在雌蕊顶端（柱头）授粉。一般来说，花药由两个半粒组成，半粒则由两个花粉囊（药室）组成。花粉进入花粉囊内，花粉的出口或纵向撕裂，或横向撕裂，或出现钻孔等，其形状因不同的植物而异。

将雄蕊碾碎进行调查后发现，普通莲的花粉四分体是一个个分散开来的，而在大贺莲与古代莲当中，粘在一起的四分体的比例要高。

阪本自从发现这一现象以后，完全忘记了自己的体力问题，废寝忘食地埋头于落实证据的工作，他开始对种植在庭院中的莲的各种各样的花粉依次进行调查。在炎炎夏日中，阪本神色严肃地观察小型显微镜，这种显微镜就算长子尚生来观察也马上会感觉肩膀酸疼。一直身体虚弱的阪本究竟哪里隐藏着这样的能量呢？只能说他已经完全痴迷于其中，达到忘我境界了。

弘子曾不经意地对丈夫说过：

花粉四分体（阪本佑二摄影）

"孩子他爸，你研究莲很幸福吧。这是你喜欢的工作，等年纪大了，大家都从学校退休，没法工作了，你要是还能和莲一起走下去就好了。"

听到这儿，阪本突然生气地说：

"你在胡说八道些什么！"

弘子的这番话完全没有恶意，因此她不能理解丈夫为何发怒。

"我凭借着这瘦弱的身体，拼了命在工作，你这说的是什么话呢！拼了命去研究是相当艰苦的！"

弘子回想起阪本手术后的不容易，在心里反省道：

"啊，我真是说了些不应该说的话啊。"

丈夫废寝忘食地埋头研究，而在他身边的弘子一直非常现实地支撑着家庭生活，弘子不由对丈夫的生活方式心生羡慕。

阪本一直尽量满足世界各国提出的"希望获赠莲"的要求。

1976 年 3 月，为了在东方花园日本庭园中重新移植莲，阪本向美国得克萨斯州奥斯汀市的谷口勇赠送了 5 种莲根。

1977 年 5 月，阪本向德国国家植物园的 Dr. KOSHO 赠送了 31 种莲子，并向美国弗吉尼亚州的 King Dominion 赠送了大贺莲。

1978 年 5 月，阪本在巴西皇太子两殿下访问纪念公园时向其赠送了大贺莲、舞妃莲 2 种莲根。

6 月 28 日，阪本为了修建莲池和指导栽培而去往韩国。受经营自然农场与安养乡村的三星集团李秉喆的委托，阪本带去了 8 种莲根。

1979 年，阪本向和歌山市城内的红叶溪庭园赠送了 5 种莲根。为此和歌山市市长宇治田省三为阪本颁发了感谢状。

1978 年日中邦交正常化之后，医学博士田中隆宽将 4 颗孙文莲莲子赠送给了访问中国的山口县文学代表团。

田中的父亲隆是孙文流亡日本时的支持者。1918 年赴日之际，孙文将 4 颗莲子作为赠礼送给了隆。大贺一郎在接受隆宽的委托后，精心地将该莲子培育发芽、生长，并将其命名为"孙文莲"。

返回故里的孙文莲在中国杭州市的中山公园成功繁殖。

东京都町田市内有一处"大贺藕丝馆"。离开保健学校的人们在这里以大贺莲为原料生产布料和纸品等，并将其产品化。

1978 年，町田市在四季可欣赏不同美景的药师池公园内修建了在盛夏时节绽放的大贺莲的观赏池。这是由于位于町田市相原町内的圆林寺住持与大贺素有深交，他在寺内精心培育了大贺莲，之后将其分根过来。

在桃红色的大贺莲盛放之际，药师池公园吸引了大量风流雅士举办观莲会，人们一边观赏莲花，一边品荷叶酒，即将酒注在莲叶上，通过莲茎饮用。借此机会，住在町田市的大贺的侄女汤浅咲子介绍了藕丝织（莲丝织）。听完介绍后，町田市市长大下胜正提议："能否建成藕丝织的工厂呢？"于是进行了实验。

尽管这一工作被喻为不切实际的梦想，但是在当年 9 月，包括拥有纺线经验者、会纺织的人等在内的市民团体与市内职员参与了该工作，他们在药师池公园支起帐篷进行作业。虽然说是实验用，但是人们逐渐发现只能够提取到少量的莲丝，光凭药师池公园的大贺池完全不够。因此大家委托了上野公园的管理事务所，从不忍池中摘取了数次莲叶。其总量达到好几辆 2 吨卡车的分量。

不忍池的莲叶柄又粗又硬，因此需要用工具刀等切出刀痕，然后折断莲茎提取莲丝。人们尝试了多种提取莲丝的方法，如煮叶柄，用水浸泡，一直用水浸到生叶柄产生恶臭为止等等。关于提取莲丝的时间，也从莲发育的经过等方面进行了多次讨论。

为了提取柔软的莲丝，需要非常耐心与细致。既要用手指将弄脏的莲茎浸泡于水中，使其不会干枯，又因为湿气是柔软莲丝的大敌，所以要保持适宜的湿度。此外，从莲茎中刚取出的细丝轻盈得仿佛要浮在空中一般，其对空气的流向会发生非常敏感的反应。在余热尚存的天气中遮着风的作业不知不觉中逐渐陷入了单纯忘我地提取莲丝，人们在专心致志的工作过程中逐渐达到了宁静安详、波澜不惊地提取莲丝的境界。

从 40 千克的叶柄中大约可以提取到 2 克的莲丝。由于莲丝不够结实，所以经丝使用绢丝、纬线使用莲丝制成了小型布料。该布料后来被加工为香袋，并被命名为"町田藕丝织"。

在山形县米泽市红花研究所的铃木孝男的帮助下，人们使用自古以来的红花为莲丝染色。此后，从红花的栽培到制成染料、染色为止，均接受了红花研究所的精心指导，并且积累了与红花相关的宝贵知识与技术。大型企业集团收购了制成商品的香袋，其价格高达 20 万日元。

由于只能提取少量的莲丝，所以提取莲丝之后的大部分叶柄就成为大量的垃圾。人们开始思考能否有效地利用莲茎，其中一名参加者想到了莲纸，于是带回了一些叶柄尝试寻找可能性。具有纤维的植物一般都能制成纸。不过，山茶、黄瑞香、雁皮等原本就是出色的和纸制造材料，而莲纸的纤维具有独特的性质，无法简单地制造。除了自己摸索着挑战制造莲纸，还接受了细川纸的产地埼玉县小川町的和纸生产者与埼玉县制纸工厂试验场制造和纸的技术指导，将其应用于莲，从煮茎的时间到花色素的量、剥皮的方法等，逐渐形成制纸的方法。在滤纸工具方面也有效利用了防虫网和蚊帐，一开始是从容易过滤的明信片等着手，但最终目标是获得与和纸相同的滤薄莲纸的技术及其产品化，莲纸的制造技术获得了进一步的发展。制成的莲纸被命名为"町田莲纸"，滤成的纸或用作彩纸，或用木版印刷，染成彩色后加入美术明信片或卡片中，用作书签等产品。

作为莲纸原料的莲纤维在解开后可捻成丝线，经线使用麻丝、纬线使用莲丝可制成纺织品。该纺织品被命名为"茄丝织"，意思是莲茎的织品。茄丝织的手感质朴，常用于放在餐桌中央的摆饰、门帘、杯垫、钢笔盒等产品。

莲花的花托在开花结束后成熟，长成蜂巢状的果托，其中结有莲子。取出莲子后，在使其不会破裂的基础上将其软化，并进行压缩、干燥，制成碟状的小碟子。这一工艺的基础也是源自一名町田市民提出的构想，之后涂上聚氧酯或是漆料。该产品被命名为"町田莲座"。由于大贺莲的长寿，以及莲本身就是吉祥之花，所以"町田莲座"被用于町田市庆祝超过 80 岁的长寿老人的纪念赠品。

莲子被制成小布袋、人偶等，以装饰品和材料等各种各样的形式加以利用，有效地生产为产品。

1980 年 4 月，栽培大贺莲与红花的工作正式开始。人们在水田中栽植用作原料的大贺莲，确保了足够的分量。收获之际，在制造红花染料的同时，通过市内宣传杂志招募了协助工作的人员，7 月迎来了最早的三名定期去保健所的人士。市民通过与定期去保健所的人一起工作，可以了解到他们离开保健学校后的情况以及他们平日的生活。这也成为促进市民理解福利、获得市民合作的良好机会。除了收割莲与红花的工作以外，还请市民们帮助其他工作，并且让他们提供了各种各样的构思。

1985 年，工厂全面搬迁至由旧福祉会馆改建而成的旧第二事业场管理大楼，并因大贺莲的名字将其命名为"大贺藕丝馆"。

制作的产品除了在大贺藕丝馆中兼有展览功能的商店里出售以外，还在销售町田市内制作的点心等公认名产的"名产品之店"与福利商店、销售手工品的商店、奈良与镰仓的特产商店等处出售。

定期去保健所的人们在莲池、红花田中挥汗如雨，他们制造了红花的染料、提取莲丝与纤维、从莲茎中滤纸、制造美术明信片的彩色染料，并制作了织品、小布袋、挂坠等各种各样的产品。

阪本佑二继续研究花粉四分体。这一切都是为了证明大贺莲是古代的产物，守护大贺与大贺莲的名誉。

阪本努力计算了各种莲的花粉粒，合计达到 3 万多粒。这一数量写成报告已经完全足够了，但光计算数量，作为数据来说还是不够充分。如果不加入四分体的照片，数据的作用还是稍显薄弱。但是，不可能使用家里的显微镜拍摄显微照片。而乡村周围几乎没有设施备有附拍照装置的显微镜，就算有这种显微镜，也很难借来私人使用。

看到阪本为了拍摄照片而向某所大学寄去四分体，弘子说：

"我们要不买台显微镜吧？"

阪本板着脸说。

"哪有这么多钱？你能想到办法吗？"

弘子知道一家可以订购显微镜的照相机商店，于是请其查询了一下价格，80 万日元。

1979 年，在增建做法事的房间时，弘子下定决心使用为了以防万一而省下的钱，自己通过西式裁缝的副业攒下的全部收入用来购买显微镜，并且决定一次性付清。

弘子去往照相机商店，将 80 万日元摆在店主面前，请他订购显微镜。

店主慌忙说：

"夫人，请不要太勉强自己。每个月还一部分就好了。"

然而，下定决心的弘子拒绝了店主好心的提议。

"不用，我现在全额支付。"

阪本看到弘子买到的显微镜后，欣喜若狂。这时家里的房子第二层刚刚修好。

阪本走进想要打造为研究室的房间中，说：

"显微镜要放在这儿。我要把显微镜放在这儿。"

丈夫发自内心的欣喜之情无法用语言来表达。后来，次子信二也提到过："我忘不了爸爸当时高兴的样子。"

阪本在当年夏天花费了大量时间调查花粉四分体。

在其不懈的努力下，整理好了论文报告。

阪本这次准备在东京召开的日本花粉学会大会上发表该报告。偏僻乡村的高中教师在中央学会中发表研究报告，需要很大的勇气，但无论如何也要坚持到底。为了在学会上证明大贺学说的真实性，阪本费尽了苦心。围绕古代莲的争论原本就是源自大贺对学会的无视。正因为如此，在学会上进行发表对阪本来说背负着很大的压力。生性敏感的阪本感觉更加深刻。

"中日友谊莲"在"文化大革命"中枯死

1979 年 4 月 17 日，中国武汉植物园的王秋圃在写给阪本的信中提到，因为中日友谊莲枯死，所以希望阪本能够赠送分根。从 20 世纪 60 年代中期开始的大约长达十年时间的"文化大革命"中，中日友谊莲也枯死了。

5 月 24 日，阪本托付访日的周恩来夫人邓颖超将中日友谊莲带回中国。一行人从东京去往唐招提寺时，除了中日友谊莲以外，还获赠了舞妃莲的莲根和 24 种莲子。

4 月 18 日的《每日新闻》上登载了题为《"友好之莲"回到中国　在唐招提寺托付邓女士》的报道：

> 中国自古以来的植物莲极大地拓展了日中友好的"花瓣"——17日下午，以中国全国人民代表大会常务委员会委员长、已故周恩来总理的夫人邓颖超为代表的访日团一行人访问奈良唐招提寺（森本孝顺长老）之际，已故"莲博士"大贺一郎氏的爱徒与森本长老将"中日

友谊莲"、据说是鉴真和尚从中国带回的"唐招提寺莲"等各种莲赠予邓女士。

"中日友谊莲"由和歌山县御坊市园三六七、该县县立日高高中教师（生物教师）阪本佑二（53岁）赠送。阪本是已故大贺博士的弟子，他在1963年将百粒被认为是两千多年前的大贺莲的种子赠予中国科学院院长郭沫若。1965年，武汉植物研究所植物园将该大贺莲与中国东北地区产的古代莲进行杂交，创造出新型莲，并将其取名为"中日友谊莲"。阪本收到了10颗该莲的种子，该莲后来在东京大学植物研究所与世博会会场日本庭园的莲池内开花。

此后，中国科学院的音信一时断绝。而在上个月27日，阪本意外地收到了时隔六年的信函。信中提到："我国因'四人帮'，科学停止发展。中日友谊莲也枯死了，如果您有中日友谊莲和大贺莲的种子的话，希望可以寄给我们。"请求获得援助。

阪本知道中国非常热爱莲，在举办庆典时一定会使用莲来进行装饰，他为了重新振兴友好的花园，将种子托付给了邓女士。

中日友谊莲呈略红的粉红色，直径为二十七八厘米。第一代为杂交品种，用其种子发芽的话很有可能会出现"返祖现象"，因此阪本将莲进行了分根。当天在御影堂的殿上赠送给邓女士时，邓女士握住阪本的手，连声说："谢谢！谢谢！"

此外，阪本还赠送了孙文在革命时送给帮助自己的日本民众的"孙文莲"，以及由美国莲与大贺莲杂交而成的"舞妃莲"莲根，共计6根，同时还赠予了21种莲的种子。

另外，森本长老也将唐招提寺莲与唐招提寺青莲分根，亲自交给了邓女士。这种莲据说是鉴真和尚从中国带回日本的产物，现在栽培于御影堂的供花园中。

阪本在接受当地《日高新报》记者的采访时回答说：

"我非常高兴。这对振兴中国科学院与中日两国的友好都能起到很大的作用。日本赠送的大贺莲成为友谊莲回到日本，然后又回到了中国的故乡。"

中国也在佛教传来之前就十分热爱莲，中国最古老的诗篇《诗经》，中国最古老的类语辞典、解释词义的辞典《尔雅》以及中国最古老的依照部首编撰的汉字字典《说文》等古籍当中也详细地介绍了莲。

在一千八百多年前的中国，人们为了消暑，将莲叶当成酒杯饮酒。由于茎的前端与象鼻非常相似，所以将其取名为"象鼻杯"。据说，莲叶的清香还有清除暑热的作用。

到了唐朝（618～907年），人们开始在莲花绽放的全盛时期六月二十四日举办观赏莲花的观莲会，汇集了大量文人墨客。

宋朝（960～1279年）著名的周茂叔留下了名为《爱莲说》的119字名篇。

"予独爱莲之出淤泥而不染，濯清涟而不妖，中通外直，不蔓不枝，香远益清，亭亭净植，可远观而不可亵玩焉。"

这便是莲的美。

在日本提到与莲相关的表述时，正如"华果同事"（用莲来比喻花结为果的因果关系）一样，大多与佛教相关。从中引申出的意思一般专用于逝者。

而在中国，莲是吉祥的象征，其用于信纸、笔墨、刻章的装饰，还有婚礼用品上的绘画，是非常喜庆的花卉。中国人还喜欢在珍爱的事物上描绘莲的图案。俗话说，"百里不同风，千里不同俗"。不光是莲，比方说松树在日本是非常吉利的象征，而中国却将其栽种在墓地当中。龟在日本是吉利的象征，而中国则将其斥责为"忘八"。忘八是指忘却了儒教"忠、孝、仁、爱、信、义、和、平"八德的人，也是龟的别称。

从大约两千两百年前的汉朝开始，中国就将莲视为可治万病的灵药、不老长寿之药，现在中医依然将莲用作药材。由于莲具有滋养的作用与药效，在日本也作为健康食品被广泛食用。

1979年7月6日，以支援莲研究为主旨的"大贺莲研究会"成立。会长由纪阳银行行长山东永夫担任，副会长由御坊市市长玉置修吾郎、中川木材产业的中川藤吉、日高高中原校长古川成美、县议会议员二阶俊博担任，事务局局长由柳濑邦弘担任，阪本佑二也在事务局中就任。

11月3日，阪本接受了御坊市文化奖。

10月11日，阪本收到了中国科学院武汉植物园王秋圃的来信。其中告知了阪本赠送给周恩来遗孀的中日友谊莲绽放的喜讯。10月14日的《日高新报》中刊登了题为《日中友谊莲在武汉开花》的报道：

至阪本佑二先生的谢函

王先生附照片

本月 11 日，莲博士阪本佑二老师（日高高级中学教师）收到了中国科学院武汉植物研究所王秋圃先生的来信。王先生在寄给阪本老师的谢函中提到先生 8 月 12 日的来信和寄来的"中日园艺文化协会"（抄自原文），阪本佑二老师于今年 4 月 17 日赠送给周恩来遗孀的中日友谊莲在该植物研究所成功绽放。

4 月 17 日托付给周恩来遗孀之物

信中提到，"感谢先生对我们工作的大力协助"。在表达感谢之情的同时，告知阪本老师的友谊莲在武汉植物园开花："现将一部分莲花照片寄给先生。"信中附上了中日友谊莲、太白莲、即非莲、大贺莲、唐招提寺莲（弹绣莲）的 5 张黑白照片。

王先生在来信中继续提到"彩色照片正在冲印"，意思是彩色照片也很快就能印好，之后会再次寄给阪本老师，所以现在请稍加等待。其中还附有《人民日报》今年 4 月 13 日与 5 月 19 日的复印件，表达了中日友谊莲成为两国之间友好象征的意义。

在全是汉语与新中国文字的结语中写道："今后望先生多来信指导，互相交流情况，为中日友谊而经常努力。此致敬礼。"

看着眼前的中国来信，阪本老师情不自禁地联想到从未去过的武汉植物研究所、王先生与友谊莲。

5 张黑白照片

在移植莲时，莲在杂交后性状会发生变化，有时候会回到原来的品种，一般认为很难成功培育。但是并不能看出中国绽放的莲花与原始的莲花性状有何区别。开出的花朵比大贺莲的 28～30 厘米要小一圈，直径约为 24～25 厘米。

看到远在中国的王秋圃如此欣喜不已，阪本也深感高兴。

1979 年 7 月，位于东京都府中市"府中休憩之森"南侧的修景池池畔处建立了大贺一郎的胸像。该雕像是雕刻家三坂耿一郎的作品，大贺的脸朝向右边。那正是大贺的家乡冈山与他的爱徒和歌山县御坊市阪本佑二所在的方向。

碑文上记载着："两千年莲如今依然在日本各地绽放。为了称颂先生的工作，同时为了纪念先生与府中市人们的亲密来往，特建此雕像。"

胸像是由府中市的志愿者们建立的，从中可以看出府中市的人们有多么崇敬大贺，对大贺在本地度过晚年感到多么自豪。

修景池当中除了大贺莲以外，还栽种了舞妃莲等各种各样的莲，现在池内共有 27 种莲绽放。

"莲博士"阪本佑二去世

1979 年 11 月 11 日，阪本出席东京的日本花粉学会，终于在会上发表了他花费大量时间研究的花粉四分体。

虽然阪本对弘子说："希望你跟我一起来"，但是当时尚生刚从大学毕业回到家中，家里空间太小，正在扩建房屋，所以没法家中不留人。弘子心想，最好是让尚生去见识一下学问的最高峰，于是她决定自己留在和歌山，让长子尚生和父亲一块上京。尚生原本想成为一名教师，但是他在大学毕业后没有成为正式的教师，而只能作为兼职讲师工作。他的求职之路不像父亲那样顺利。尚生对今后的道路左思右想也得不出结果，一直都是犹豫不决。阪本对儿子的这种态度非常担心。

一名乡下的教师在位于学问巅峰的专家们面前进行发表，想必他承受着很大的压力。但是，阪本去往东京时，完全看不出有半点儿压力和紧张。在随行的尚生看来，阪本表现得非常平静。恐怕是因为他对自己已经做出最大努力充满了自信吧。

在大会当天，阪本安静地坐在会场一角的椅子上，等待着自己的发表。

尚生至今还记得，温柔的秋日阳光洒在父亲平静的身影上。这正是"尽人事，听天命"的态度。

阪本终于在 1979 年日本花粉学会上发表了《莲的花粉　有关四分体》。

阪本彻底调查了多达 30940 粒的四分体花粉。结果表明，杂交品种完全没有四分体，普通园艺品种为 5%，古代莲中大贺莲的四分体最多，在 3151 粒花粉中有 480 粒，达到 15.2%。

莲属于睡莲目的睡莲科莲属，形态上花瓣呈螺旋状排列，瓣数不确定，子房上位等，因此系统上处于双子叶植物中的低位置。在花粉学上的显著特点之一是有三条萌发沟，为双子叶型花粉，而同科的植物为单沟的单子叶型花粉，因此可以推测出该科位于单子叶、双子叶的分支点。

目前世上存在两种莲，分别是亚洲产的 Nelumbo mucifera 和美国产的 N. pentapetala。其系统可以追溯至从白垩纪开始形成的化石，但其发展历程并不明确。前者亚洲产的莲多用于观赏（2000 种以上）、食用（10 个品种）。两者都经过了大量改良，尤其是食用莲在短时间内进行了多产化的品种改良，剩下的部分或是作为本地莲处于半野生状态，或是就此灭绝，或是发展为观赏莲。从御领冢（熊本县）莲的残骸与山城（京都府）的洪积层化石等可以推测出这些古代的野生莲有可能改变了形态，一直被继承至今。幸运的是，在千叶县检见川泥炭层下方发现的两千年莲——大贺莲与在中国普兰店泥炭层下方发现的千年莲——中国古代莲，由于莲子完全存活，所以可以从中获知古代莲形态的一定线索。从形态上来看，古代莲与现代莲没有很大的区别，染色体上也没有变化，不过具有花瓣稍微呈现出细长的形态且灰像形状较小等特点。从花粉学上看，其花粉膜、大小、沟型等几乎与现有园艺品种没有区别，但是四分体的花粉比现有品种要多得多，这一点尤其值得强调。

一般来说，花粉的四分体在减数分裂后，从花粉细胞（P、M、C）分离为单粒是普通的成长过程。可以说，花粉的多集化即四分体为原始性状，而单粒化是进化的性状，莲也是一样；在没有进行人工处理的古代野生莲中会出现原始性状的四分体，而在全新改良的品种当中，进化性状的单粒要多。比如说，大贺莲与中国古代莲的四分体很多，但是将其杂交后的品种中几乎看不到四分体。这一现象表明，从四分体（不完全）的数量可以推测出从原始性状进化的程度。

　　表 1、表 2 的 A 群为野生古莲群，而 B 群为过渡型与园艺品种，C 群为几乎所有的现代莲所属的园艺品种。可以推测，在现在已经灭绝的化石品种当中应该可以看到最多的四分体及完全四分体。

　　日本花粉学会的上野实朗会长在大会席上对阪本的学说做出了很高的评价，并承认大贺莲具有原始的古代莲性状。

　　尚生注意到学会上的发表结束后，比起证实自己学说的欣喜，阪本更多的是一种如释重负的感觉。

　　阪本自言自语道：

　　"顺利完成了……"

　　阪本马上给弘子打电话。

　　"刚刚结束了。"

　　弘子安慰他说：

　　"真是的，辛苦你啦。"

　　一起来参加大会的尚生看到阪本满脸疲累的样子，打电话给弘子让她去御坊站接他们。

　　弘子来到车站，等待下午到达的列车。

　　弘子在站台上等了一阵子，阪本所乘的列车到站了。当弘子来到列车门口迎接丈夫时，阪本突然在她面前晕倒了。

　　之后阪本一直卧床不起。他深深地叹息：

　　"我真是已经筋疲力尽了……"

　　阪本为堆积如山的研究与在学会上的发表而竭尽了全力。不过，当天晚上阪本还是躺在床上在心里细细地回味了顺利发表的愉悦感。完成了一大重要工作，终于能够放松休息了。家人都注意到阪本非常疲惫。但他还是没有请假，不过以前多是骑自行车去学校，这时得乘坐出租车上班，到了 12 月，休假的时间也更多了。

　　但是，阪本的研究成果只通过幻灯片进行发表，而且是非常简单的报告。学会还没有普遍承认阪本的发表。不过，日本花粉学会的上野会长给予了他极高的评价。

　　实际上，上野也与阪本一样，一直在考虑是否能够通过花粉学的研究来证明大贺莲是古代莲。而且上野的恩师京都大学名誉教授郡场宽与大贺一郎在东京大学是同级的好友。

在1957年举办的日本植物学会大会上，上野听到大贺与郡场之间简朴而愉悦的交谈。

"郡场，最近好吗？"

"嗯，挺好的。我现在在写一本有关长生秘诀的书，也送给你一本看看。"

"一起加油吧！"

郡场将身边的上野介绍给大贺说：

"这是大阪市立大学的副教授上野，他在学习花粉。"

大贺说：

"请你也调查一下大贺莲的花粉。或许有一些不同之处。"

大贺似乎也认为花粉有可能蕴藏着关于古代莲秘密的答案。站在一旁的大阪市立大学教授、水杉的发现者三木茂说：

"上野君，你要不要做包括莲的亚目在内的睡莲科花粉研究？这对探索植物的系统树与进化来说是非常有意思的课题。"

1961年，上野报告了睡莲与莲的现存花粉形态。其中称，该科植物原始的花粉呈二核性，且分离为单粒，依然保持着四分体的形态。上野心想：

"如果想要以此为线索建立假说，并进行科学的运用，与莲的进化建立联系的话，应该如何做才好呢？有没有什么论据呢？"

学说总是拥有假说的性质。假说具有理论的力量，也构成了研究的基础与开端。关于植物的系统进化研究已经出现了许多名著，但与花粉系统进化相关的专业书籍与专家却非常少。上野在心中思考，从睡莲科开始研究被子植物的花粉系统需要参考谁的学说。

对达尔文进化论的发展做出贡献的德国动物形态学家海克尔在《反复的法则》（又名：《生物产生原则》）（1866）中指出，"生物的发育即形态的时间性变化有两大侧面。A. 从祖先物种发生的形态变化，即系统发育；B. 从受精卵到成年个体的形态变化，即个体发育。"达尔文对系统发育进行了解释，而海克尔阐明了个体发育。海克尔是当时最新的生物学领域发育形态学方面的专家。据说在阅读了达尔文的《物种起源》后，海克尔欣喜若狂，呼喊着："这是解开自然之谜的咒语！"他热情地支持对生命现象进行一元化解释的达尔文。因此，他的学说有许多问题，并获得一些批判。但是，从海克尔的法则进行推论建立假说的话，可以得出四分体花粉正是原始的花粉形态。海克尔是动物发育学者，所以没有论述到花粉的问题。

因此，上野将"反复的法则：个体发育常反映了系统发育的短期反复（重复）"应用于花粉的个体发育，并探讨系统发育，努力从花粉学来建立植物系统树。也就是说，从花粉母细胞到四分体再到单分子的单粒花粉的个体发育过程，反映了花粉进化的一种系统发育过程。这或许意味着原始植物的花粉在保持四分体形态时停止个体发育，就此成为四分体花粉。其例子之一是被誉为原始被子植物的睡莲科包括王莲在内，在其花粉中发现了若干四分体花粉及其变化体，当时已经发现了好些类似的事例。不过，虽然上野将与大贺的约定放在了心上，但是他并没有调查大贺莲花粉的机会。

之后过了十八年，通过阪本佑二的发表，上野的疑问也解开了一部分。

"我的猜测是正确的。"

阪本在报告中指出，已经证实古代野生莲大贺莲、越南莲及中国古代莲与新的野生品种及园艺品种等相比较，其四分体的出现频率达到后者的15倍以上。

"这正是我希望获得的数据。"

阪本首次通过花粉学的研究阐明了大贺莲的古代性。上野也在裸子植物与睡莲科当中确认、证明了，比起营养器官来，生殖器官尤其是花粉具有自古以来难以改变的性质。大贺莲的秘密正隐藏于花粉当中。其根据是海克尔的法则（1866）与上野的报告（1961）。

其后，上野写信给阪本，指出两三处值得深入探讨的地方。

阪本对弘子说：

"我要从学校辞职。就算没有工资，我也要去东京大学的研究所工作。"

东京大学绿地研究所曾经种植过"大贺莲"，阪本还将自己家门前池塘中收集的花莲全部分根栽种。

坚持自费研究并非易事。就算没有工资，进入东京大学研究室也会更好一些。之前阪本一直将工资与奖金都用于研究。孩子们也从没有对此表示过不满。虽然生活一直非常贫苦，但是尚生觉得附近的孩子们也都很穷，所以从没觉得有任何不满。在这种环境中长大的话，也不知道除此以外的生活是什么样。

尚生心想：

"至今为止我都没有管过父亲的研究。但是自己也从农学部毕业了，如果可以帮助父亲的话……"

　　尚生自幼就受到父亲为莲痴狂的影响，完全无法脱离这点。他不仅挖掘过莲根，而且当他离开故乡去鸟取大学读书时，也收到过"去割草"的通知，被叫回位于和歌山的家中。也许是这样的事情太多了，所以尚生一直没有想要主动帮助父亲。但是到了这一步，他逐渐萌生了想要帮助父亲的想法。

　　没过多久，阪本得了感冒。因此他请了假，一直待在家中。之后，他的身体逐渐变得虚弱。

　　1979 年 12 月 28 日夜晚，身体如枯木般消瘦的阪本坐在翻修后的接待室中心爱的沙发上，失去了意识。第二天早上离开了人世。死因为心力衰竭。

　　这天正巧是阪本 54 岁生日。只能说他为了研究燃尽了自己的生命。

　　接受了上野会长的邀请，重新开始实验没过多久，阪本便离开了人世。他去世得实在是太早。尚生也好不容易想要帮助父亲，结果只能留下巨大的懊悔。在儿子看来，阪本将人生奋不顾身地投入研究，完全不顾个人的私事。

　　尚生深深感到：

　　"从事莲的研究还是让父亲太过呕心沥血了啊……"

　　在弘子看来，体弱多病的丈夫一直被死亡的阴影所笼罩。但丈夫这一生并没有光顾着疗养，而是埋头于研究。由于研究是个人行为，所以与学会有着大不相同之处。他不是为了名誉，而是一种执念。这点让弘子感觉更加欣慰。自己一直都对丈夫潜心于研究的身影十分尊敬。

　　如果没有弘子的理解与帮助的话，阪本的人生也无法达到这一境界。

　　"孩子们都很健康，丈夫想要做自己喜欢的研究的话，这样也很好。一无所有也没有关系。"

　　结果，花费重金买回来的显微镜只使用了半年时间。但弘子依然认为：

　　"虽然用得不多，但买下它还是很好。"

阪本佑二

阪本去世当天，和歌山县议会议员二阶俊博刚好停留于当地。听到阪本的讣报，二阶马上赶到阪本家。

此时，他看到"鸟博士"黑田隆司站在阪本的枕前。弘子与孩子们为了准备葬礼而到处奔走。

在这期间，二阶与黑田在阪本遗体的两侧说了一会儿话。

"阪本老师以前还说过：'现在我是在研究莲。虽然现在是研究莲，但等莲结束后，接下来我来帮助你研究鸟。'"

12月29日，阪本被授予勋五等正六位从五位瑞宝章。

一心埋头于研究莲的阪本去世后，弘子一直处于茫然自失的状态，提不起精神做任何事情。在这迷惘的时期，她看到眼前剩下的50种莲。她做不到对依然存活的莲置之不理。同时也是为了缓解自己的悲伤，她开始继续照料莲，依照阪本曾经详细教给她的方法，废寝忘食地培育莲。

但是两三年过后，弘子有些不堪重负，觉得太过操心费神了。她的生活中不分昼夜全是莲，莲，莲……别人也因为莲的事情而诘问她。

"莲怎么样了？"

"莲的状态如何？"

"至今为止，身上肩负的担子实在太过沉重了。我想把孩子他爸的重担先放下来。"

弘子向孩子们表达了这一决心。

然而在阪本去世前不久，莲患上了腐败病，处于即将枯死的状态。因此必须将健康的莲根挖掘出来，取出土壤后，让池塘晒一周的太阳，再换上新的土壤。弘子为这件事烦恼不已。听说这一情况后，一直对阪本的研究表示理解的毕业生们赶过来帮忙，他们将六卡车的新土壤卸入池塘中，加入水，并且种植之前挖出的健康莲根。枯死的莲从过去采集的同类种子中发芽、生长，而且集齐了大量种类的莲。

自此以后，弘子进一步下定决心："必须守护莲、培育莲花"。

一直以来伴随左右的莲在弘子眼中变得更加娇艳美丽。莲像是迫不及待地等待天气变暖一样，吐出新芽的模样无比可爱。

5月，拔除像是对莲不甘示弱一般丛生的杂草。分辨清楚莲根生长的方向，挖出发硬的泥土，注意不要折断莲根。三天消一次毒。然后到10月为止，每天都要浇水。弘子穿着牛仔裤、头戴帽子、脚穿长靴，一个人默默地在池塘中工作，看到这番情景，朋友开玩笑地逗她说：

"你呀你，不是已经说了不做了吗？又在那忙！"

自从阪本去世后，弘子一直坚持写关于莲的日记。她详细记录了莲的萌芽日、开花日、花的状态以及天气。弘子平日努力的成果在每年夏天造访。约30个品种、700株莲在家里的庭院中形成一片"莲的海洋"，其中包括粉红与白色的大朵莲花。弘子向参观者们详细地介绍莲。

有一天，阪本过去教的一名学生的朋友给弘子打电话说：

"阪本老师以前是哲学家吗？"

弘子问是怎么回事，结果得知阪本生前曾经在黑板上写过这样一段话：

"大家在进入高中时都说'恭喜恭喜'，但实际却不同。人出生于世，人苦恼于世，人离开人世。只有这样的一段过程。"

他从当时在教室里的学生那儿听说这件事后，特意打电话给弘子。

弘子回答说：

"他不是什么哲学家，但是经常读书。也许是他一直被病痛折磨，所以才有这种感受的吧！"

弘子心想，在这么多的毕业生当中，有一个人能记得阪本说过的话，这对阪本来说也是作为教师的荣耀吧。

阪本的人生也是与病痛不断斗争的人生。他或许通过病痛学习到了许多事情。但这是在他人生的前半段。在30岁以后的后半生，阪本在家人的理解下，专心致志地从事继承自大贺的莲研究，他的生活也因此变得丰富充实。大贺对阪本来说，不光是学问上的恩师，也是人生的大恩人。正因为如此，阪本认为，对从师于大贺的弟子来说，守护大贺不惜付出学者生命为之奋斗的大贺莲的名誉是自己不惜一切必须完成的工作。同时，这也与自己后半生从事的莲研究的正当性密切相关。

阪本去世之后，尚生再次深深感觉到父亲背负着太过沉重的包袱。他不得不认为，尽管莲赐予了父亲第二次充满意义的人生，但是父亲自己也因此缩短了寿命，这可谓是一种悖论。

"但是，父亲还是幸福的。父亲生性热情，忍不住想要专注地投入一项事业，正因为遇到了莲，将自己的全部热情倾注于莲当中，他的生命才得以圆满……"

第五章 再次重逢的喜悦

阪本弘子在胸前捧着丈夫的遗像前往中国

　　1980 年 7 月 3 日，和歌山县美滨町举办第 14 届观莲会。为了纪念过去每年在观莲会上讲话的阪本，和歌山县大贺莲保存会的志愿者们修建了刻有"荷风千里"的阪本佑二表彰碑，并举行了揭幕仪式。

　　同年 11 月 1 日，阪本被授予了和歌山县文化功劳奖。

　　弘子为希望获得分根的人们不断挖掘莲根送去。

　　之后，弘子将分根送给了中国杭州市曲院风荷公园，和歌山县植物公园绿化中心、用于增植的世博会日本庭园、千叶市乡土博物馆、草津市立水生所肉物公园水野森林、福井县南条町、鸟取县淀江町伯耆古代丘陵公园、佐贺县彗星植物园、埼玉县龙泉寺、静冈县西敬寺及其他各处。各地有许多人委托弘子分根，进行各种各样的研究，还听说了舞妃莲冬天在温室中绽放的消息。

　　弘子也与丈夫阪本一样，人生被美丽的莲花所环绕。

阪本佑二表彰碑（大贺池）

　　和歌山县议会议员二阶俊博与莲花的缘分，始于高中时代的恩师阪本佑二委托他改建美滨町三尾的大贺池。当时担任县议会文教委员长的二阶来到大贺池视察时发现，或许是因为冷水流入池中，大贺莲几乎都濒临枯死了，他对此十分震惊。

　　二阶马上安排了阻止冰冷的山谷水流入池中并将温水灌入的工程。

　　此外，他不仅确保了培育大贺莲的预算，而且在与假谷志良知事交涉后获得了大约 500 万日元的资金。他决定以这笔资金为基础，在岩出町的和歌山县植物公园绿化中心修建池塘。

　　遗憾的是，工程与绿化中心的池塘建造完毕，已经是在阪本离开人世之后了。弘子替阪本将莲花分根至绿化中心。

　　二阶还与阪本约定了一件事，那就是一起去中国，发布阪本的研究成果。

　　在阪本去世后，二阶只能自己去中国转告阪本的研究成果。

　　此外，在阪本生前让大贺莲在中国绽放的心愿也没能实现。二阶决定将大贺莲带到中国。

　　1982 年 5 月，以担任和歌山县议会关西国际机场特别委员长的二阶俊博为中心，由出生于和歌山的作家神坂次郎担任团长，组成了"和歌山县传统文化访华使节团"，该使节团访问了中国浙江省杭州市。其主题为"味、音、花返回故里"，即将从中国传来的、在和歌山取得发展的事物此次由和歌山回赠给中国。

　　"味"是指径山寺味噌与酱油。为了祭奠大约七百五十年前的安贞元年（1227 年）建立的源实朝的菩提，家臣葛山景伦（由良庄的地头）在和歌山县日高郡由良町修建了西方寺（后来的兴国寺）。兴国寺开山的法灯国师在 1249 年作为留学僧前往宋朝（中国），他在径山寺修行的同时学习了径山寺味噌的制作方法。回国后，他在兴国寺传授味噌的制作方法，据说这便是径山寺味噌的由来。径山寺味噌还可以用来酿造酱油，在汤浅町与御坊市等地，径山寺味噌与酱油如今依然是繁荣的本地产业。

　　"音"是指尺八。中国在唐代初期就发明了尺八。法灯国师在作为留学僧时代自己领会了尺八，并与尺八名人四居士一同回国。国师将尺八与禅结合在一起，后来其宗徒被称为虚无僧，一边演奏尺八一边周游诸国修行，创建名为普化宗的禅宗一派，并将其普及至全国。兴国寺是虚无僧的总寺院，也被誉为尺八的发祥地。

　　"花"是指大贺莲。从两千年前的种子中再次苏醒的大贺莲，据说是太古之昔由中国传入日本的产物，历经数千年之后返回故里。

　　"味、音、花返回故里"的计划获得了许多人的协助，共有 150 人参加。在二阶的邀请下，阪本弘子也参加了该活动。长子尚生由于刚刚定下工作，所以没法参加。

　　弘子在胸前捧着丈夫的遗像前往中国。她准备的大贺莲莲根成功地栽种于西湖中，中国人也十分欣喜。

　　弘子在一周的行程中一直在胸前捧着丈夫的遗像。她与丈夫一起踏上了中国的土地。

　　杭州植物园（现曲苑风荷公园）位于西湖北岸。据说，到达杭州市后就决定了接受"莲"一事。前一天晚上，干部们与中国的领导们进行了商谈。

带着阪本的遗像一起来到中国杭州市的阪本弘子
（左为二阶，最右为神坂团长　1982 年 5 月）

　　据说，1956 年修建的宽阔公园内曾经栽植了种类繁多的植物。但是当时"文化大革命"的余烬未息，仅仅残留着杭州植物园的大门，旁边是办公室之类的建筑。访问团与浙江省人民对外友好协会副会长徐德仁先生见面，将携带的阪本佑二著作《莲与人类的文化史》交给徐先生。双方打过招呼后，徐先生带领众人进入山间的森林。在参加者们的见证下，众人将莲花栽种于花盆中，并挂上"大贺莲"、"中日友谊莲"和"舞妃莲"标签。

在参观植物园时，或许是当地的中国人看到一群日本人觉得非常罕见，许多当地人围绕在二阶他们身边打量。

二阶打扮成虚无僧的模样，并且手持回乡纪念品尺八。他抱着开玩笑的心态，将尺八当作日本刀做出挥砍的姿势。看到这一幕，围观的人们四下逃散，但过了一会儿又聚集在一起。一行人想要拍纪念照片也煞费苦心。

随着围观的人越聚越多，场面有些混乱，植物园的员工说：

"人再多下去的话就没法确保安全了。"

于是一行人早早离开了植物园。

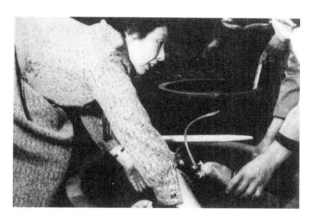

在杭州植物园栽种莲的阪本弘子

弘子一直十分牵挂赠送给植物园的三种莲的生长情况。

"一定是已经枯萎了吧……"

她心想，二阶也肯定很忙，没法向他提这件事。

十五年后的 1995 年 7 月，福井县南条郡南条町（现南越前町）的莲生产公会会长岩崎义雄向弘子发出邀请："一起去中国杭州市吗？"

一直以来念念不忘的心愿能够如愿以偿，弘子十分高兴，她马上回答："请带我一起去吧。"同行的还有町长坂川等 16 人。

福井县南条町的动物园里饲养着杭州市赠送的灵猫。同时，南条町也在曲苑风荷公园中修建了拥有豪华茶室的日本庭园。两个城市一直作为姐妹城市进行交流。

福井县南条町为了振兴城市，准备建造莲公园。莲生产公会会长岩崎义雄看到世博会上日本庭园中的莲花，向场内事务所询问莲的由来，之后特意拜访了位于御坊的阪本家。

他与弘子商量说：

"我们想要在莲公园中栽种莲，希望你可以分给我们一些花莲。"

由于是弘子独自挖掘，所以一年内没有挖完。她分三次，在1991年4月、1992年4月、1995年4月共挖掘了21个种类的莲进行分根。

弘子将21种莲送至岩崎义雄会长家中的实验池，并且接受邀请，参加每年莲花开时的"莲祭"。

来到杭州后，一行人去市内观光的当天，弘子请求岩崎会长让自己单独活动，她想早上5点去曲苑风荷公园。

会长二话不说答应了，同时还向她介绍了工程师钱萍。摄像师嶋千代子与岩崎会长也陪同她一起参观公园。

第二天早上，众人来到研究基地拜访园长。

他们与杭州市绿化委员会副主任冯样珍打了招呼，并且向他出示了十五年前杭州植物园徐德仁送给他们的名片，以及当时将莲根交给徐的照片。弘子希望能够见到徐问一下莲的情况，但是对方仅仅回答说"我倒是知道，不过……"，并没有想为她安排引见的意思。

弘子决定不再询问。

在等待室中，中国方面的接待人员给弘子等人沏了莲芽茶。这种茶十分罕见，稍微放置一会儿就变成浅黄色，虽然稍带苦味，但是热腾腾的茶水非常清爽美味。

"这种茶有明目的作用，而且可以消暑。"

冯样珍介绍道。氛围稍稍缓和一些后，弘子问道：

"为什么你们会把许多莲栽种在盆里呢？"

冯样珍回答说：

"莲是吉利的花卉。这是为了装饰各种活动会场而特意运过来的。"

之后在工程师钱萍的陪伴下，一行人来到了莲研究基地。

莲研究基地的光景与十五年前大不相同，里面栽种了几千盆莲，弘子刚看到时不禁大吃一惊。

弘子一边走动一边一朵朵地确认盆中栽种的莲。大概走到中间时，她不由得喊出声来：

"在这儿！"

"大贺莲"、"中日友谊莲"和"舞妃莲"的名牌赫然出现在一排排莲花当中。虽然看上去不是特别有精神，但还是平安地养活了。

摄像师嶋拍摄了照片。在远处等待的岩崎会长也高兴地说："真好啊！"

弘子回国后写了一封信，信中描述了十五年前自己与"和歌山县传统文化访华使节团"二阶俊博代议员一行人在杭州植物园中遇到徐德仁，并栽种了三种莲的来龙去脉，她希望今后中国也能将这些莲作为"心之花"用心照料。弘子请求天主教会王神父将信翻译成中文，并且寄给了冯样珍。

然而，当时"文化大革命"的余烬未熄，这一莲池被无情地破坏了。

虽然到1983年的时候莲几乎已经没有了，但到这次访问时，人们已经开垦山野修建了莲的研究基地。西湖湖畔的古代建筑经修缮后成了豪华的"莲博物馆"。弘子看到"莲博物馆"中展览的年表里也记载了"中日友谊莲"，心中感慨无限。

曲苑风荷公园庭园

1983年7月18日，和歌山县串本町串本渔港举办了"第三届全国海洋资源保护大会"。该大会的目的是：广泛向国民宣传维持、培养水产资源与保护海洋自然环境的必要性。从1981年开始，每年由主办的都道府县与大会推进委员会事务局共同举办该活动。为了参加这一大会，皇太子夫妇访问了阪本弘子居住的御坊市。

皇太子夫妇从御坊站参观完道成寺后，上午 11：40 过后抵达了御坊市政府。市政府广场上挤满了从附近村庄前来恭迎皇太子夫妇的人。位于市政府东侧的阪本家的莲池也像是祝贺皇太子夫妇莅临一般，其中的大贺莲与舞妃莲竞相开放。

阪本突然离开人世之后，这已经是第四个夏天了，弘子孤寂地心想：

"丈夫要是还在的话，该有多高兴啊。他肯定会迎接皇太子夫妇，告诉他们许多关于舞妃莲的事。逝者终究是逐渐被人们遗忘了啊……"

弘子在心中思念着亡夫，独自一人在午餐后收拾桌子碗筷。

这时，电话铃声突然响起。是御坊市议会议长中村茂任打来的电话。

"皇太子夫妇在用午餐时，问到阪本佑二先生应该是在御坊市中研究莲吧。当听说阪本先生已经去世之后，两人非常惊讶。美智子妃殿下询问：'他夫人一切还好吗？'我回答：'一切都好。'……你能在两分钟后到市政府来一趟吗？"

事出突然，弘子惊讶地不知道如何回答。但她还是马上说道：

"只有两分钟时间，就算再怎么近，我也没法换衣服，不能对皇太子夫妇失礼了。请您告知我一切都好，一直在用心地培育大贺莲和舞妃莲。"

听到弘子的心声，中村说：

"那请在十分钟后来吧。"

弘子心中激动不已，脑海里却是一片空白。无论如何，弘子先在阪本的灵牌前坐下。她点燃蜡烛，烧上香，然后双手合十。

"我们一起去啊！"

在进行祈祷时，弘子终于恢复了冷静。

弘子将亡夫的照片抱在胸前，并带上了两本关于莲的书，分别是阪本所写的《莲》（法政大学出版局出版）与《生活中的花——"莲"》（中日园艺文化协会出版）。

换好衣服、整理好头发之后，弘子的同学片山满哉担心弘子因为事出突然而太过着急，前来迎接她。

片山曾是弘子的同学，现在是县职员，这次负责皇太子夫妇的午餐。

弘子与片山连忙赶往市政府。

两人从人山人海的恭迎人群中挤进了福利中心，不过警备非常森严，一开始不让两人进入。稍等了一会儿，门终于打开了，两人上了三楼。

县知事与市职员的相关人员聚集在走廊上，众人正襟待命。市议会议长批准弘子进入，于是她也加入了其中。

此时门打开了，皇太子夫妇在随从与女官的左右簇拥下走了出来。

皇太子夫妇向前走动时，市议会议长向其介绍了弘子：

"这是阪本夫人。"

这引起了周围人的小小骚动。皇太子夫妇在弘子面前轻轻地停下脚步。

皇太子安慰弘子道：

"真是辛苦你了啊。一切还好吗？"

美智子妃殿下也用稳重而温柔的声音说：

"浅浅的奶油底色配上粉红色的轮廓，莲花真是大而美丽啊！"

弘子十分感激。美智子妃殿下对十几年前阪本献上的舞妃莲的花色细节都记得如此清楚，弘子禁不住眼角一热，轻轻地抚摸着丈夫的照片，用颤抖的声音回答：

"是的，莲花开得大而美丽。丈夫虽然已经去世了，但是舞妃莲每年都开得很好。"

皇太子殿下说：

"今后也请一切保重，好好地培育莲花吧。"

弘子将手中的两本莲花的书送给了美智子妃殿下。

"这是丈夫留下的书。"

美智子妃殿下小心翼翼地将书收在怀中，说：

"谢谢。我会好好阅读的。"

热泪顺着弘子的脸颊往下流，她的双脚像是站不住了一般。

弘子向皇太子夫妇深深地低下了头。尽管只有三分钟时间，但对弘子来说，感觉像是过了三十分钟甚至一个小时，这件事令她感慨良深。

《生活中的花——"莲"》册子

1985 年 3 月，千叶县大膳野町的千叶县农业试验场的新址修建了混凝土水槽，其中移植了大贺莲。这是在挖掘大贺莲的莲子之际，将刚发芽的幼苗托付培育的地方。水槽中生长的大贺莲令人赏心悦目。而且在分株大贺莲时，还发行了"这是受到大贺博士的委托由发芽后不久的幼苗培育的大贺莲的后代"的证明书。

1985 年 7 月，为了纪念每年隆重举办的千叶莲会，千叶市教育委员会后援发行了《千叶莲会 30 年的历程》这一刊物。

1985 年，30 岁的阪本尚生被和歌山县御坊中学聘用为正式教师，负责的科目为理科。

当时，1979 年组建的"和歌山县大贺莲保存会"正准备重新启动，保存会希望弘子担任副会长。大贺池位于和歌山县日高郡美滨町三尾，从1962 年开始在池内栽种大贺莲，池畔还竖起大贺的"莲为和平之象征也"及阪本的"荷风千里"石碑。

身为主妇的弘子不想自己出面，觉得应该让儿子尚生去。

"你也工作了，要不你去吧？"

但是尚生不像父亲那样熟悉莲。当时他还没有想要投身于莲的研究。于是他拒绝道：

"我不去。"

和歌山县大贺莲保存会会长田端好弥是美滨町议会议员。

田端好像有意培养尚生，他在观莲会召开之际对尚生说：

"在举行观莲会时，你来谈谈莲的一些事情吧。"

过去在每年的观莲会上，阪本都会发表许多与莲相关的演讲。他现在想让阪本的儿子尚生来担任这一职责。尚生同意了。

尚生一边自己查找了许多与莲相关的资料，一边有些讷讷地发表演讲。在这一过程中，他开始对大贺的成就与大贺莲产生兴趣。之后，他逐渐一边搜集与莲相关的资料，一边着手进行研究。

1985 年，中国武汉植物园的王秋圃出版了名为《莲》的书籍。书中写道："阪本佑二赠送了中日友谊莲。"武汉植物园的介绍册中也登载着阪本的名字。

1981 年 3 月，中国科学院武汉植物园的王秋圃来信说，希望能够获得"大贺莲""中日友谊莲"以外的莲子。于是弘子将蜀红莲、瑞光莲、天竺斑莲、芦山城莲、金轮莲、茶碗莲（爪红）、西湖莲、配妃莲、诚莲、锦蕊莲等十种莲托付给中日教育交流座谈会事务局局长长谷川嘉一郎。

几年后，王邀请弘子说：

"一起来中国研究莲吧？"

虽然是难得的邀请，但弘子还是慎重地拒绝了：

"我是一名主妇，没法进行研究。"

王在 2002 年访问了日本，但遗憾的是弘子身体不好，没法与他见面。

美智子皇后在皇宫的池塘中栽植"舞妃莲"

1987 年 4 月 17 日，千叶市文化遗产保护审议会的吉田公平将弘子分根的中日友谊莲与舞妃莲的莲根栽种于千叶市的港口公园中，祈祷世界友好进一步加深。

吉田是将千叶的妙莲取名为"下总妙莲"的人士之一，他在自己家中也栽种了下总妙莲。吉田首次知道阪本的名字，是在 1968 年 8 月 7 日报纸上刊登的与舞妃莲相关的报道当中。此后，他仔细地阅读了剪报与堪称阪本遗著的《莲》一书。

一天，吉田受到高野忠兴的邀请。

"我给你写封信，你去拜访一下阪本先生吧！"

在高野的介绍下，吉田终于能够与阪本见面，此后他与阪本一家开始进行交流。1980 年，吉田想出了"莲是和平与友好的使者"这一题词。

1987 年，千叶市立乡土博物馆举办了"大贺莲展"。大贺的爱徒长岛时子在惠泉短期大学就大贺的事迹进行了演讲，大妻女子大学教授高野忠兴也就发掘大贺莲时的情景进行了演讲。

1995 年 5 月 31 日，宫内厅的侍从给弘子打电话，说天皇皇后两陛下希望在庭院内栽种舞妃莲。听到这意料之外的赞誉之辞，弘子回想起与舞妃莲不可思议的邂逅，一时感慨万千。

她连忙来到丈夫的灵前诉说了这件事，感谢三十多年来与莲同行的生涯带来了这一天的幸福之情，并且在心中祈祷：

"希望在来年春天，樱花绽放的 4 月初旬，舞妃莲能够如天皇、皇后两陛下所愿栽种于皇居的庭院中，此后一直绽放出优美的花朵，并且隐约散发出阵阵清香……"

1996 年，目黑胜介侍从联系阪本家说，美智子皇后"想要在庭院中栽种舞妃莲"。

"希望可以从阪本您这里获得舞妃莲。"

据说，当时侍从提出了这样的请求。

许多地方都有舞妃莲盛放，想要获得舞妃莲并不难。但是，美智子皇后在看过早些年阪本进献的舞妃莲之后，一直记得这件事。她读了弘子所写的关于舞妃莲的《莲的故事》后，提出希望从阪本那里直接获得舞妃莲。

弘子喜出望外，第二年春天，她独自一人将舞妃莲的莲根挖出，小心地装进箱内，通过宫内厅目黑胜介送给美智子皇后。

之后，弘子一直非常挂念栽种在皇室中的舞妃莲的情况。

天皇陛下考虑到"阪本弘子定是一直在担心莲的事情吧"，于是通过侍从目黑胜介送来舞妃莲的照片。

舞妃莲（阪本尚生拍摄）

装入备前烧壶中的舞妃莲被置放于天皇陛下宫殿表御座所的庭院中，绽开了一朵小小的莲花。

弘子看到这张照片，终于放下心来。

后来，美智子皇后又联系弘子说，希望她为皇室送来大贺莲。

据说，美智子皇后在报纸上读了"大贺莲出现了大量仿品"的报道后有一些担心。

"皇居里的品种不会太过混杂，可以好好地培育。"

昭和天皇是一名植物学家。弘子心想：

"美智子皇后或许是受到昭和天皇的影响才喜欢植物的吧。"

2001 年 4 月 3 日，弘子送去了两根大贺博士曾经栽种于大贺池的根茎与大贺莲的莲根。

之后，虽然没有大贺莲绽放的消息，但是目黑胜介侍从再一次带来了舞妃莲绽放的消息。

弘子蓦然心生憧憬之情。

"如果舞妃莲能够被推崇为御坊之花的话，该有多好呀！"

1997 年 11 月 26 日下午 6 点，弘子再次在新和歌浦观光酒店十层获得谒见天皇、皇后两陛下的机会。

1997 年 10 月 9 日中午 12 点半，宫内厅侍从目黑胜介电话通知弘子：

"11 月 26 日下午 6 点左右，两陛下出席'大阪浪速国民体育大会'后将抵达'新和歌浦观光酒店'，届时希望私下与您见面。"弘子将能够谒见两陛下的喜悦告知县厅后，县厅给了她日程表。

之后，县厅对莲提出许多问题，弘子寄去大量材料，获得了他们的理解。

不久后，弘子收到了可以通过侍卫的名牌。

弘子再次重温了 1983 年在御坊市中拜见两陛下时的感动，她在阪本灵前进行了汇报。

1997 年 11 月 26 日，弘子手持阪本的一张小照片，于约定的下午 3 点左右进入新和歌浦酒店，在六层等待时间到来。

约定的时间到来时，弘子被邀请至第十层。进入房间后，两陛下接见了她。双方分别坐在桌子两侧，仿佛像是亲密的朋友一般，谈论了二十分钟莲的话题。

弘子将《花莲》交给两陛下。

阪本与弘子曾经应美智子妃殿下之邀进献了舞妃莲。这株舞妃莲当时置放于天皇陛下的宫殿御座所的庭院中。

弘子下定决心对两殿下说：

"将莲种在壶里也是可以的，但是如果能够将舞妃莲种植在更大的地方，花可以开得更大。"

美智子皇后认真地听取了弘子的话。

此外，作为舞妃莲的回礼，美智子皇后还准备了用和歌、语言与回忆编写的优美、怀旧的相册《濑音——皇后陛下御歌集》与《花甲纪念照片集 美智子殿下》，以及一盒包子作为特产。弘子感动地收下了这无比光荣的礼物。

此次弘子带去了阪本的大型著作《花莲》。这本书由阪本与园艺实验所教授北村文雄合著，照片由矢野勇提供，1972 年 11 月 28 日由讲谈社限定出版 2000 册。丈夫交给弘子三本，希望她用于重要的场合。弘子带去了其中的一本。美智子皇后看到这本厚厚的书，非常高兴。

《花莲》

　　美智子皇后之后与天皇陛下商量，有一个大的水泥池是空的，可以把莲栽种到里面。于是舞妃莲被移植到该池塘中。

　　后来，弘子收到了移植后莲花绽放时的照片，她心里十分感激。

　　"真不愧是美智子陛下啊。温柔细心、善解人意，我真是太开心了！"

　　大贺一郎生前曾经拜托过自己的爱徒长岛时子：

　　"我这里有这种莲子，你将来把这颗莲子培育发芽吧。"

　　"我知道了。"

　　1950 年，大贺被选为岩手县平泉町中尊寺的学术调查团中的一员。此时，中尊寺金色堂须弥坛中装着第四代首领藤原泰衡首级的桶里有古莲的莲子。由于大贺在实验中途莲子枯萎了，于是把其他莲子搁置于一旁。

　　这是三十年前的事了。长岛也完全忘了大贺曾经将莲子交给自己。直到她搬至惠泉女学园园艺短期大学之后才想起这件事。

　　"说起来，大贺老师曾经交给过我一些莲子。不过，这些都不是我的东西。"

　　长岛想，应该将其还给中尊寺，于是归还了莲子。中尊寺的执事长惊讶地说：

　　"谢谢你特意归还，我完全不知道这件事。"

　　归还的古莲子被保存于中尊寺的赞衡藏当中。"赞衡藏"意为"称赞奥州藤原氏三代（清衡、基衡、秀衡）传业的宝藏"，于 1955 年建成，旨在将流传于中尊寺的文化遗产、宝物永久地传至后世。

　　1992 年 10 月，中尊寺联系了府中市政府：

　　"希望可以培育以前归还给我们的莲子。"

　　中尊寺琢磨着，既然有这么多莲子，可以找人播种试试。于是府中市政府给长岛打电话，希望她将种子培育发芽。

　　"我知道了。"

　　长岛收下了两颗莲子。她看到莲子后，对中尊寺的相关人员说：

　　"这莲子还活着。"

　　"咦，这你能看出来吗？"

　　5 月 12 日，长岛切开莲子较钝的一头通放空气，并将其置放于大学的实验室中。她每天换水，将莲子放在窗边的向阳处。两颗莲子都在第 4 天左右开始发芽。其中一颗虽然中途生叶，但是底部似乎发霉了，所以在发芽 7

天后褪去果皮腐烂了。

另一颗莲子生长情况良好，在发芽 32 天后长出 5 枚叶子时，长岛将其移植至一个直径 14 厘米、深 10 厘米的小型花盆中，并往其中加入未施肥料的田地土壤，在室内栽培。

第 71 天，在置放于田地中的直径 45 厘米、深 21 厘米的圆形花盆中加入田地土壤，施少量肥后将莲移植于其中。

第 96 天，莲长出了 7 枚叶子。所有叶子均为浮叶，看不出有立叶。

到了 9 月，叶子开始逐渐枯萎，11 月初旬所有叶子枯死，莲在田地中越冬。

第二年，1994 年 4 月进行确认时，发现长出了三个莲根。长岛将粗莲根移植至 54cm×42cm×35cm 的长方形塑料容器当中，并将两个细莲根移植至以前的花盆中，置放于惠泉女学园的田地里。三株莲长势良好，但是并没有开花的迹象。

1997 年，长岛因为有事要办，在与平日不同的时间段前往惠泉女学园。平时她只在早上或是傍晚去，但这次是白天去。当看到莲的样子时，长岛大吃一惊。田地旁一棵高大的榉树长满了绿油油的叶子，像是包围了田地一般，遮住了阳光。莲是需要长时间日照的植物，每天需要 16 小时以上的日照，短时间的日照是无法开花的。

长岛顿时十分后悔。

"真糟糕。应该早点儿白天过来确认的。"

长岛急忙向事务所飞奔。

"莲必须要照到阳光才行。请将遮挡阳光的树木砍掉吧。"

面对长岛突如其来的请求，事务所的员工们都有些惊讶，但是听了长岛的解释后，大家都理解了。

"那棵榉树也并不是有什么来由的树木，那就砍掉吧。"

学园马上砍掉了那棵树，阳光终于可以照到整片田地了。长岛大舒了一口气。

第二年，1998 年，莲长得非常顺利。

"中尊寺莲"（阪本尚生拍摄）

7月14日，圆形花盆中栽培的莲顶端结出一个稍带粉色的圆形小花蕾。花蕾顺利生长，到了7月29日，绽放出鲜艳的粉红色花朵。如果长岛早一点儿注意到阳光问题的话，这朵莲花应该早就绽放了。

该莲花是和莲的一种，被命名为"中尊寺莲"。

2001年，长岛时子发表了《八百年前的莲（中尊寺莲）开花》的论文。被誉为古代莲的大贺莲与中尊寺莲有一大共同点，这也揭示了古莲的一大特点。阪本佑二曾经通过花粉四分体证明了大贺莲的原始性，长岛也得出了同样的结论。她写道：

花粉的形态

花粉粒的形态呈圆形、椭圆形、三角形以及其他形状，各种植物均有独特的形态。莲花的花粉粒形态为圆形，直径为50微米（0.05毫米）左右，属于中型花粉粒，发芽孔为长径，有三道沟痕，双子叶型植物都具有单孔的单子叶型花粉，从中可以推测出睡莲科是单子叶与双子叶植物的分支点。中尊寺莲的花粉粒形态与现存品种基本相同，但是在现在的品种当中几乎无法看到四分体花粉，而中尊寺莲的四分体花粉占12.4%。花粉的多合化即四分体为原始形态，单粒化为进化形态，莲也是一样，没有经过人工干预的古代野生莲会出现四分体这一原始形态，而新改良的莲几乎都是呈单粒化这一进化形态。大贺莲与中国古代莲中有许多花粉四分体，而将其杂交后的莲种中几乎看不到四分体。据这一事实或许可以推断出，从四分体的数量可以获知莲自原始形态以来的进化程度。阪本发现，没有经过人工干预的中国野生莲与野生越南莲中四分体花粉的比例为10%～15%，过渡至园艺品种的莲类与古代园艺品种（和莲、原始莲、地莲等）为1.2%～4%。在园艺品种当中，几乎现在所有的栽培种类（鱼山红莲、一天四海等）都为0.1%，中日友谊莲、烛红莲、舞妃莲等为0。本实验中也基本上获得了相同的结果，八百年前的中尊寺莲的四分体花粉为12.4%，而比其更为古老的两千年前的大贺莲为11.5%，为什么会出现这种差异尚不得而知。不过可以确定的是，这两种莲都属于未经人工干预的野生莲。

长岛调查了关于古代莲的一切事项，写成了这篇长达800页的论文，并且进行了实证。

长岛的论文为关于莲的争论画上了句号，从此再也没有任何人对大贺莲的古代性提出异议。可以说，阪本佑二与长岛时子这两名大贺弟子的证言拥有非常深远的意义。

此外，1997 年，东京大学的渡边达三等小组通过线粒体 DNA 分析了莲的系统，证实在调查的 15 种莲当中，大贺莲与中国古代莲为最接近的品种。

长岛一直希望实现大贺的夙愿，即"再一次从检见川的农场中挖掘莲子"。她心想，如果不能以此证明的话，无论如何都要找到门路再次挖掘。不过，既然已经以论文的形式加以证明了，她认为也没有再次挖掘的必要了。因为挖掘地位于东京大学，是归国家所有的土地，挖掘需要国会批准，手续非常麻烦，而且会产生巨额开销。

长子尚生：继承父亲的遗志

阪本佑二的长子尚生想要继承父亲的遗志，以更加确定的形式来证明大贺莲的古代性。

其契机为 2002 年，《朝日新闻》的记者内藤好之出于对大贺莲的兴趣而给尚生打电话。

"现在全国各地都有大贺莲，还有一些报道将不是大贺莲的白色莲花也说成大贺莲，这究竟是怎么回事呀？"

内藤对大贺莲的纯种性产生疑问，并写下以下的报道：

> 秋田县秋田市千秋公园内穴门沟渠中的莲据说是 1978 年从千叶市分根的大贺莲繁殖后的产物，但后来得知其是与大贺莲完全不同的其他品种。
>
> 2002 年春天，接受鉴定请求的莲文化研究会指出，这种莲是与大贺莲非常相似的"渔山红莲"，并向秋田市长提出建议。市长立刻移除了所有莲，并通过莲文化研究会请求分到东京大学内的大贺莲。

内藤在采访时心想：

"被称为大贺莲的莲究竟是不是真正的大贺莲，看来并没有用确凿的证据论证过啊。"

2000 年 8 月 16 日，《朝日新闻》刊登了一则名为《大贺莲的"危机"——有人担心纯种会灭绝》的报道：

> 莲花在盛夏的水畔为人带来清凉之意。其中，拥有两千多年历史的大贺莲充满了浪漫性色彩，许多公园都以其作为吸引游客的招牌，但是莲研究者称其中有许多是"挂羊头卖狗肉"。从发现种子至今已经过了半个世纪，甚至有人担心纯种的大贺莲会灭绝。

文章对大贺莲进行了介绍，接着如是写道：

> 全国组织的莲文化研究科会员、宇都宫市职员印南洋造先生今春制作了"栃木的花莲地图"。大贺莲的莲花原本是桃红色，而当地报纸的报道中出现了"白色的大贺莲"，他对此十分惊讶。为了提供正确的信息，他四处调查，并将成果汇总于该地图中。
>
> 包括私人在花盆中栽培的莲在内，地图中共标记了 36 处场所。其中 14 处的被认定为"大贺莲"。同时根据印南先生的判断，有 8 处栽种的并非纯种的大贺莲。
>
> 今年夏天，京都府精华町的京都花卉中心汇集了来自千叶、鸟取、福冈等地的 16 盆"大贺莲"。这是大贺莲时隔 50 年、借千禧年之机的再次重聚。园长植村则夫称"莲都寄托着栽培者的心愿，鉴定真假并非目的"，但是将其陈列在一起时，发现有些莲与其他莲之间有着很大的差别。
>
> 大贺莲总体来说十分纤细。花瓣细长，叶筋并不明显，叶子表面颇为光滑。用显微镜观察花粉时，可以发现其具有原始的特点。
>
> 我们尝试着观察了神奈川县与东京都下两处标明为"大贺莲"的莲。尽管无法从莲花来辨别，但是触摸叶子表面时，感觉十分粗糙。
>
> 京都花莲研究会会长内田又大指出，在繁殖莲花时，如果分根莲根进行培育的话，性状会与母种相同；但如果用莲子培育的话，有可能会与其他品种出现杂交。"大贺莲仿品"似乎是由莲子培育而成的。
>
> 即使专家指出"这与大贺莲不同"，还是有一些自治体并没有更改标牌名称。或许是为了维护面子，或许是因为向往品牌。在模棱两可的情况下，大贺莲逐渐被赝品所淹没了。
>
> 大贺博士的弟子、惠泉女学院短期大学教授长岛时子说："莲给人留下一种佛花的印象，因为大贺莲，莲让人感觉更加亲近了。我无论

如何都希望纯种的大贺莲不要灭绝。"位于大贺莲发现地附近的东京大学绿地植物实验所的技术专员南定雄也谈道："我们希望作为公共机构来保存莲的品种，并且确立鉴别莲的方法。"

"如果从两千年的深眠中醒来只是为了消失的话，就太过悲伤了。"这是一名莲爱好者的心声。

内藤参考阪本发表的四分体的研究成果，尝试取来位于千叶公园内的大贺莲的花粉。结果发现，这一莲花的花粉当中完全看不到四分体，它并不是大贺莲。

内藤调查到阪本的儿子尚生在大成中学教书，于是与他取得了联系。正好当时尚生计划带儿子去参加在千叶幕张展览馆举办的"世界最大恐龙博览会2002"。

"那么我们就在千叶见面聊吧。"

内藤给尚生寄去了据称是大贺莲的莲花花粉。尚生调查后，发现确实没有四分体。

8月末，尚生去往千叶，与内藤见面。

内藤问尚生：

"这究竟是怎么回事呢？"

尚生也极为困惑。

"现在我也说不好，我来稍微调查一下吧。"

尚生调查后发现，并不能根据有无四分体来明确区分古代莲与野生莲等。因为会有例外的情况。就算调查同一株莲，有时也会出现去年没有四分体，但今年却发现大量四分体等偏差很大的情况。诚然，四分体是古代莲的特点，但是仅凭其并不能明确地为莲进行分类。

"是不是仅凭四分体的花粉，并不能够确定是古代莲呢？"

尚生从鸟取大学的黄氏那里获得中国野生洞庭红莲并进行调查。结果还是一样，尽管出现了古代莲的特点，但是并没有泾渭分明的区别。

现在，通过放射性同位素碳14可以测定至四万年前左右的年代。通过现代技术，可以从莲子正确地测定莲的年代。但是在大贺挖掘出莲子的1950年，还没有诞生此类技术。如果现在还留有一些莲子残片的话，就可以测定年代了，遗憾的是什么都没有剩下。也考虑过再次挖掘发现莲子的现场，但还是因为经费等问题很难办。

从长岛所写的关于中尊寺莲的报告来看，四分体的调查结果已经整理得非常完美了。但是尚生依然心存疑问：

"列举的数字会如此完美吗？……"

莲子确实具有超越千年的生命力，但是大贺莲的两千年之说还存留着无法解释清楚的部分。

大贺莲非常纤弱，难以养活。即使采用现代技术亦很难栽培，莲花也几乎不怎么绽放。向日葵等植物在改良前的原种也是娇小纤弱，植物的原种本来就呈现出这样的性状。因此，尚生心想，大贺莲应该也是一样。但是依然没有确凿的证据。

大贺曾经将大贺莲的分根作为回礼送给各处提供帮助的人士。对收到分根的人来说，即使绽放的莲花是白色，但由于是从大贺本人那儿获得的，所以也认为这是大贺莲，这丝毫不奇怪。但是现在由于大贺莲太过闻名，所以情况极其混乱。拜访阪本家的人们也经常问：

"在这庭院中绽放的红色莲花都是大贺莲吗？"

对于熟悉莲的弘子来说，即使莲花的颜色都为红色，其形态也有所不同。但是在外行看来都一样。

莲通过莲根进行繁殖，所以可以与母体保持完全相同的基因，品种也能够得以维持。但是，莲在栽种四十多年后，莲子有时会掉落发芽。此时基因会出现些许不同。莲花有时也会发生细微的变化，如感觉偏圆或是偏纤细。由于绽放的莲花基本上非常相似，所以一般认为大贺莲在野生莲种中属于不容易出现基因混杂的类型。尚生并不是这方面的专家，所以不能说得非常确定。

尚生现在正在收集东京大学绿地植物实验所入口处、新潟十日町（大贺直接带去并栽种于此）、鸟取县农业试验场、千叶农林综合研究中心、美滨町大贺池等地可以确定为大贺莲的莲进行研究。他认为，收集这些大贺莲并且比较 DNA 的话可以发现一些区别。但是向绿地植物实验所的南定雄询问后，得到的回答并未得偿所愿。

"就算是调查 DNA，也不会出现明显的区别吧……"

尚生心想：

"美国的米勒老师能不能为我做出旁证呢？……"

美国加利福尼亚大学植物生理学家舍恩·米勒 1982 年从北京植物研究所获得普兰店出土的七颗千年古莲子，确定了其中六颗的年龄，其中四颗古莲子成功发芽。年代最为久远的莲子源自 1288 年。

据米勒说，该莲子是至今为止可以确定的年代最古老的莲子，同时也是早期佛教徒培育的莲中完美保存（于地下）的古莲之一。在正式记录当中，该莲子是年代最为久远的。此前的 1950 年，中国科学院植物研究所北京植物园曾在普兰店附近干涸的湖底中出土了大量的古莲子，测定后得知其为一千多年前的产物。

这些古莲子被保存至 1974 年，进行发芽试验后，96 小时内长出 1 毫米的芽。

但是这些也并不是在直接调查大贺莲。

2003 年 3 月，一家报纸报道了美国加利福尼亚大学的科学家，将埋没于中国东北地区干涸湖底的五百多年前的古代莲培育发芽、开花。此地正是大贺曾经挖掘出古莲子的普兰店。

这个地区曾经有一个大型湖泊，现在成了一片广阔的盆地。盆地的北、西、南三面被低矮的小山与丘陵环绕，东面是一片开阔的平地，地里种植着大豆与高粱等。这里有一片方圆约 4 公里的大型沼泽低洼地，干涸的湖底堆积着褐色或是深茶褐色的泥炭土层。在离普兰店市约 2 公里的地方，有一个名为泡子屯的村庄，别名为西泡子或莲泡子。泡子指的是沼泽。普兰店市以东 1 公里处也有村庄。两个村落附近的泥炭中，在地表以下 2 米处埋着大量古莲子。过去，当地居民会捡拾这些古莲子食用。

2003 年，中尊寺大池遗迹地下 1 米处有莲子出土。中尊寺与平泉町文化中心委托长岛保管该莲子。尽管成功地发了芽，但是由于梅雨季节持续低温，所以莲子枯死了。

长岛致歉道：

"真是非常抱歉。"

长岛向平泉町文化中心的负责人请求：

"能否再次从土中挖掘莲子呢？"

文化中心的负责人答应了：

"我知道了，那就挖吧。"

众人坚持不懈地挖掘。这次从其中发现了八颗莲子，每颗的平均长 1.5 厘米、直径 1 厘米，重约 900 克。

长岛收下两颗莲子，小心翼翼地进行培育。两颗莲子的长势良好。经过两年零几个月时间，终于在 2005 年 7 月 24 日早上开花。莲花略呈粉红色，共有 17 枚纤细的花瓣，花的直径约为 24 厘米。调查后发现，其与大贺曾经交给长岛的莲为同一品种，是八百年前的产物。

　　东京府中市保存着 1965 年受捐赠的 6000 册大贺的藏书。但是这些藏书几乎都破旧不堪。由于还没有对书籍进行修复与整理，所以没有对外公开。

　　2004 年，阪本尚生去往府中市时，偶然遇到一个同样出生于和歌山并且很熟悉阪本的人。在他的介绍下，阪本于 2005 年获得了参观大贺文库的机会。

　　阪本尚生颇为吃惊。

　　"藏书真是惊人啊！让这么多宝藏在府中市中长眠实在是太浪费了。"

　　偶尔会有人向府中市咨询大贺莲的相关事项，但是市职员中没有人详细了解大贺莲。不过，市内制定了计划，决定一步步地宣传大贺莲，如为图书馆准备特别藏书等。

　　尚生虽然不能像父亲一样，将全部身心都投入莲的研究中，但是自己身体健康，应该比父亲寿命要长。所以他心想，自己可以坚持一步步地进行研究。

　　阪本只用了半年的显微镜，过去一直被收在壁橱中。几年前，阪本尚生开始研究莲以后，将其带回自己家中用于研究。

　　阪本家前院建有一个用混凝土固定四角的、面积约 60 坪的莲池。比人还要高一点儿的花茎在风中摇曳。阪本佑二去世后，这些莲也没有被别的植物取代，至今依然年年开花。

阪本家的莲池。阪本弘子向来自中国大连的徐钢先生（中间）介绍莲

对阪本佑二来说，莲正是他的生命价值所在。尚生开始研究莲之后，也感觉从中获得了更加充沛的精神。

如今，莲到了春天依然会萌发可爱的小芽，夏天则布满又大又圆的绿叶，花香怡人，令人精神为之振奋。所以，尚生直到今天都无法放弃莲。

弘子总是忙着照料莲。到了开花的季节，她每天早上来到庭院中，一个一个地数着可爱的小花芽，并将其记载于日记中。

2005 年，开了 785 朵花。第二年，2006 年，弘子由于身体不舒服，无法再统计数量。但她还是会根据自己的身体情况，利用零星的时间来除草、消毒与施肥，所以莲花绽放得十分美丽。

弘子心想：

"要是丈夫现在还在世的话就好了。他研究到一半就离开了人世。哎，他的身体实在太弱了。不过还是做了许多事情啊！……正因为有毕业生与许多人士的支持，他才能够完成这些研究，我得感谢这一切……"

阪本将"付诸生命　不断积累　这一功绩　既非事不关己　亦非为我独有"视为自己的座右铭。

弘子也一直在心中深深地感慨："多值得感激啊！我的生命是如此幸运。"

第六章 大贺莲的"莲之路"

二阶俊博在中国大连介绍"大贺莲"

2003 年 12 月，二阶俊博在夫人的陪伴下，与住在和歌山、写有《被锻炼的巨人南方熊楠的一生》等作品的作家神坂次郎一起从关西机场赴上海。众人计划在海南省博鳌海边迎接 2004 年的新年日出。

到达上海的夜晚，众人围坐在上海蟹的餐桌旁，与博鳌东方文化苑、莲花馆的蒋晓松会长、蒋夫人及其女儿，上海领事馆的杉本信行进行了热烈的交谈。

一行 7 人在上海待了两天，又从上海机场包机前往海南省的省会城市海口的美兰国际机场，之后在博鳌欣赏了美丽的新年日出。

午后，众人在蒋会长的带领下参观了正在施工的南海观音院工程。

位于东方文化苑中心的"博鳌禅寺"中供奉着高 16.8 米的"千手千眼观音"，现在正处于建造的最终阶段。一共使用了 90 吨金铜，莲花座的四枚花瓣上每一枚都雕刻着观音佛像。

放眼望去，在围绕着观音院丘陵的九个大池塘中，大贺莲、中日友谊莲与舞妃莲等莲花娇然盛放。其中第一个池里的即是大贺莲。

2004 年 3 月 20 日，二阶访问了大连。此次访问是为了就任位于大连的东北财经大学的客座教授以及该大学旅游与酒店管理学院的名誉院长而出席就职仪式，并且为教授及学生们进行纪念演讲。二阶在演讲中提到大贺莲的话题，他说这一故事始于大贺从大连普兰店获得古莲子，这让人不由得感觉到有一种不可思议的缘分。

尊敬的于洋书记、邱东校长、东北财经大学的各位，大家好！

我是刚才承蒙介绍的二阶俊博。我与在座的大多数人都是首次见面，但是对我来说，感觉不是初次会面。

　　我首次访问大连是在 2002 年 9 月，当时我与故乡和歌山县的同志等 300 位朋友一起拜访了此地。大连因槐花而远近闻名，同时也以美丽的街景、象征着经济发展状态的大连港口、都市型绿意盎然的宜居住宅、大型的传统时尚城市而著称。如今大连还作为 IT 先进城市获得了海外的瞩目，能够接触到这样的"大连"，我当时感慨良深。

在东北财经大学演讲（中国大连市，2004 年 3 月 22 日）

　　我第一天访问大连时，正值国际时尚秀的闭幕式，我与当时的李永金市长一起出席了活动，这一幕如今依然记忆犹新。

　　第二天，我参观了大连的现代化街道，还访问了著名的历史舞台"203 高地"与"水师营会见所"等地。之后，大连有许多旅游团来到日本，也屡次光顾了和歌山县。夏德仁市长与东北财经大学的校长于洋老师等人访问日本时，邀请我出任东北财经大学的客座教授及旅游与酒店管理学院的名誉院长。

　　我究竟能否胜任这一重任呢？在我再三犹豫之际，又接到了多次邀请，盛情难却，于是我决定接受这一荣誉。尽管我自己才疏学浅，但是借此宝贵的机会，我可以将大连与日本的关系，以及今后的日中友好和两国之间的文化、旅游、体育交流等作为自己一生的工作，与大家共同学习、活动，对此我感觉非常高兴。

邱东校长授予二阶东北财经大学旅游与酒店管理学院
名誉院长证书（2004 年 3 月 22 日）

众所周知，战前许多日本人曾经住在大连，大连与日本保持了深厚的关系。

我有一个从小学一年级起就非常要好的朋友，他有一个好友，一家人都是从大连回到日本的。他曾经告诉过我许多孩童时代关于大连的回忆与故事。因此，我记住的第一个外国城市名就是"大连"。

在广阔无垠的中国大地上，"槐花之城"大连如今依然是许多日本人心中最富有乡愁的地方，甚至将其视为心中的太阳，对她怀有特殊的思念之情。

我身边有许多与大连有因缘、对大连一直念念不忘的人士。大来佐武郎先生即是其中之一。

大来先生于九十年前的 1913 年出生于大连市。大来先生是第二次世界大战后日本经济学家的代表，也是经济增长政策的真正领袖。在田中角荣担任内阁的时代，大来先生作为海外协力基金总裁，为日中经济关系的发展付出了诸多努力。之后作为大平正芳内阁的外务大臣，致力于增进日中友好关系。大来先生为自己出生、成长在伟大的国际城市大连而深感自豪。

过去活跃于大连的人们结成了"中国大连会"。会长由大连市名誉市民、原国务大臣井上孝先生担任，战争已经过去六十年了，现在依然积极地开展活动。

如今，大连取得了日新月异的发展，超过 2800 家大小日本企业为了寻求新的商业机会而入驻大连。

在海外向大连的投资总额当中，日本占据第一位。在中国众多著名的城市中，大连是在经济上与日本关系最密切的城市之一。

大连不仅致力于传统的工商业，而且还积极地振兴旅游产业。

旅游产业在日本也超过了钢铁业、纺织业，成为经济影响力超过 50 万亿日元的产业。包括相关企业在内，日本有 400 万人从事旅游业。旅游逐渐开始被定位为 21 世纪的基础产业。

大连市大力发展旅游业，在海外游客中，日本游客在 2002 年为 23 万人，2003 年为 17 万人，均居于首位。

大连尤其重视作为旅游城市的重要条件——"治安"与"维持城市美观"。

大连不仅保存了从战前一直遗留至今的大量富有来历的建筑物与古迹等历史性、文化性观光景点，而且积极开发新的文化旅游资源，如利用优美的自然环境建设度假地、策划新的旅游活动、时尚城市宣传等，这为大连的魅力更添一份光彩。

日本与中国人民之间的交流从未像今天这样亲密、热烈。

这是由于日中两国的许多人对 2002 年日中邦交正常化 30 周年、2003 年《日中和平友好条约》缔结 25 周年这些值得纪念的日子从心底表示祝福与支持。

我不会忘记，2000 年 1 月，当时我作为运输大臣访问了初雪飞舞的北京，并获得与许多重要领导人交谈的机会。当时，日中双方都认为 2000 年是日中交流历史上的一大转折点。

日中关系是过去的先人们建立的长达两千年的交流历史。

我们必须将两国的友好关系持续发展至今后新的两千年。在这值得纪念的转折年份，日中两国之间并没有计划任何纪念活动。于是大家提到，是否策划一些能够留在心中的纪念活动。

据说，中国初雪之日是非常吉利的日子。在初雪纷飞之日，中日友好协会的干部们与我们一行人以及当时的日本大使谷野等人一起热烈地交换了意见。

我被两国代表人士的热情而深深感动，当场建议："今年正值 2000 年，我希望与 2000 名来自日本的朋友一起再次访问中国，在人民大会堂缅怀迄今为止为日中友好做出贡献的伟大先人们的遗德，并且促进今后日中友好关系取得进一步的发展。"

出席者们当场同意了这一建议。

据说，二阶回到日本后，马上组织了"日中文化观光交流使节团2000"：

在许多赞成这一组织的相关人士的协助下，我们很快就召集了2000名同志。我邀请日中友好协会会长、东京艺术大学校长、著名日本画家平山郁夫先生担任团长一职。

北至北海道，南至九州、冲绳，甚至远至小笠原岛都有人积极参加，参加者皆对回顾日中友好的过去、展望未来这一宏伟的主旨表示赞同。最后，成员总共达到了5200名。

如果人再多的话，就算是宽敞的人民大会堂也无法容纳了，所以已经算是"满座"了。在值得纪念的千禧年的5月20日，我和日本代表团的各位人士一起，与当时的国家主席江泽民阁下、现任主席胡锦涛阁下等中国最高领导人进行了意义极为深远的谈话。

运输大臣（当时）二阶与国家旅游局局长（当时）何光暐在以早日实现中国团体赴日旅游等为内容的协议文件上签名

当时，江主席热烈欢迎了我们代表团，同时做了历史意义深远的"重要讲话"。

他说："这次日中文化观光交流使节团访华，在两国人民友好史上是空前的。我相信，这次的大型友好交流一定能为增进两国人民的相互理解和友谊发挥重要作用。""在当前的国际形势下，增进两国人民的相互理解，推动两国友好合作不断发展，不仅符合两国人民及子孙后代的根本利益，也有利于地区和世界的和平与发展。"此外还提到，"中日友好归根到底是两国人民的友好。无论是邦交正常化的实现，还是其后两国关系的发展，民间友好都发挥了极其重要的作用。……展望未来，21 世纪的中日友好寄希望于两国人民，更寄希望于两国青年。我们不仅要继续发挥民间友好的传统和优势，使之不断发扬光大，更要进一步推动青少年之间的友好交流，加紧培养中日友好事业的接班人，使两国友好的旗帜一代又一代传下去。"江主席尤其强调了青少年之间友好交流的重要性。

中国国内报纸、电视也铺天盖地地报道了这篇感人肺腑的"重要讲话"。出席会谈的我们深深地认识到，这篇"重要讲话"具有非常重要的意义，必须将其更加长远地留传至后世。

因为正如江主席所言，国与国之间的友好关系归根结底是人与人之间的关系，长远的友好关系必须通过年轻一代的交流才能够持续发展，否则无法达到相互理解的目的。

每次见到前主席江泽民，他都会提到，为了今后长久保持中日两国的友好关系，"青少年的交流"是非常重要的一点。

此外，二阶还谈到 2002 年 5 月，他在东京迎接了以中国人民政治协商会议副主席胡启立为团长的，包括国家旅游局局长何光晔等在内的 4000 多名中国朋友时的情景："当时隆重地举办了'日中友好文化观光交流仪式'，小泉首相等多名国会议员也出席了该活动。同年 9 月，在邦交正常化 30 周年的纪念仪式上，超过 13000 名日本国民与 83 名国会议员汇聚于人民大会堂。当时以江泽民主席、胡锦涛副主席为首，中国举国上下进行了热烈的欢迎，交流大会取得了极大的成功。当时的参加者们在万里长城上种植了13000 棵树木作为纪念。

"各位参加者深表感动，如今在日本各处依然热烈地讨论当时令人感动的场景。

"我想在此给大家介绍一段中国与日本'草根交流'的故事。

2002 年，13000 人在人民大会堂

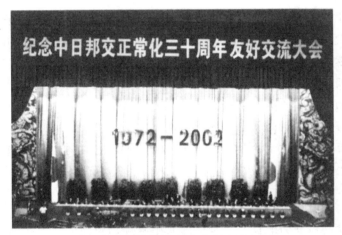

中日邦交正常化 30 周年友好交流大会

"大规模的活动对相互交流来说自然是很重要，但是'草根交流'、'心灵的交流'也非常重要。"

二阶接着介绍了"大贺莲的故事"：

1951 年，古代莲的研究家大贺一郎博士在东京附近的千叶县检见川东京大学校区地下发现三颗莲子，并成功地把种子培育发芽。从两千年的深眠中苏醒的古代莲的莲子如今在日本各地、世界各地绽放出优美的红色莲花，这让许多人不由得联想到两千年的辉煌历史。

后来，博士的爱徒，也是我高中时的恩师阪本佑二老师以及东京大学技术专员南定雄老师继承了大贺莲的研究。

在距今二十多年前，赴中国还不是一件容易的事情。我当时向我的恩师提议："您要不要去中国发表至今为止的研究成果，并将大贺莲带回中国的故里呢？"

遗憾的是，这一约定还没有实现老师就离开了人世。

去年，在相关人士的协助下，海南博鳌亚洲论坛在常设会场的一角建造了大贺莲的池塘，并成功从日本移植了"大贺莲"、"中日友谊莲"和"舞妃莲"三种莲根。

博鳌亚洲论坛在今年秋天建成了"博鳌东方文化苑"这一大型的莲资料馆。

但是，我最近才知道，作为日中友好的象征、具有两千年历史的大贺莲的研究始于大连。

生在大连、长在大连的音乐家木村辽次在著作中如是写道："大贺博士作为'满铁教育研究所'的教官在满洲居住了十六年，其中前七年是在大连度过的。当时，普兰店一位关系很好的中国朋友送给他像化石一样的古莲子。在经过反复研究后，他确认古莲子有发芽的可能性。由于在大连获得了这一信心，他回到日本后执着地探索古代莲，终于在1951年发现了三颗莲子。"

得知神秘的大贺莲的研究竟然始于大连，我深感通过莲花也与大连有着非常深的渊源，这让我非常高兴。

据说，在当地的劳动公园中有一个很大的池塘，里面有8万株莲花开花，并且人们一直在进行莲的研究。

据我所知，中国的云南地区、杭州植物园、海南岛、大连可以通过与日本的莲研究构筑网络，进一步发展研究成果。

莲是东洋之花、亚洲之花，她不仅是日中两国亲善交流的象征，而且是众人皆知的佛教之花、和平之花。

大贺博士留下了"莲为和平之象征也"的题词，将对和平的心愿寄托于莲花。我一直感觉每年初夏时分，他都在向我们诉说着和平的宝贵。

计划于今年5月末，来自我的故乡的200人将去海南岛参加"观赏大贺莲之旅"。

二阶接着就日中关系的课题讲述道：

如今日中友好关系取得了顺利、持续的发展，然而遗憾的是，还是出现了一些影响友好关系的行为举止。

第一是参拜靖国神社所折射出的历史认识问题。此外，日本国内有人对中国依然不断增长的国防费用表示担心。

还有安全保障方面的问题，如在制定《日美防卫合作指南》相关法律时，中国对日美安保的动向也有所担心。

关于这些问题，特别是加深人民层面的相互理解是最重要的事情。

有时即使是逆耳之言，冷静地进行交谈也是尤为关键的。关于历史问题，的确是非常遗憾的事情，日本过去在与中国的关系方面曾走上了军国主义这条错误的道路，给中国等多个亚洲国家的人们带来无以言表的困扰与伤害。

日本政府反复谢罪，大多数日本人也深感抱歉，并且在内心中发誓不会重复这一错误。

日本在对错误的国策进行深刻反省的基础上，战后走上了建设和平国家的道路。

因此，战后日本坚决排斥成为军事大国。当然，日本也在宪法中明确规定，放弃将武力威胁或行使武力用作解决国际争端的手段，并拒绝拥有攻击性的导弹、远程战机等战略性武器。

日本不向外国出口任何武器。自卫队从始至终专守防卫。

日本认为，日本的未来只能存在于亚洲的和平、发展当中，立足于这一观点，日本以对亚洲各国以积极的经济援助为中心，坚持付出诸多努力，许多国民也都支持这一决定。

自1991年以来，日本的经济援助连续十年为全球最大规模。

最近，一部分人质疑日本是否会再次走上军事大国的道路。我国国会与大多数国民都全面支持不成为军事大国的基本方针，我们相信，非战的誓言将永远不变。

关于这点，我们一有机会就努力获得中国朋友的理解。然而遗憾的是，两国要跨越"历史认识"的问题或许还需要一段时间。

在考虑日中两国的未来时，我们并不会一直在这一问题上停滞不前。向前迈进一步，努力解决问题是十分重要的。今后我们将面向日本的青少年不断努力加强这方面的教育，同时也希望中国的各位能够正确理解今天的日本人坚持和平的生活方式。

同时，我们需要重新认识"世界中的日中关系"的重要性。

正因为有无数先人的不懈努力与重大决断，才终于取得了今日的日中关系。

我坚信，如今我们两国之间从保持友好邻居的关系，发展至两国齐心协力建立成熟的"世界当中的日中关系"，才是 21 世纪的日中关系。

众所周知，最近两国在经济合作领域的关系尤其活跃。

比如说，2003 年日中两国之间的贸易总额比上一年增加了 30%，换算为美元的话，达到约 1324 亿美元。对日本而言，中国是仅次于美国的第二大贸易伙伴。

1972 年日中邦交正常化时，贸易总额仅为 11 亿美元。通过两国政府及国民的努力，三十一年间增加了约 120 倍。

日中两国在贸易方面建立了难解难分的密切关系，而且地理上也是无可取代的关系。

去年，我国从中国进口的总额为 751 亿美元，在各国的排名当中，中国列居第一位。

如今对日本经济来说，中国是与美国并列的极其重要的贸易伙伴国家，企业活动也取得了极大的发展。最近除了贸易、投资与制造行业，还涉及互相利用销售网络策划、设计、研究开发新商品等。

日中两国之间逐渐建立起密切、互补的经济关系。

自签订《日中和平友好条约》的翌年 1979 年起，日本实施了日元借款的政策。据换文统计，到 2002 年为止，总额达到了约 3 万亿日元。

关于对中国采取的经济协助，自从 2001 年秋天制定了《对中国经济协助计划》之后，日本从过去支援沿海地区的经济基础设施中心的建设，逐渐发展至以内陆地区为中心对环境、人才培养等重点领域进行援助。

中国方面也对日本的这一想法表示理解，今年 2003 年的申请项目集中于环境保护与人才培养领域。日本政府在此基础上，除了针对中国经济社会的开发以外，还考虑为促进日中两国人民之间的交流等对日本也有意义的"互惠性"项目提供日元借款。

其结果是，预计今年承诺提供的总额将达到约 967 亿日元。其中环境项目约 510 亿日元，人才培养项目约 457 亿日元。总额与去年承诺提供的 1212 亿日元相比，大约减少了 20%。

近年来 ODA 也有削减的倾向，这正是中国经济取得稳步发展的证明。日本国民希望日本提供的 ODA 能够为中国的国家建设做出贡献，同时也希望中国取得稳定的发展，日中两国之间构筑友好关系。

日本提供的协助重点更多地倾向于今天的中国所面对的课题，不过我们依然和以前一样，决心为中国的发展做出更大的贡献。

二阶指出，日本与中国之间构建良好关系的事例不胜枚举，从古代一直持续至今天。他讲述了在日中两国深受尊敬、历史上最有名的两位人物的事迹：

一是中国的鉴真，一是日本的空海。

让我们对这两位伟大人物所做出的不可估量的贡献重表敬意，同时回想一下遥远的过去吧。

鉴真和尚是中国的代表性高僧，他获得了许多人的尊敬。受到日本朝廷的邀请后，心怀高尚理想的鉴真和尚决心赴日本。在经历五次失败与失明的不幸后，饱受苦难的他用 12 年时间，终于在第六次尝试时到达日本。

759 年（天平宝字三年），他在奈良县创建了唐招提寺，作为将佛教与中国文化传播至日本的名僧，在日本国民之间非常有名。

接下来是空海。空海是人们尊敬的弘法大师，高野山的开山鼻祖，密教的圣人，日本的名僧。高野山是我的故乡，位于和歌山县，也是今年 7 月将被收入世界遗产名录的名寺。

空海于 805 年（延历二十四年）在唐朝首都继承了密教惠果阿阇梨。回国后，828 年（天长五年）空海在普及真言密教的同时，还开设了最早的理想教育私校等，是拉开近代日本序幕的高僧。

正如这两人的教诲所象征的一样，日本受到了中国文化极大的影响。

不过，尽管像鉴真与空海这样的伟人的来往非常重要，国民之间的相互交流也同样起了重要的作用。旅游观光的真谛在于互相理解对方的国家。据《易经》所言，在观光中相互学习是非常重要的视角，我期待我们能够在相互尊重、相互认可的过程当中进一步构建新时代的日中关系。

同时我希望青少年可以通过修学、旅行之类的形式积极地进行相互交流。

修学、旅行不光是住酒店，还可以通过寄宿民居等，让两国的孩子们成为朋友、亲密地交谈、欣赏运动与音乐等，这些都是非常重要的。

二阶还对接待中国访日旅游团出现的问题、障碍进行了解释：

这是因为现在日本的治安问题成为一个巨大的问题。有一些人拿着旅游签证访问日本，结果却滞留不归。随着最近中国人在日本国内犯罪的增多，司法当局对这类事件非常神经质。

为了日中友好，正是在这样的时期，我们更加需要相互讨论应该论述的问题，通过两国政府的合作努力恢复良好的治安。

但是，我们应该严格区分以旅游为目的赴日人士与通过伪造护照等非法入境的人。我希望通过两国旅游相关人士的努力与两国政府治安当局积极采取措施，早日解决这一问题，期待日中两国的领导人今后也不断努力，为推进理想的国民交流取得更好的发展而做出贡献！

接着我来介绍一下扩大团体游客签证的发放地区范围的问题。现在只有北京、上海、广东三个地区，但是我们正在不断进行调整，力求扩大至更多的地区。为了回应各位中国朋友的再三强烈要求，我们正在不断努力实现地区范围扩大。

我去年5月访问中国时，在胡锦涛主席与执政党三党干事长的会谈中提出了八个应该改善的问题。

此外，我现在作为自由民主党观光对策特别委员长，成立了"访日观光协调化问题小委员会"，积极地致力于扩大发放签证的地区范围。

关于这一点，小泉首相与福田官房长官及各位阁僚也站在前线指挥，努力采取措施。武驻日大使也付出了诸多努力。现在已经确定了扩大至新的四省一市，即辽宁省、江苏省、浙江省、山东省与天津市的方针，现在日中两国政府之间的负责人正在进行具体的事务协商。

虽说最后要由两国政府决定，但是根据我的判断，最迟在今年夏天，我们将迎来这次签证扩发地区的第一批访日游客。

此时，我想要最早迎接从辽宁省以及大连访问日本的各位朋友。如果这次签证扩发获得成功、没有问题的话，日本政府将在不远的未来采取扩大至整个中国的方针。

最后我想告诉大家，我一直十分尊敬的中国著名的天才诗人苏东坡先生的《水调歌头》当中有一句我最喜欢的词："但愿人长久，千里共婵娟。"

借今日的机会，我相信我与东北财经大学的各位"就算千里相隔，也眺望着同样的月亮"。祝愿大学取得更好的发展，各位同学身体健康。以上就是我的纪念演讲。谢谢各位！

在海南省博鳌建立莲的纪念馆"莲花馆"

2004 年 3 月 25 日，二阶长年的努力终于有了收获，可以称为"莲之路的亚洲中心"的莲纪念馆"莲花馆"在海南博鳌建立，大贺莲也栽种于莲花馆旁边的池塘当中。

二阶在大连发表纪念演讲后飞往博鳌，参加了开幕仪式。

中国政府领导人、日本国会议员、日中高层以及蒋晓松会长的一些私人朋友、熟人参加了该仪式。日本国内有来自新潟、佐渡、东京、大阪、和歌山、淡路等地方的许多人参加，国土交通省、JR、和歌山县政府负责人等也以促进观光的名义参加了该仪式。

与二阶一起为了实现大贺一郎与阪本佑二的心愿而长期付出努力的和歌山县大贺莲的相关人员也出席了该仪式。阪本的夫人弘子、长子尚生当然也都参加了。其间还举行了纪念植树活动。

莲花馆中展出了大贺与阪本关于莲的研究资料与照片等。其中让阪本母子颇为感动的是拍摄了阪本生前的视频，已经离开人世的丈夫、父亲在视频中活动、说话。阪本母子目不转睛地观看着视频，不禁泪流满面。

"将大贺莲带去中国大地"的心愿通过二阶等人的活动终于得到了实现，有了成果。"莲之路"从日本通往了海南博鳌。

二阶在博鳌东方文化苑"莲花馆"开园式中致辞（2005年3月25日）

莲花馆旁边的石碑上刻着大贺一郎的"莲为和平之象征也"与阪本佑二的"荷风千里"的文字，都是由两人亲笔书写的。

大贺的字迹颇具风韵。他曾经向附近的邻居们赠送了"莲为和平之象征也"的题词。而阪本的字并不好看，所以他原本没有题字的想法。但是有一次，阪本前往大阪市福岛区鹭洲妙寿寺东侧的莲料理店"富竹"时，富竹的主人拜托阪本说：

"能不能在彩纸上题个字？"

二阶与和歌山县传统文化使节团与阪本夫人弘子、
长子尚生一起访问"莲花馆"

阪本因为字写得不好看，所以为难地说：

"我不写。"

但是，或许是觉得有点儿过意不去，阪本最终决定在彩纸上题字："荷风千里"。

弘子向这家店铺的老板借来这张彩纸，将其雕刻于海南省的石碑上。

此外，阪本的故乡和歌山县美滨町的大贺池旁边修建的大贺的"莲为和平之象征也"的石碑旁，也修建了阪本的"荷风千里"石碑。

2004年6月4日到8日，和歌山县的二阶等人向海南省东方文化苑捐赠了东京大学绿地植物实验所的15种日本莲莲根。

2003年12月5日，中国的报纸《大连日报》上登载了辽宁省中国古莲研究会徐钢的报道。徐钢是以"古莲王子"著称的人物。

报道中写道，徐原本是邮局职员，但他极其喜爱莲花，热情地投入研究当中。不久后，他在中国成功地栽培了100种以上的莲，于是被人们称为"古莲王子"。

二阶注意到这则被翻译为日语的报道，马上通过日本驻大连领事办公室向徐钢表达了敬意。

后来，2004年4月2日，二阶收到了徐钢的来信：

尊敬的二阶俊博先生

阳春之季，祝您身体健康，万事如意！

在今天寄给先生的这封信中，附上了我长年来收集的古莲子作为永远的纪念，以表达我对先生的尊敬之情。

我通过原日本驻大连经济贸易办事处的张存起，以及3月22日大连报纸及电视台的新闻报道，得知二阶先生作为大连市民的友好使者访问了大连。同时听说二阶先生与我一样非常喜欢莲花，我感觉十分高兴。

上世纪初，中国革命的先驱孙中山先生为了感谢贵国朋友田中隆先生对中国新民主革命做出的贡献与支持，在第三次访日之际，从家中秘藏的普兰店市出土的古莲子当中精心挑选了四颗莲子，用绢布包裹赠送给了田中隆先生。之后，其后代田中隆博先生委托东京著名植物学家大贺一郎先生培育古莲发芽、生长，这一成功给当时的植物界带来了非常大的冲击。这种历史性的莲花被命名为"孙文莲"，也被称为"中日友好之莲"。像这样具有顽强生命力的古代莲，象征着中日两国人民未来永久的友好之情与千年不朽的岁月光辉。

二阶先生，从许多资料与记录中都能得知，大连市民与日本国民的友好往来有悠久的历史。相信先生您也肯定很喜欢从大连普兰店市出土的古代莲。二阶先生在担任运输大臣一职时，曾经率领日本5000人的友好访问团访问了中国，并且为后来1万3000人访问中国而付出了诸多努力。此外，先生不仅平时向日本企业界介绍中国及大连的投资环境，而且还向日本政府提出早日放开访日签证的建议。二阶先生为了中日友好而不惜做出诸多的贡献与努力，我非常感激大连能有先生这样的友好使者。

大连每年5月会举办槐花节。我衷心期待大贺先生能够来到大连参加这一盛大的节日。同时期待先生能够利用这一机会，到莲花绽放的港湾本景区参观。我与景区的所有人，以及大连八十万人民欢迎先生的访问。

恭候您的回信。

大连普兰店市莲花湾风景区

徐钢

2004 年 4 月 2 日

徐在这封信中附上了普兰店出土的一千三百年前的两颗古莲子。信中所说的槐花节在每年槐花绽放的5月举办，在莲花湾风景区的星海会展中心与四大公园当中会举办各种各样的活动。二阶欣然答应了徐的邀请，告诉他自己将参加槐花节。

从一千多年前延续至今的莲花湾的古莲当中有绽开白花的"西湖莲"与边缘呈粉色的"阳姬莲"等。这两种莲花都是从一千两百年前的地层中挖掘出来的古莲子发芽生长的产物。

二阶将徐寄给自己的古莲子托付给日本莲研究会会长、大学绿地植物实验所技术专员南定雄。

二阶在2004年5月第15届大连槐花节举办之际，作为日中友好使者前往大连。

二阶与徐见面后，告诉他："您交给我的千年古莲子在东京大学进行繁殖。"

代表参加槐花节开幕式的各国致祝词的二阶（2004 年 5 月）

二阶从大连旅游局处听说计划在两三年时间内创立与普兰店的莲花湾相关的大连旅游品牌产品。

二阶向徐提出建议：

"我希望你们能够与东京大学合作，共同开发两国的古莲。"

徐非常高兴地接受了二阶的报告与提议。两人最后在中国古莲的发祥地普兰店种植了象征日中友谊的大贺莲的莲根。

此时，大连市东北财经大学、普兰店市莲研究所也获赠了大贺莲的莲根、种子。

同年，二阶从全国旅行业协会通过大连东北财经大学向普兰店的莲花湾捐赠了樱花树。

二阶与"古莲王子"徐钢

现在，五一节栽种的百棵樱花树开满了樱花，吸引了众多游客观光赏花。樱花不仅为普兰店增加了新的景点，而且樱花也是日中友好交流的象征。

2005年7月5日，接到二阶俊博的邀请，徐钢与任其助手的妻子官丽访问了日本。

两人从成田机场前往东京大学，亲自访问了大贺莲子出土的场所。东京大学绿地植物实验所的技术专员南定雄陪同左右。

之后，徐钢与官丽还访问了阪本家。

阪本弘子向两人介绍了庭园中绽放的莲的管理方法等。听完后，对莲十分熟悉的徐尤为感叹：

"您一个人就培育了这么多莲花，真是非常了不起！我想向您表达我的敬意。"

弘子将阪本的著作赠送给徐，徐也将古莲子与挂轴作为回礼送给弘子。

官丽对弘子说：

"您是日本的妈妈。"

中国上海中医药大学附属曙光医院的气功主任医师李启明医生，为了普及气功来到弘子家附近的医院。他每天早上散步时会来观赏莲花，后来逐渐与除草的弘子熟悉起来。

李启明医生会一口流利的日语，有一天两人聊到莲的话题时，弘子给他看了1963年11月15日郭沫若给阪本寄来的感谢信，李医生非常惊讶地说：

"郭沫若先生很少写信，这封信非常有价值。光是这封信就是御坊市的宝物了啊。"

听到这番话，弘子想要将其作为阪本家的宝物镶嵌于匾额中，但是粘贴在相册上的信件没有办法揭下。因此，弘子找到奈良市唐招提寺的远藤证圆执事商量。执事为她介绍了为国宝级文物进行修复等工作的京都市冈墨光堂，弘子马上去往京都委托其修复。信件被小心地揭下后，镶嵌于精美的匾额中。对弘子来说，这是重要的宝物。

二阶俊博的"莲之路"通过博鳌扩展至中国各地。

徐钢赠送的挂轴

博鳌蒋晓松曾经说过，"莲是东洋之花、亚洲之花"。二阶受其鼓舞，从莲花馆建成的 2004 年起，就着手在中国以外的亚洲其他国家也开展活动。

首先是越南。2004 年 3 月，二阶访问了越南的首都河内。在关西机场直飞河内的航班开通之际，关西经济团体联合会的秋山喜久会长（关西电力会长）作为特别顾问及全国旅游业协会会长，率领约 100 人的访问团乘坐第一班航班赴河内。

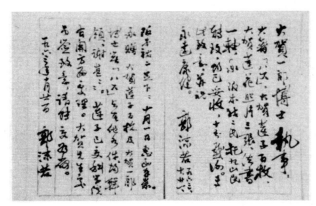

郭沫若寄给大贺与阪本的感谢信（参见第 135 页）

河内街头巷尾的店铺中出售莲茶与莲点心，在计划修建国会议事堂的地方发现的瓦片上也刻有莲的花纹。越南航空的图标也是莲花，机身上描绘着巨大的莲花。

这时，二阶与驻越南特命全权大使服部则夫讨论了大贺莲与越南的莲花。

"越南的莲花也非常美丽。我希望以后能够再次有机会访问越南，用心欣赏莲花。到那个时候，我想把大贺莲也带去。"

服部听到这番话后，对越南与莲花的关系进行了大量调查。

越南国内最受人们敬爱的越南革命家、越南民主共和国首任主席胡志明出生于一个名叫"金莲"的村庄。虽然村庄改了名字，但是当地的居民们还是将其称为"金莲"。

越南人喜欢诗，如今依然有许多人作诗，其中以莲花为题材的诗不胜枚举。与日本不同，越南的莲花许多时候盛开于充满淤泥的水中。因此人们歌颂道，尽管是从淤泥中绽放，但是没有任何花比得上莲花之美。

　　人们在河内中心区计划修建国会议事堂的地方发现了遗迹，其中陆续发现了三百至五百年前的瓦片。这些瓦片上都刻有莲花。

　　越南人与日本人一样，喜欢喝茶。最为雅致的饮茶方法是在清晨最早的时分采集莲花花蕾上的露珠，或是莲叶上的露珠，用露水来泡茶。

　　此外还有各种莲茶，以及用莲制作的可以有效治疗失眠的茶。

　　服部也养成了睡前喝一杯莲茶的习惯，确实感觉睡得更深、更酣畅了。

　　越南 90% 的人口是佛教徒，而且是与日本一样的大乘佛教，这在东南亚实属罕见。莲花是佛教之花。在调查了越南与莲的关系之后，服部心想："感觉日本与越南通过莲花连接在了一起。"

　　服部在杂志中写道："我第一次从二阶先生那儿听到关于莲的这些故事。"并给越南政府的部长们赠送了其复印件，向他们介绍大贺莲。

　　马上有六名部长回复："我们想要了解详细情况，请过来一趟商量吧。"

　　服部前往拜访后，部长们异口同声地说：

　　"没想到日本大使竟然如此煞费苦心地努力去理解我们国家。"

　　之后，服部为二阶传递越南莲的信息，他也成为架起日本与越南之间"莲之路"的人。

　　服部曾经安排二阶住在以莲为装饰主题的河内日兴酒店。一走进大门，就能发现到处都陈列着以莲为题材的绘画与装饰品等。他还为二阶准备了莲花的插花，可谓是为莲付出了大量心血。

与印度开始"莲外交"

　　日本与印度、缅甸的"莲外交"始于原自民党干事长古贺诚的一句话。

　　2004 年 6 月初旬，古贺邀请二阶道：

　　"参议院选举结束后，我想去访问印度与缅甸。我认为，印度今后对日本来说是非常重要的国家。我一直在想，我们需要与亚洲的大国印度在政治、经济、文化、旅游、体育与其他领域进一步加深交流。关于缅甸，我担任了日缅友好议员联盟的会长，我想作为日本遗族会会长前往位于缅甸首都仰光的日本人墓地扫墓。如果您的日程方便的话，希望您可以和我一块儿去。"

　　同年 7 月 11 日为参议员选举的投票日。古贺邀请二阶在选举后同行。二阶回答说："我一直想去一次印度。最近非常不可思议的是，各个方面都不断地给我传来与莲相关的信息。现在栽种了大贺莲的海南博鳌正在推进修建莲花馆的计划。"

二阶告诉古贺，印度是佛教国家。经常可以看到坐在莲花宝座上的佛像，或是单手持着莲花的佛像，所以他想大贺莲的发祥地会不会是印度。

此外，二阶的朋友告诉他："报纸上登载了巴基斯坦特派员的一则随笔，文中提到巴基斯坦的市场上有许多莲花出售"，并向他寄送了一则剪下的报纸报道。二阶还向古贺介绍，前些天关西经济联合会会长秋山喜久与关西机场的村山敦社长乘坐越南航空"河内—关西机场"的第一班直飞航班前往越南，以及河内市内到处都能见到莲花，根据驻越南大使服部提出的建议，已经承诺将大贺莲的莲根送往河内等等。

二阶接着说明：

"不光是在日本国内，中国也对大贺莲十分关注。相关人员已经在热烈地讨论是否可以在亚洲各国建设大贺莲的'莲之路'这一梦想。如果这次印度与缅甸再加上越南都能成的话，就能够建成名副其实的'莲之路'，希望您能够提供帮助。"

古贺马上答应下来：

"这是非常好的事情，我很赞成。我想，这次的访问团除了众议院与参议院的国会议员以外，还应从经济界与民间招募适当的人选，组成将来对政治、经济、文化交流做出贡献的使节团。让我们在参议院选举结束前确定核心，逐渐召集成员吧。"

古贺与二阶的意见完全一致。

一段时间后，原建设大臣、公民党的森本晃司参议院议员打电话给二阶：

"山形县要举办与振兴地区观光相关的国际研讨会，秋田公立美术工艺短期大学的校长、作家石川好与山形县知事高桥和雄、山形市市长市川昭男等人将出席该会。我当然也会参加，希望二阶先生也能够参加。"

对二阶来说，森本一直是超党派而且有时候是在新型党派中一起进行政治活动的值得信赖的伙伴之一。二阶决定去山形。

在举办研讨会的当天，以山形的高桥知事与市川市长为首，旅游业相关人员、二阶担任会长的社团法人全国旅行业协会的山形县分部长清野幸男、创价学会副会长浅见茂等人在宽敞的会场内欢聚一堂。协调人由作家石川好担任，他曾经以赴美体验记《草莓之路》获得大宅壮一纪实文学奖。

在会场中，被推选为观光领袖的专家们，以及旅馆、酒店等旅游业的从业人士活跃地发表意见与进行提问。人们在研讨会中忘记了时间的流逝，气氛十分活跃。

在热情洋溢的会场气氛中，有人提议：

"希望借此机会，让今天出席的特别嘉宾们成为山形的观光大使。"

包括二阶在内的特别嘉宾当场接受了这一提议。

研讨会结束后，二阶回到旅馆的山间温泉"村尾旅馆"，与地方代表们一起享用晚餐，众人就振兴观光的话题进行畅谈。宴会上的气氛也非常活跃，像是将研讨会的会场延长至餐桌上一样。

联欢会结束后，二阶问石川：

"接下来准备做什么？"

石川回答说：

"没什么事了，准备回去。"

于是二阶邀请他说：

"我也没事了，一起住旅馆吧！"

二阶之前只在日中邦交正常化 30 周年纪念仪式的预备会上与石川见过面，印象中他是一名非常具有实践能力的学者。

石川与二阶聊了许多话题，他完全被二阶的人格魅力所折服了。

"我之前一直错过了如此优秀的政治家啊……"

两人还聊到石川在印度进行治疗的事。

石川好大约从担任秋田公立美术工艺短期大学校长一年后的 2002 年开始，就患上了血液循环障碍与风湿病的并发症。他辗转于国内各家医院，但是完全没有康复的迹象，医生也对他说"很难恢复正常"。

这时，石川通过一位印度朋友的安排，去印度接受治疗。

住院后不久接受了血液检查，石川马上发现了日本与印度在医疗方面的差异。日本的检查给人一种统一模式的印象，而印度的医院会从所有角度对症状进行彻底的分析。石川在这里深深体会到了印度被称为"数学之国"的原因。

实际上，印度的医学位于世界顶级水平，每年都有数千名欧美患者来到印度国内的医院住院。此外，在美国的医疗领域当中，印度医生的表现也极其出色。

石川在这一年中多次住院接受检查。在总共接受了四个月的治疗后，症状得到了神奇的改善。

石川心想：

"印度的医疗水平很高，其背后或许是认真面对死亡的态度吧。"

在印度，死亡是日常生活当中司空见惯的事。医院中当然也会出现许多死亡，接受手术、接受治疗时的死亡有时会被认为是无可奈何的。于是，医生们在这一过程中积累了许多宝贵的经验，也能够扎实地提高自己的水平。

而死亡是日本最为忌讳的，在日常生活中完全无法接触到。医院有时因为出现死亡也会被视为谴责的对象。这样容易导致医疗萎缩不振，人们对挑战新的技术也犹豫不决。当然，从全球来看，日本的医疗水平还是很高的。但是，石川感觉日本的医疗并不突出正是源自这一背景。

石川首次与自民党的二阶俊博见面就是他在印度接受治疗期间临时回国的 2004 年 4 月。

石川直截了当地问：

"您作为一名政治家，是如何看待印度的呢？如果有兴趣的话，希望您可以去一趟印度。我认为，今后的印度对日本来说是非常重要的国家。据说，现在有 11 亿人，今后会超过中国，成为世界人口最多的国家。但是日本对印度实在是太不关心了。与中国的关系、与朝鲜的问题、对美关系、日本在亚洲的责任……无论从哪一方面来考虑，印度都是非常重要的因素。我希望日本的政治家更加关注印度。"

二阶表示同意：

"我觉得你说得对。印度人都很聪明，而且印度这个国家的经济发展速度也非常快。同为亚洲的大国，保持更加亲密的关系十分重要。实际上，石川老师您刚刚所说的事情，我最近刚和古贺诚先生聊过。我们商量着在参议院选举结束后一起去印度。"

石川的眼睛中闪出喜悦的光芒，他说：

"如果古贺先生与二阶先生能够访问印度的话，那真是太令人高兴了。请让我也一起去吧。"

二阶顺便向石川介绍了大贺莲的由来，以及从亚洲各国传来的关于莲的各种信息。

石川说：

"莲自古以来就作为佛教之花深受亚洲人民的喜爱，印度也肯定有许多莲的历史。我希望可以尽量帮忙进行调查。"

回到东京后，二阶马上给原干事长古贺诚打电话，安排与石川三人见面。

古贺也对石川接受协调人一职十分高兴。

"我很早之前就想去印度了，但是一直迟迟没有去。"

石川到印度后，马上与瓦杰帕伊总理取得了联系。瓦杰帕伊总理也非常欢迎日本的来访者。

当时印度已经进入了选举时期，但是瓦杰帕伊总理对石川充满信心地说：

"我们在选举中占据了压倒性的优势。没有关系，你们就过来吧。"

在印度出差的石川给二阶拨打了国际电话。

石川非常兴奋地对二阶说：

"我与印度的瓦杰帕伊总理聊到莲的事情，他非常高兴。总理所在的印度人民党的象征图标也是莲花。我去购买党旗带回来。"

在将莲花尊为国花的印度，瓦杰帕伊总理对"两千年莲"——大贺莲抱有兴趣是理所当然的。据说，瓦杰帕伊总理提到：

"我非常高兴看到你们关心莲的问题。下次见面时能不能把大贺莲带到印度呢？我想将其栽种在党总部前的池塘中。"

然而，印度人民党在 2004 年 5 月 13 日的总选举中落败。日本外务省发表分析说，失败的原因是由于他们没有顾及被经济增长甩在身后的贫困层的不满情绪。

二阶等人为了访问瓦杰帕伊总理而进行了大量准备，但是访问的时机有些糟糕了。但是二阶还是对古贺与石川说：

"既然决定了，要去就去吧。"

日本 7 月也面临着参议院选举。众人决定在选举结束后访问印度。

7 月 11 日的参议院选举顺利结束后，在为印度、缅甸之旅进行准备之际，二阶首先将石川的提议告诉了古贺诚。

古贺听说可以请石川来帮助前往印度的访问团，十分开心：

"我非常赞成。"

二阶马上与东京大学绿地植物实验所的南定雄取得了联系。

"我们希望将大贺莲移植到印度和缅甸，能否给我们一些莲根呢？"

南欣然答应，承诺在出发当天将莲根带去机场。

在印度，莲是大地、太阳、财富、生产等的象征，从公元前 3000 年左右开始取得约一千五百年繁荣发展的印度河文明的遗迹当中还发掘出了莲的女神像。到了佛教盛行的时代，佛教中引进了古代印度的神话，即太阳神毗湿奴的腹中产下莲花，世界的创世主梵天从中诞生。莲作为通知佛陀诞生之花，在佛像的底座中出现。此外，根据大莲花藏世界（极乐净土）的故事，莲在佛教信徒之间是理想乡的象征。可以说，提到印度就能联想到莲，提到莲就能联想到印度。

不久后，国会议员与经济界的有志之士以古贺为团长、石川为顾问，组成了共 30 人的"印度·缅甸·越南　经济、文化观光、体育交流使节团"。

成员共有 28 人。其中包括经济产业副大臣泉信也、外务大臣政务官荒井正吾、国土交通大臣政务官鹤保庸介、参议院自民党副干事长松山政司、参议院议员藤野公孝（原运输审议官、观光部部长）组成的政治团队，经济界的 JR 东日本副社长清野智、成田机场副社长玉造敏夫、新日铁顾问川嶋康宏、日本航空专务松本武德、全日空副社长户矢博道、五洋建设副社长高阶宝雄等人，鼎鼎大名的杰出人物齐聚一堂，国土交通省的观光地域振兴课课长若林阳介也与其同行。

相关人员很快汇聚于众议院第二议员会馆的古贺事务所。二阶、古贺、石川以及印度中心的代表 Vibhav Kant Upadhyay 四人就在印度进行会谈的日程等进行了商榷。

前往印度的旅行日程定为 7 月 18 日至 22 日。众人通过外务省联系了驻印大使榎泰邦。同时还获得了驻缅甸大使宫本雄二、驻越南大使服部则夫的协助，决定 7 月 23 日至 24 日前往缅甸仰光、24 日下午至 25 日前往越南河内。

出发前的 7 月 13 日下午 4 点，古贺团长在千代田区九段的九段会馆琉璃房间中举办了团体成立仪式及团员的介绍等活动。

古贺在致辞中说：

"通过各位成员的协助，我们能够借此机会与各界有识之士一起思考日本与印度、缅甸及越南今后交流的重要性，日本在亚洲中的地位等问题，对此我表示衷心的感谢。尤其是获得了熟悉印度问题的秋田公立美术工艺短期大学的校长石川先生的指导与帮助，以及为了'自己成为印度与日本之间的桥梁'而倾注满腔热情的印度中心 Vibhav 代表等人士将在印度的全部行程中陪同我们，这让我们受到极大的鼓舞。

"关于访问缅甸，我担任了日本缅甸友好议员联盟的会长，并请二阶议员担任了副会长，同时还请此次参加访问的各位人士以议员联盟成员的身份参加、进行协助。我希望与钦纽总理进行会谈，并且作为日本遗族会会长参拜位于仰光的日本人墓地。届时希望各位团员也能够一起参加、去墓地参拜。

"关于越南，今年5月越南航空河内—关西国际机场之间开通了新的航线，在举办首航的纪念活动之际，二阶先生从关西机场乘坐首次航班访问河内。因此，关于访问河内的事项将由二阶副团长进行介绍。

"此外，关于此次访问，外务大臣政务官荒木先生，以及外务省负责越南事宜的经济协力局审议课事务官儿玉先生、负责印度事宜的西南亚课事务官田边先生等人士出席了今天的活动，访问国家的驻印度榎大使、驻缅甸宫本大使、驻越南服部大使等人士也提供了特别关照，我想在此表示感谢。"

在主持人藤野公孝事务局长进行介绍后，二阶也发表了致辞：

我衷心感谢各位为这次访问团的成立提供帮助。

关于印度，古贺团长邀请我去访问，而且曾经在某一场合同席的石川先生也告诉了我一些印度的事情，我一直都很想去那访问一次。

关于缅甸，我知道现在的政治形势非常困难，但是与其保持紧密的交流是十分重要的事情，幸好古贺先生担任了友好议员联盟的会长，借此机会可以参拜日本人墓地。古贺先生作为日本遗族会的会长，提出的这一计划非常棒，我很赞成。驻缅甸的宫本大使与古贺团长是同乡，两人都出生于九州福冈，我也在2000年5月率领5200人访问中国时，受到当时担任中国公使的宫本大使的诸多关照。我曾经承诺过："我一定会在您担任大使期间访问缅甸！"这次多亏各位的帮助，能够实现这一承诺，我感到非常高兴。

而关于越南，正如刚才团长所介绍的一样，我当时有幸会见了各位领导人，尤其是与旅游总局局长武氏胜进行会谈之际，就促进"日越观光协定"获得了其协助。我立刻向国土交通省报告，努力敲定不输给其他任何国家的协定内容（日本对越南来说是第18位的国家）。此次，为了促进这一协定的实施，我想与越南政府进行商谈，希望越南政府也能够更加努力地投入该协定。此外，服部大臣请我们"将大贺莲带到越南"，我希望为越南送去莲根这一名副其实的两国文化交流的"种子"。

此次，驻印度榎（泰邦）大使、驻缅甸宫本（雄二）大使、驻越南服部（则夫）大使等人士为我们提供了各方面的关照，我想再次表示感谢。

7月18日下午1点，成员们在成田机场内的日本航空贵宾室集合。

东京大学绿地植物实验所的南定雄在当天早晨挖掘了最新鲜的莲根，将其装入箱内，亲自送到了成田机场。

古贺团长致辞后，新日本制铁顾问川嶋康宏副团长带头进行干杯，互祝旅途平安。众人乘坐日本航空471号成田直飞德里的航班。经过8小时45分钟的空中旅途后，一行人于印度时间晚上7：40到达。在泰姬陵宫酒店的"榎大使晚餐会"上，众人一边品尝印度料理与啤酒，一边尽情畅谈。

7月19日，一行人视察了铃木的合并公司Maruti Udyog工厂后，参加了"日本－印度全球合作伙伴论坛"。论坛安排了两国的基调演讲。

当翻译人员介绍"这位是原部长"后，二阶亲自快步走上前，与原部长亲切地交谈：

"您好，您好！印度真是很热啊。"

二阶并不会说英语，但他没有丝毫怯意，直接用日语对话。翻译人员连忙跟上来。

"老师，您刚刚说的什么？"

"嗯？没事，我就说了句'印度很热啊'。"

面对跨越语言障碍开诚布公的二阶，原部长也顿时感觉十分亲切。

石川看到二阶的这一行为，心里钦佩不已。

"与语言完全不通的外国人首次见面竟然表现得如此不慌不忙，真不是一般人能够做得到的。"

石川之前也将许多日本政治家介绍给海外的领导人认识。大多数日本政治家英语不好，只能按照初中教科书那样说几句"My name is…"，然后就沉默无言了。

石川曾经和后来成为民主党代表的菅直人去过中国。外语不好的菅对石川说：

"喂，石川，你先走。"

石川惊呆了。

"您才是民主党的领导啊，为什么要我先走？"

各国领导平时会与世界各国的人们进行会谈，与英语圈以外国家的人们见面的机会自然也很多，有翻译人员在的话并不存在任何问题。如果像菅这样站在外国人面前就惴惴不安的话，其心理素质一下就会被人看穿。

在这一点上，二阶表现得完全不同。印度方面的人都对首次见面的二阶留下了很好的印象。会场马上充满了亲密和睦的氛围，石川更感钦佩。

二阶在此次访问中得知，印度境内分布着一些非常有价值的佛教遗迹，但是缺乏基础设施。道路没有铺好，也没有铁路。如果想要参观这些遗迹，只能乘坐巴士在糟糕的路况上颠簸几个小时才能到达。

二阶在"日本－印度全球合作伙伴论坛"的讲台上热情地呼吁：

"有这么好的旅游资源却不利用实在是太可惜了。如果能够建设良好的基础设施，日本也会引发去往印度旅游观光的热潮。日本游客分散在世界各地，所以肯定会有许多日本人访问印度。"

二阶展示了事先准备的日本新干线模型，并解释说：

"这是日本的新干线。如果日本与印度合作的话，可以在印度境内运行这种电车。日印还可以签订旅游协议，进一步放宽旅游签证，大家认为如何呢？"

看到二阶接二连三地提出各种建议，石川佩服不已。

"首次访问印度就能够提出这样的话题。只能说二阶俊博真的是富有政治家的敏感嗅觉。"

论坛结束后，日印双方在中央讲台签订了《日印两国政府间为促进旅游合作的基本协议》。日方由二阶作为代表，印方由论坛代表、众议院议员 Suresh Prabhu（原科学部部长）作为代表签字。

之后，一行人前往众议院议长公邸访问了众议院议长 Somnath Chatterjee。Chatterjee 议长为人温文尔雅，举手投足颇具风范，他殷勤地款待了一行人，并且谈到了印度与日本的合作。

古贺团长提到此次访问印度的主旨，并对 Chatterjee 议长今秋的访日计划表示欢迎。

二阶也致辞道：

"今秋，议长阁下访问日本，议会成员之间进行积极交流是非常关键的事情。尤其是在政治、经济、文化、体育、青年、妇女等方面，各行各业各个层次的交流十分重要，刚刚我们在日印论坛上签订了《关于促进日本与印度在旅游领域的合作》，这是一个出发点，我希望以后能够继续获得议长阁下的指导与协助。此后，我们将访问印度人民党（BJ党）总部，将日本拥有两千年历史的大贺莲的莲根栽种在BJ党总部的里院当中。

与印度原科学部部长 Prabhu 在推进旅游领域合作的基本
协议上签字（2004 年 7 月）

"莲是与佛教之国印度渊源最深的花。尼赫鲁总理曾经将释迦诞生地的莲子送给日本，现在其依然作为'尼赫鲁莲'得到精心的保存与培育。两国在文化交流领域也有着许多可以合作的课题。我希望今后更加重视在文化方面与体育方面的交流。"

听完二阶的发言，Chatterjee 议长给予了有力的肯定回复：

"我完全同意，希望可以尽量提供帮助。"

当天下午，二阶等人访问了原总理瓦杰帕伊率领的印度人民党（BJ党）总部。印度人看上去对莲有着很深的理解，从总部大门到里院的道路中挤满了党内相关人员与记者。党总部前方已经建造了一个心形池塘，接着只等栽种莲了。

二阶看到印度人民党的党总部前修建的池塘，不由得嘀咕：

"对于栽种莲来说，有点儿小了吧？"

由于大贺莲是大型莲花，所以需要面积足够大的池塘。不过，还是决定先在这一场所栽种大贺莲，并举办纪念仪式。

正式栽种莲时，亚什万特·辛哈、萨修瓦·萨瓦拉吉等前部长与多名BJ党干部参加了种植活动。

二阶与自民党原干事长古贺按照南所教的方法，如同首次为婴儿沐浴一般，在众人的注视下小心翼翼地种下了大贺莲的莲根。

第二天早上，当地报纸铺天盖地地报道了这一场景。之后，该莲根成功地生根，大贺莲也在印度绽放了。

在栽种大贺莲之后，众人与党干部去其他地方进行畅谈。首先介绍了两国的出席人员，然后古贺诚团长叙述了此次访问印度的主旨：

"我希望借此机会进一步加深日本自民党与印度 BJ 党之间的交流。"

与自民党原干事长古贺一起在印度人民党总部的池塘中
种植大贺莲（2004 年 7 月）

二阶向在之前的选举中刚刚交出执政党位置的 BJ 党干部简单地介绍了大贺莲的由来，然后谈道：

"我们参与政治的人都会受到选举的洗礼。选举需要的是数量。数量对执政来说也非常重要。我们今天送来的大贺莲拥有两千年的古老历史，同时，其莲根具有每年增长 2000 倍的习性。因此，今天栽种的莲不久后将会生根，有可能在今年就会开花，明年繁殖为 2000 倍。

"对参与政治的人来说，对政党来说，这是非常吉利的事情。借此机会期待 BJ 党的各位取得更加活跃的发展。"

看上去大家对"发展为 2000 倍"的期待十分满意，潮水般的欢呼声充满了会场。

　　二阶在赠送了大贺莲的莲子后，简单地介绍了南教给他的培育方法。

　　接着，二阶向 BJ 党总部赠送了由二阶的朋友、摄影师前田利武与二阶担任会长的自民党政策集团"新波浪"的成员、事务局的玉置忠男准备的大贺莲油画框，以及印度尼赫鲁总理过去赠送的莲子发芽、开花的尼赫鲁莲的油画框。

　　印度政治界的领导人暂时忘却了政治纷争，陶醉地欣赏色泽鲜艳的桃红色大贺莲与红色尼赫鲁莲。接着，众人就印度与日本的文化交流积极地交换了意见。

　　印方出席者的权威政治家中，有 1999 年出版《莲是和平的象征》（*Lotus Eternal Cultural Symbol*）一书的 Vjjay kumar Malholsra。二阶在日本时听印度中心的 Vibhav 代表提起过这本书。据说，Vjjay 撰写这本书的原因是原总理瓦杰帕伊曾经说过这样的话：

　　"我们终于能够建立像样的政党了。到时候我们会把莲作为象征标志，你去写一本与莲相关的书。"

　　二阶与 Vjjay 亲切地交谈，还收到了 Vjjay 的著作。

　　书中讲道，莲是佛教之花，同时也是东洋之花，除了像冰河一样寒冷的地区与沙漠以外，在世界任何地方都能够生长，北美五大湖过去也拥有莲花繁盛一时的历史……书中的内容不光停留在印度，还涉及世界各个地方。其中还详细、准确地提到了大贺莲的故事。能够在印度的政治家中与论述过从莲的成长到佛教与印度的哲学的作者本人直接相见，众人在回去的巴士上不断地表示叹服。

　　其中一人兴高采烈地说：

　　"终于可以构建亚洲的莲网络了呀。从日本出发到中国、印度、印度尼西亚巴厘岛、缅甸仰光、越南河内，还有最近中国海南岛的博鳌，以及 9 月海南岛与关西机场之间开通直飞航班，是不是就能构成空中'莲之路'，由我们这些外行人描绘出来的空中'莲之路'呢？"

　　听到这番话语，众人不约而同地聊起了莲的文化。

　　在此次访问后，印度提到日本就会响起"二阶、二阶"的呼声。之后，国防部部长印度人民党人 George Fernandes 访问日本时也与二阶进行了会谈。后来尽管印度国防部部长进行了人员更替，但是印度人民党一直都保持与二阶进行会谈。

　　二阶谈妥了许多让对方国家欣然接受，同时也有利于日本国家利益的事情。石川还与二阶一起多次访问过中国，无论是去往哪个国家，二阶都发挥出了卓越的政治才能。

向印度人民党总部赠送大贺莲的莲根、种子

后来在 2005 年 3 月，日本再次向位于印度德里的印度人民党总部赠送了大贺莲的莲根、种子。外交部部长吴年温也回赠了 200 颗种子，于东京大学绿地植物实验所进行了发芽试验。

二阶与和印度不断发生冲突的巴基斯坦总统穆沙拉夫见过三次面，他也想将大贺莲送给巴基斯坦。二阶试图这样说服穆沙拉夫总统：

"印度与巴基斯坦之间的问题难点在于相互理解，关于这一点，现在各地都有人呼吁在大贺莲分布的地区建设'莲之路'，而非'丝绸之路'。这种时候，如果把巴基斯坦排除在外就不大好了，你们能够加入进来吗？还是不愿意加入？"

二阶心想，这样解释的话，穆沙拉夫总统应该会做出身为政治家的判断。

访问完印度后，一行人于 7 月 20 日赶赴缅甸。

使节团团长古贺诚也是日本遗族会的会长。二阶与古贺共同计划在缅甸的日本人墓地种植大贺莲。

在大成建设、前田建设工业、西松建设等的支援下，在缅甸日本人墓地内建设莲池的工程动工了。

在缅甸的日本人墓地

南定雄准备的大贺莲的莲根与莲子在交给钦纽总理后，捐赠给了缅甸的首都仰光。

计划在完成池塘的建设后，将其移植至日本人墓地。

7月24日，一行人到达越南河内。大贺莲的莲根与莲子作为日本国民真诚地向越南国民赠送的礼物，由二阶交给了武宽副总理。

越南的莲花是在6月盛开，因此大家小心翼翼地将大贺莲运送至越南农业部研究所进行培育。

7月25日上午6点40分，"日本·印度·缅甸·越南 经济、文化观光、体育交流使节团"一行人结束了全部行程，回到成田机场。

在这次访问的三个国家当中，二阶最在意的国家是缅甸。

结束访问约两个月后的9月，缅甸赠送了睡莲的种子。二阶的"莲外交"进行得十分顺利。

然而遗憾的是，由于这颗种子没有成熟，所以没有发芽就腐坏了。

此外，仰光日本人墓地内修建了一大一小两个莲池，该工作于2004年末结束。

然而，越南突然发生政变，支持计划的稳健派、国际合作派的钦纽总理于2004年10月下台。

虽然军事政权声称引退是出自"健康上的原因"，但是可以认为，是其与保守派政权进行政治斗争后落败。

之后，军队情报局解散，钦也被军队软禁在仰光的自家中。

二阶由于无法再访问钦，差点儿放弃了与缅甸的"莲外交"。不过他希望至少能够向钦道谢，于是询问外务省"前些日子访问的感谢信应该寄给谁比较好"。

这时，7月访问期间，在二阶与钦总理进行交谈时站在两人身边的一个人认为"互相保持礼仪是重要的事情"，他将二阶的感谢信交给了原总理钦纽。原总理钦纽非常喜欢莲，总理房间中的装饰品等使用的都是莲。

缅甸应该是一个虔诚的佛教国家。二阶相信军事政权也一定可以领会到"莲为和平之象征也"这一大贺的心愿。

2005年6月9日至12日，二阶带领以藤野公孝为团长的"缅甸文化交流使节团"再次访问了缅甸。二阶的心愿果然实现了。

上次担任团长的古贺诚此时由于反对小泉纯一郎大力推进的邮政民营化，所以这次没有同行。

仰光日本人会就大贺莲的移植、培育问题，请求派遣有知识经验的人。因此，为上次访问缅甸准备了大贺莲莲根的东京大学绿地植物实验所的技术专员南定雄也与其同行。

运输莲时，考虑到防止破损、保温管理等，决定将其带入飞机中。关于莲的进口问题，通过外务省与日本大使馆的协商，结果是可以不必取得仰光的进口许可证，只要从成田机场出国之际取得植物检疫书。

一行人为日本人墓地的池塘捐赠了大贺莲、舞妃莲、和莲的莲根、种子，在大池塘中移植了 20 株大贺莲，在小池塘中移植了 10 株舞妃莲、和莲及其他莲。

回日本时，还带回了缅甸赠送的当地莲根。缅甸的莲非常健壮，茎也很粗。这些莲根由南来培育管理。

然而，由于采购的时间不好，所以莲的发育情况不佳。南心想，用种子直接培育发芽也行，不过尽量还是用莲根来培育。缅甸的莲于 2006 年开花。

南心想：

"如果我为二阶先生的'莲之路'提供帮助的话，莲的品种肯定也会增多。"

同时，栽种于越南的大贺莲尽管种子没能成功发育，但是莲根长出了许多根茎。

访问河内一个月后的 2004 年 8 月 30 日，二阶收到服部大使寄来的"大贺莲成功发芽"的花讯，其中还附有照片。

2005 年 6 月，大贺莲开花了。但是并没有像期待中那样百莲齐绽。

服部心想，为了将大贺莲作为日越友好的象征，只能将其移植到河内市内引人注目的地方。

因此他与河内市进行协商，于 2006 年 5 月将大贺莲移植至文庙。文庙是公元 1070 年创建的越南最早的大学，现在是河内首屈一指的观光景观。

2006 年 3 月，服部终于如愿以偿地访问了已故胡志明主席的家乡乂安省的"金莲村"。看到这一静谧安宁的地方，服部感觉从河内坐五个半小时汽车的疲惫也一扫而光了。

"释迦佛祖正是在这样的地方诞生的吧？将来希望将大贺莲分根到这儿。"

2006 年 1 月 27 日，二阶俊博经济产业大臣在日内瓦出席了 WTO（世贸组织）的部长级会议。这是二阶首次出席该会议，此时他在外交方面完全是默默无闻的人物。

此次会议的主席是印度工商部部长国民大会党（国大党）人卡迈勒·纳特。作家石川好事先联系了卡迈勒·纳特。

"二阶先生是首次参加，请多多关照。"

卡迈勒·纳特部长没有见过二阶，但是听说过二阶是一位非常能干的政治家。

"在这些成员当中，有一位出色的日本政治家叫二阶俊博。"

听到与自己素不相识的主席突然介绍自己，二阶大吃一惊。

二阶与卡迈勒·纳特趁此机会进行接触，半年后，两人在日本迎来再次相逢。

2006 年 6 月 15 日，经济产业大臣二阶与印度工商部部长卡迈勒·纳特就促进日本企业向印度进行投资的行动计划，以及两国之间作为全球性伙伴的合作关系达成一致意见。

在签订这一协议时，二阶刚好担任经济产业大臣。两年前访问印度、提倡日本与印度之间合作的二阶以经济产业大臣的身份签订了协议，在印度方面看来，留下了"一切都是二阶的功劳"的印象。

2006 年 5 月，APEC 贸易部长会议在越南胡志明市召开。从上一年 2005 年 10 月开始担任经济产业大臣的二阶也出席了该会议。

此时，二阶为同样前往胡志明市的服部准备了一份厚礼，即从日本带去两个莲花形状的巨大金属物，其体积可供成人在其中洗澡。二阶说：

"一个想送给服部先生，一个请赠予越南的相应人物。"

二阶对莲花的痴迷以及他宽广的胸襟令服部十分惊叹。

此时，两人商量了在河内建造莲纪念馆的计划。

这一年，气候异常，大雨连降，莲根也受到很大的影响，看起来不像能够开得很好的样子。但是，移植至文庙的大贺莲还是成功开花了。

2006 年 11 月 25 日至 29 日，越南国家主席阮明哲夫妇作为该国的国宾首访日本。

26 日晚上，天皇、皇后两陛下在皇居宫殿"丰明殿"主持了欢迎阮主席夫妇的宫中晚餐会。

日本方面除了皇太子与秋筱宫夫妇等皇族以外，还有首相福田康夫夫妇等约 140 人出席，越南方面有副首相、驻日大使等人出席。

天皇陛下在开场的致辞当中提到明年将迎来建立邦交 35 周年，并对越南战争后的复兴与两国之间的交流表达了赞许之意：

“贵国的人们克服了战争带来的惨痛与长久以来的诸多困难，努力建设充满活力的国家，同时，今天我们在各种领域都进行了合作，我感到由衷的高兴。”

阮主席回复道：

“我相信这对两国来说，是迈向充满希望的新发展的重要转折点。”

第二天，即 27 日上午 11 点 30 分，越南驻日大使在东京纪尾井町的新大谷酒店“鹤之间”主持了喜迎阮主席的欢迎招待会。

欢迎会上，除了秋筱宫文仁亲王殿下代表皇室出席以外，还有原首相小泉纯一郎、自民党总务会长二阶俊博、担任日本越南友好议员联盟会长的原干事长武部勤、参议院议长江田五月等人出席，共有约 800 人光临了会场。

阮主席、秋筱宫殿下致辞后，黄中海副总理赠送了越南的莲根与莲种作为友好的象征。

二阶收下这一礼物后致辞：

阮国家主席殿下、秋筱宫亲王殿下，以及在座的各位，大家好！首先我想向越南社会主义共和国国家主席阮阁下表示热烈的欢迎！

此次我收到黄副总理赠送的越南莲根与莲种，心里非常感动。我一直致力于通过莲建设亚洲的友好圈子“莲之路”，这份赠礼对我来说是越南国民赠予日本国民的友情的象征，我们将精心地培育越南的莲。

我在 2004 年访问越南之际，送给当时的武副总理在日本千叶县检见川发现的两千年前的大贺莲的莲根与莲种。之后，其作为日越友好的象征，被移植至河内著名的文庙池塘当中。现在，日越两国的研究者正在进行合作，努力让莲花开花。

莲在日本作为佛教的象征，自古以来受到人们的青睐。基于佛教的独特文化也是日越两国之间的共同特点。

今天我收到的莲根与莲种将交由东京大学研究生院农学生命科学研究所培育，有专家希望尝试与日本特有的莲种及大贺莲进行杂交。我期待杂交成功，象征两国繁荣的新品种莲能够开花。将来花蕾绽放时，两国国民之间定会因为日越友好新象征的诞生而深深感动。大家也知道，莲花从开花的第二年开始会持续繁殖为 2000 倍。

　　能够走到今天这一步，是因为印度大使卡普、大使服部、日本越南友好议联会会长武部（勤），以及另外一名故人的帮助。这位故人是我高中时代的恩师，已故的阪本佑二老师，是他告诉了我大贺莲的故事。我非常感谢这一缘分。

　　最后，祝阮国家主席阁下身体健康，两国关系更进一步，让我们举杯同庆。干杯！

"莲之路"还通向了中东。

2003 年 4 月 28 日至 5 月 5 日，二阶俊博与当时的执政党干事长的山崎拓、冬柴铁三一起访问伊拉克、科威特、阿拉伯联合酋长国，5 月 3 日访问了伊拉克的周边国家卡塔尔的多哈。

　　距离科威特东南方向 560 公里的卡塔尔共和国是一个小国，国名意为阿拉伯半岛的"水滴"。二阶等人与国王哈马德·本·哈利法以及外交大臣哈马德·本·贾西姆、能源大臣（当时的 OPEC 秘书长）阿提亚等人进行了有意义的会谈。

　　日本方面提出，希望对方协助日本自卫队在伊拉克的活动，并强烈要求在 2006 年于卡塔尔举办的亚运会的比赛项目中正式加入棒球与垒球。

　　卡塔尔方面一直强烈希望将航线延长至日本，尤其是开通从多哈到成田机场的直飞航线。

　　此外，哈马德国王对日本教育做出了极高的评价，他热情地说：

　　"我希望日本人能在这个国家建立用日语进行教育的学校。希望你们能够派遣出色的教师，让下一代的国民学习日本文化。"

　　航线延长的项目主要由二阶来负责。哈马德国王对此事非常看重，甚至立刻将在印度出差的卡塔尔航空总裁阿克巴叫回多哈。等阿克巴总裁到达后，二阶等人与其进行了协商。

　　"现在马上开通飞往成田的航班有点儿困难，但是关西机场可以积极地接收。"

　　协商的结果是很快达成了一致的意见，之后就交给政府间交涉了。2005 年 4 月 1 日，期待已久的首航班机终于从多哈飞往关西国际机场，此后每周四都有一趟航班。

　　二阶带着小泉首相的亲笔信，与公明党干事长冬柴铁三、关西机场社长村山淳等人士一起从日本乘坐飞往多哈的首航班机，时隔两年后再次访问了卡塔尔。

二阶与冬柴身穿第一副首相兼外交部部长哈马德赠送的民族服装出席了卡塔尔航空阿克巴总裁主持的欢迎会。此时正值达沃斯会议召开，他们还穿着这身服装出席了该会议的欢迎会，会上赢得了盛大的欢迎，众人掌声如雷，摄影师的闪光灯也闪个不停。众人纷纷议论："感觉到了友情"，"一点儿都不像初次见面"，"想要合影"等。这些反响完全出乎二阶的意料，第二天的报纸上也报道了这一场景。

此次访问，应驻卡塔尔的堀江正彦大使的强烈要求，二阶带去了大贺莲的莲根。一般来说，除了冰河地带与沙漠地区以外，莲可以在全世界的任何地方开花。但是由于堀江大使的建议，决定将莲移植至沙漠国家卡塔尔的植物研究所中。

农业大臣及副大臣、研究所所长等人士热情地参加了种植工作，他们对二阶说：

"我们一定让莲绽放出友谊之花！"

听到这番话语，二阶非常感动。

在日本驻卡塔尔大使馆官邸中，身穿民族服装种植大贺莲的二阶
右边为日本驻卡塔尔的堀江大使（2005 年 4 月）

此外，堀江大使还在官邸中准备了两个花盆，并向二阶承诺：

"我还会和妻子一起在官邸中精心地培育莲。"

堀江大使在约三周后的 4 月 24 日回国时拜访了二阶，并且出示了大贺莲的照片，莲已经长出新芽，绿叶也浮出了水面。长势良好。

二阶心想：

"'莲之路'终于还通向了卡塔尔啊……"

二阶同时联想到上一年 2004 年 3 月 25 日建成的中国博鳌"莲花馆"，不禁感慨良多。

将大贺莲与中国品种进行杂交

2005 年 6 月 23 日，中文报纸《东方时报》上刊登了单独采访众议院议员二阶俊博的报道，二阶回答了与中国及大贺莲相关的问题：

> 记者："二阶先生长年以来为了中日友好而付出诸多努力，致力于让两千年前的大贺莲在中国大地复苏的'莲花'和平外交等，说起来先生与中国有什么关系吗？"
>
> 二阶："我首次访问中国是在担任和歌山县议会议员的青年时代，作为'日中友好之翼'的一员访中。当时我参观了万里长城，心想只有与幅员辽阔、历史悠久的中国保持良好的关系，今后的日本才能取得繁荣的发展。我在担任国会议员秘书的时候，松村谦三先生、竹山佑太郎先生等人都为构建日中和平友好关系而倾注了全部心血。看到他们的努力，我自己也对日中关系怀有一种特殊的心情。1989 年政治风波后，外国人访华较为困难的那段时间，我在日中两国之间连续十年进行青年交流的'长城计划'中担任秘书长访问中国，并且受到中国方面的热烈欢迎。2000 年，我作为运输大臣签订了《关于早日实现中国团体赴日旅游的协议》，并且组织了 5200 名日本人结成日中文化观光交流使节团访问中国。我还曾与最高领导人进行对话，组织青少年之间的交流。在邦交正常化 30 周年的 2002 年，我组织了 13000 人的访华团，在长城植下 13000 棵树以表纪念。2004 年 9 月，中国的访日团体旅游签证的发放地区扩大至三市五省。最近还开辟了让全中国人民访问日本的道路。我一直希望扩大日中韩之间交流，对我来说，这

是非常值得高兴的事情。"

记者："您说过'要将旅游作为一生的事业',请问您今后有什么计划?"

二阶:"首先我想进一步推进'莲花外交',建设'莲之路',将从日本到中国、亚洲的所有大贺莲盛开的国家连成一条线。此外,我希望从事旅游的人们不要只追求利润,而应该对自己能够在旅游领域大展身手怀有浪漫与自豪之情,我会在力所能及的范围内努力促进其实现。"

记者:"最后请您再讲几句。"

二阶:"我喜欢的诗人苏东坡的词中有一段说的是'但愿人长久,千里共婵娟'。就算身处于不同的国家,我也相信日本人和中国人都眺望着同样的月亮。'友谊花开万里香'——日本与中国不能在困难面前止步,为了亚洲与世界的和平,现在正是向未来迈进的时候!"

由于大贺莲一直保持着触不可及的神圣形态,所以日本并没有积极地对大贺莲进行杂交。

不过大约从 1995 年开始,绿地植物实验所的技术专员南定雄以及其他研究单位也开始进行相关杂交。

而且由于与中国进行了莲的交流,许多中国品种传入日本,南开始通过将中国品种与大贺莲杂交来培育新的品种。

剑舞莲是中国北京植物园将日本赠送的舞妃莲进行自然杂交后获得的品种。花色呈黄白色,花瓣纤细,花瓣的柔韧性比舞妃莲要大,花朵闭合时仿佛就像舞剑的姿势一般。花径为 25 ~ 28 厘米,花瓣数为 20 枚左右。

友谊红 3 号,是在中国科学院武汉植物园中将中日友谊莲与红腕莲杂交后生长的小型莲花。花瓣数约为 20 枚,为单瓣花瓣,花径约为 10 厘米,在直径 25 厘米左右的容器当中也能栽培,又被称为腕莲。

光是大贺莲的品种体系中就新增大量品种,人们不断对其进行新的杂交,大贺莲的伙伴也在逐渐增加。

在这一系列的工作当中,南再次认识到大贺莲的可贵之处。正因为许多人一直将大贺莲视为神圣之物而守护着它,才会出现如今的莲花热潮。大贺莲的神秘性,再加上现在可以欣赏到大量品种,使人们为之感动。有些地方为了振兴城市而栽培莲花,能够欣赏到美丽莲花的场所也在不断增加。

不过，许多人误认为这些莲全都是大贺莲。南特意告诉这些人，现在有非常多的品种。在掀起莲花热潮后，每年夏天都有新闻机构来采访南。电视是最为有效的途径，南在这些地方也坚持进行启蒙工作。

此外，绿地植物实验所管理的莲的种类也逐渐增加，阪本赠送了斯洛克姆夫人莲、维吉尼亚莲与其他品种的莲，长岛时子也赠送了汉莲（白玉莲）等。到了改名为绿地植物实验所的 1975 年左右，已经栽培了约 40 种莲。

1986 年 3 月 25 日，阪本弘子为千叶市东京大学绿地植物实验所的斋尾干二郎所长、渡边达三副教授分根了白万万莲、红舞妃莲、莲阳莲、美国白莲、埃及莲、明光莲。

千叶市东京大学绿地植物实验所一直致力于收集与保存观赏用莲的品种。2003 年 4 月 14 日，实验所的南定雄收到了昭美莲、黄阳莲、舞妃莲、中日友谊莲（大）、中日友谊莲（小）、俄亥俄莲、明光莲、醉妃莲、红万万莲、天竺斑莲、美国白莲、金轮莲、芍药莲、蜀红莲、瑞光莲、和莲、一天四海莲、不忍斑莲的莲根。

现在世界上约有 300 种莲，阪本"荷风千里"的心愿逐渐得到了实现。莲花被改良为园艺植物，在小型容器中也能够栽培。小型品种多在中国培育，如今日本也在积极地引进。每天在庭院与阳台眺望美丽的莲花，人也会变得更加温柔吧。不光是中国，印度、越南、缅甸等地也有当地的莲花。南希望将世界各地的莲与大贺莲进行杂交，将其产物作为友好的象征。

大贺莲由于难以培育，所以不大适合用花盆栽培。南的梦想是以大贺莲为原型进行品种改良，培育出能够绽放美丽莲花的小型品种。现在正在推进改良工作，由于难以对杂交进行跟踪，所以进程没有想象中顺利，不过这是一项非常有意义的工作。

南还在考虑获得缅甸、泰国和印度等地没有怎么经历过品种改良、自然绽放的莲种。比起单纯地栽种这些品种，南更想用其进行莲的杂交。

南希望配合二阶俊博的莲花交流"莲之路"，下次尝试与二阶访问的国家的当地莲种进行杂交。

如果能与亚洲各国的植物学家进行交流，获悉原产莲花的详情的话就更好了。这样，两国也可以开始深入交流。二阶虽然现在并没有与植物学家有太多的交流，但是他希望由政治家领导积极地促进交流活动。

遗憾的是，进行分根的南当时对莲的栽培不是太熟悉，而赠送莲的对方负责人也知识不足，导致实际开出的莲花与大贺莲的颜色稍有不同。

南与同伴们一起合作，总结了大贺莲的特点：1~2 年重新栽种一次莲根，联结在一起时会盛开同样的莲花；但是如果没有得到妥善管理的话，很快就会与其他种类的莲混杂。甚至还出现了原本以为 20 年之后依然是大贺莲，结果成了其他品种莲的事例。南调查了各地被称为大贺莲的莲，当发现其不是大贺莲时，告知对方这一事实，并且如果对方需要的话，为其提供大贺莲的莲根等。

2006 年 4 月 22 日，第五届博鳌亚洲论坛在中国海南岛博鳌召开。二阶俊博发表了如下演讲：

> 海景优美、风光明媚的海南岛博鳌通过拥有两千年历史的莲花与日本结下了深厚的友谊。对我来说，这是一个有着非常多的回忆的地方。我们将莲花称为"和平与宽容的象征"。这种被称为"大贺莲"的神秘莲花是从日本东京大学校园地下发现的两千年前的莲子成功开花后的产物。高中时代的恩师告诉了我这件事情。我心想，这一大贺莲肯定是从中国传来的，所以我计划着将大贺莲的莲花归还中国的故里。古语有云："荷风千里"。恩师教导我说，其意思是莲花的清香随风传至千里的远方。我相信这种说法，从二十多年前开始就致力于将大贺莲移植至中国。

> 我相信，今天在这莲花清香洋溢的博鳌大地，一定可以将"和平"、"宽容"与"友好"的信息送达给亚洲的各位朋友，以下是我的一些想法。

> 在畅想东亚的未来之前，首先我来报告一下日本经济的未来、发展的方向性。

> 日本经济在泡沫破裂后，经历了长期的停滞与调整。在克服了种种困难之后，如今终于迎来了复苏发展期。另一方面，由于日本人口逐渐减少，内部与外部都有一些人持有悲观的想法，认为日本经济未来将会持续缩减。但是我有信心：在今后十年内，日本的实际 GDP 会取得稳步上升，每年实现 GDP 增长 2.2% 以上是有可能的。

> 我为了引领日本经济取得"新的经济增长"，积极地致力于创造两个"良性循环"，并且通过有效利用"人才"来努力实现这一构想。

第一个目标是让日本作为"世界的创新中心"，从日本向全世界宣传、提供新商品、新技术，创造出全球层面的"创新与需求的良性循环"。迄今为止，我国向全球提供了大量在世界市场上首次登场的富有吸引力的产品，并且成功地唤起了新的需求，这也是进一步发展创新的土壤。今后，我们将继续果断地挑战、创造新的产业群。

第二个目标是加深亚洲各国与日本之间相互依存的关系，创造出"日本与亚洲增长的良性循环"。为了做到这点，我认为重要的是创建让人力、物力、财力能够更加自由地在日本以亚洲各国之间进行流通的事业环境。

第三，通过这两大"良性循环"，实现"新的经济增长"，关键是提高每个人的生产率，同时培养出能够进行创新的优秀人才。我希望在推进向肩负未来的人才投资的同时，集结产业界、地区、学校的力量实现"人财立国"。

接下来我想谈谈东亚经济的整体情况。

包括日本在内的国际企业的直接投资活动构成了今天东亚经济发展的牵引力。国际企业的投资可以促进区内的经济发展，而经济发展又会吸引更多的直接投资，这样就产生了"东亚的动态发展"。在这一经济现状的背景下，以东盟为中心，推进FTA（自由贸易协定）与EPA（经济伙伴关系协定）的动向变得越来越活跃化。

为了进一步加强东亚经济联合的潮流，我想提出"东亚经济合作（EPA）"构想、"东亚版OECD"构想、"亚洲人财资金"（暂称）构想。

为了维持东亚成长和发展的源泉——自由贸易与投资的增长和发展，我们不应该像对物品进行协议一样，只以物品的交易为对象，而应该签订包括投资、服务、知识产权、经济合作等在内的综合性的优质经济合作协议。

现在东亚签订EPA、FTA快速推进，预计到2007年中期，东亚许多国家将与东盟签订EPA、FTA。我认为，以整个东亚地区为对象推进EPA的时机已经逐渐成熟了。我将在2008年左右开始提倡综合性的优质经济合作协议"东亚EPA"。

此外，我认为东亚经济应该从严重依赖美国等地区外的贸易投资关系的现状发展为创建东亚经济圈，逐渐形成经济圈的模式。

另一方面，WTO 352 多哈回合谈判今后的进展并不乐观，日本希望做出最大限度的贡献与参与，推进回合谈判取得成功。此外，为了援助发展中国家，日本还积极开展了国际版的"一村一品"运动，发掘、培养发展中国家中富有特色的商品等。

今后，为了进一步推进东亚的经济融合，我们需要巩固推进的基础，东亚也需要参照 OECD（经济合作与发展组织），构建同样具有智囊团作用的组织来支持经济融合。出于这一问题意识，我想以东盟事务局为核心，提出设立中长期的"东亚版 OECD"构想。其第一步是与东盟事务局进行合作，使用我国贡献的资金建立发挥智囊团作用的"研究中心"。

为了推进东亚的经济融合，我们必须了解东亚各国的实际情况，并且从现在开始培养成为互相合作之桥梁的人才。为了进一步扩大东亚人才的交流，我提出了"东亚人财资金"（暂称）构想。

具体来说，为东亚的优秀学生及研究者提供让其能够专心学习、研究的环境，同时，为了培养精通亚洲、日本商业的人才，促进在日本企业的实习等实践性教育，并且加强就业方面的支持。同时为我国的青少年提供去东亚各国留学的机会，将年轻的优秀人才培养为与东亚各国进行沟通的"桥梁"。

我希望在小泉总理大臣的领导下，与相关各国人士详细商谈，今后脚踏实地地实现这些构想。

最后，我想谈谈如今全球瞩目的日中关系问题。

日中两国之间通过两国许多前人的不懈努力，克服了一切困难，建立起深厚的友谊。日中两国并不仅仅是在海峡两岸相望的关系，通过两国之间的积极努力，我们不仅能够为两国做出贡献，而且能够为亚洲、为世界做出贡献。我们必须构建成熟的日中关系。

然而近年来，尤其是在政治领域，日中关系陷入了非常困难的状况。关于我们面对的问题点，在这里没有时间详述了，而且这也并不是博鳌亚洲论坛的主题。我认为日中两国作为对亚洲及世界的和平与繁荣负责的国家，应该共同采取负责的行动。我相信这也是日中两国许多朋友的想法。

我在今年 2 月访问了北京，与温家宝总理等中国政府和党的领导人坦率地讨论了各种问题。就下个月在东京举办节能和环境问题相关论坛达成一致意见，同时决定再次开始对东海油田协议进行谈判。温家宝总理也希望日本企业能够参与中国的西部大开发、东北振兴、北京奥运会、上海世博会。此外，我们从今年开始，每年互相招募2000名以上的日中两国的高中生体验寄宿家庭。

现在日中两国之间的确存在着各种各样的问题，但是我相信，今后通过扩大两国各界各层人士对话与交流的范围，必将加深两国之间的相互理解，克服对立，为子子孙孙、世世代代建立友好关系。

海南岛也是与中国的著名诗人苏东坡颇有渊源的地方。苏先生有一句著名的词为：'但愿人长久，千里共婵娟'，只希望人无论何时，即使远隔千里，也能够在不同的地方欣赏美丽的月亮。

我们确信在不久的将来，日中两国将再次作为相互信任、相互尊敬、相互合作的国家迈上长远繁荣的道路！

以上就日本与亚洲今后的发展性及一些具体的构想提出了我自己的建议。

我希望能够获得亚洲各国人士的理解与合作，同时日本也决心积极地参与东亚整体的发展。希望亚洲各国可以获得双赢。

以上是我的致辞，谢谢各位倾听。

在迎宾馆种植大贺莲

2010年9月发生了钓鱼岛撞船事件，中国船长被逮捕、拘留，此后中国政府采取了各种反制措施。

官房长官仙谷由人反对无罪释放中国船长。但是菅直人首相对中国方面的压力十分敏感，他大声怒斥：

"别说了，把船长无罪释放！"

菅甚至换下了法务省刑事局局长西川克行，无论如何都想要释放船长。

菅问仙谷：

"有没有能够与中国进行调解的人？"

仙谷认为应该与熟悉中国的作家石川好商量。

仙谷联系了石川。

仙谷提出了自民党的原经济产业大臣二阶俊博的名字。

"民主党没有政治家可以解决这一问题。看来只有二阶先生了，我想与二阶先生商量。"

石川回答：

"我可以当联系人。也不介意中途出现丢人的事情。但是，在这个时候将二阶先生卷入其中是不对的。"

石川还是先跟二阶进行商量，两人秘密会面。这件事如果公开的话，会造成很大的影响。

在听完仙谷的介绍后，石川向二阶询问：

"二阶先生，您怎么办呢？"

二阶说：

"以我现在的立场没有办法去。如果我来担任特使的话，自民党会陷入恐慌。但是已经不是说这些的时候了。如果营总理真心想让我去的话，我可以去跟中方谈谈。这是政治家的工作。"

石川心想：

"真不愧是二阶先生啊，他是一名真正的政治家。"

不过，结果并没有任命二阶为特使。民主党更加在乎自己的面子，将民主党的前任干事长代理细野豪志作为特使派遣至中国。

石川心想：

"民主党内并没有能够与中国认真谈判的政治家。"

2013年9月，二阶与石川再次友好访问了中国大连市。

二阶在大连的东北财经大学进行了演讲。除了学生以外，大学局长与教授等人士也一起出席。

在演讲途中，一名学生站起来问二阶：

"我想向二阶先生提问：钓鱼岛是日本的领土还是中国的领土？"

已经结束演讲坐在讲台座席上的石川默默地叹了口气。在大学相关人员齐聚一堂的会场直接遇到这一问题，确实是让人头疼的事。

石川内心有些提心吊胆地等待着二阶的回答："他会怎样回答呢……"

然而，二阶本人泰然自若地说：

"我来回答这个问题。不过，现在有一名在日本对该问题十分熟悉的权威人士在场。借此难得的机会，首先来听听石川老师的意见吧。"

石川因二阶突如其来的一番话而有些不知所措，但是把问题甩给石川的二阶则是一脸平静。

石川不得不花整整 15 分钟时间详细介绍了日本与中国双方的意见。

"……因此，两国互相主张'其是自己的领土'。这就是现在的现实。"

此时，二阶开口说：

"刚刚石川先生介绍的是日本与中国各自的意见，而并非别的什么内容。接下来我来回答这个问题。我希望各位学生思考一下五十年后，大家到我这个年纪时的事情。中国有句话叫'以史为鉴，谈及未来'。而我现在想说的是，'以未来为鉴，看待现在'。正如刚刚石川先生介绍的一样，日本与中国为此争执不休。究竟谁对谁错，请各位站在五十年后的立场上进行判断。我认为这样的话就能够找到回答。"

二阶并没有说"是日本的领土"。看到二阶精彩的瞬间反应，石川深感佩服。

经常有人嘲笑二阶是"中共的御用耳目"。但是石川通过多次目睹的事实，确认这些只是流言与中伤。

诚然，二阶经常听取中国的要求。但是只注意到这一方面未免一叶障目。二阶会仔细听取对方所说的事情，同时也会努力让对方接受己方的要求，有时甚至轻而易举地将工作推给对方。每次看到二阶装糊涂的表情，石川都心生敬佩。

"不给对方留下坏印象，让对方接受己方的要求。这种手段是别人学不来的。"

当然，二阶也并非一直都保持着温柔派作风。

对于某些问题，二阶也有故意冷淡处理的时候。请二阶来做外交工作可谓天下无双。

石川心想：

"能够采用这种手段的政治家就只有二阶先生了。与其他政治家见面很是无聊，而与二阶先生见面，全是有意思的事情。不让二阶先生去从事外交方面的工作真是浪费啊！"

当然，中国方面也十分重视熟谙妥协点的二阶，所以发生事情时都会想到"二阶，二阶"。

2014 年 5 月 4 日，日中友好议员联盟会长、自民党副总裁高村正彦作为首相特使访问中国。

对方是中国共产党第三号人物张德江。张当着高村的面询问：

"为什么二阶先生不来中国呢？"

说到底，中国重视的政治家还是二阶俊博。

石川至今为止多次目睹了二阶高明的政治手腕。

"真的有政治家可以做到这点吗？这才叫真正的政治家吗……"

石川在与二阶接触之后，屡次佩服得五体投地。二阶绝对不会背叛自己，而且自从交往后从心底感觉他是个很有趣的人。所以石川也希望为二阶铺好一些道路，让二阶能够更加容易地去做工作。

现在的纪之川市市长中村慎司是贵志川町最后的町长。贵志川町曾经是和歌山县的那贺郡。2005 年 11 月 7 日，粉河町、打田町、那贺町、桃山町及贵志川町合并为纪之川市。

连接和歌山县和歌山市，以及从歌山站到和歌山县纪之川市贵志站的贵志川线长年以来乘客迟迟没能增加。

这是因为许多人驾驶私家车，而且由于少子化的加剧，以及学生们普遍骑自行车上学，高中生乘坐电车上学的机会也逐渐减少。

2004 年 8 月，南海电气铁道宣布将于 2005 年 9 月撤出该线，并且在 2004 年 9 月向国土交通省近畿运输局提交了停止铁路业务的申请。现在和歌山电铁从南海电气铁道继承该线并进行运营。

贵志川线可能会停止运营的消息出来后不久，二阶俊博与中村町长乘坐了贵志川线的电车。

在从和歌山站驶向贵志站的途中，二阶从车窗处看到了一个莲池。

二阶喊出声来：

"这儿也有莲呀？！"

中村过去或多或少听说过大贺莲的话题，此时他首次从二阶那儿听到了详细的介绍。

之后，中村还被带领着参观了位于千叶县千叶市花见川区内的东京大学检见川综合体育场旁边的药用植物园。

此时，中村听说阪本佑二的家乡和歌山县日高郡美滨町有一个名叫大贺池的池塘。大贺池每年都会举办一次观莲会。

和歌山县纪之川市为了纪念世界首次成功进行全身麻醉手术的医圣华冈青洲而建成了名为"青洲之里"的主题公园。2007 年 3 月，青洲之里从和歌山大贺莲保存会与日高郡美滨町处获得大贺莲的分根。

而在和歌山县纪之川市贵志川町神户有一个面积约 13 公顷、周长约 1.5 千米的平池。这是在中世为了进行灌溉而人工修建的池塘。2007 年 3

月，池塘附近建造了平池绿地公园。

2010 年，平池从青洲之里获得大贺莲的分根。

美丽的莲花盛开，之后每年都如期绽放。

人们一边沿着池塘周围的散步道散步，一边欣赏莲花之美。

平池绿地公园（纪之川市）

2013 年春天，担任日本与越南友好议员联盟会长一职的二阶俊博在迎接两国建交 40 周年而访问越南之际，与当地的议员谈论了越南的国花莲花。

此时，二阶想起了中村的事情。

"纪之川市的平池里栽培着大贺莲。可以在其旁边种植越南的莲花。"

二阶安排人将越南莲根送至纪之川市的青洲之里。

2013 年 8 月 2 日，青洲之里收到了越南赠送的五种莲根。虽然收到的莲根当中有几个损坏了，但是五种莲根中有两种成功发芽。2014 年 6 月，其中一种成功地开花。现在正置放于育苗池中培育，准备过一阵子移植至平池。

此后，越南大使访问了纪之川市等，双方的友情也逐渐加深。

2013 年夏天，约 20 人聚集于平池、青洲之里。

和歌山县副知事下宏与越南的冯大使也访问了此地。

冯大使说：

"让我国送给您一艘船来采摘我们的国花莲花的莲子吧。"

于是，越南用航空邮件为纪之川市赠送了一艘采摘莲子的小船作为友好的象征。莲在越南用于茶、饭菜、药物等，颇受人们喜爱。乘坐小船可以采摘莲子。

小船于 2013 年 11 月 21 日上午 7 点过后到达关西国际机场。

中村市长与新关西国际机场公司的春田谦副社长前往机场直接领取了小船。

船头尖尖的小船是在越南首都河内的工厂中用竹子编织而成的，重约 30 公斤。

小船的体积为宽 1.2 米、长 3 米、深60 厘米。表面使用类似于煤焦油一类的涂料涂饰，以保证小船不会腐烂。小船内

6 月，在青洲之里的莲花绽放前为其消毒

不能容纳多个人。中村心想，应该是一个人乘坐小船在池塘中采摘莲子，另一个人牵引着小船前进。

2014 年 3 月，纪之川市又收到了另一份赠礼。

这次收到的赠礼是一艘船，以及和船一样用竹子编织的盆状容器。船的直径 1.5 米、深 60 厘米，同样是用于采摘莲子的船。

这艘船的赠予仪式选择在纪之川市进行。不过二阶与中村都认为这件事不是县级规模的活动，而是加强国家之间交流的事件。

2014 年 2 月 11 日，全国旅行业协会集会在和歌山县和歌山市的"大白鲸"召开，同时还举办了越南赠送的小船展览。

越南的小船中装满了从纪之川市采摘的八朔橘，免费供来场者品尝。

现在，中村计划在栽种着大贺莲的平池旁边修建保存这艘小船的资料馆，预定占地面积为 300 坪。他希望让更多的人能够在这里参观莲与小船，并将平池打造为供人们交流的观光景点。

今后准备将青洲之里培育的越南莲分根至平池，与大贺莲种在一起。并且希望可以在平池用小船来采莲。

中村希望每年举办盛大的观莲会，让更多的人参观象征着与越南之间交流的这艘小船。同时希望日本与越南的交流通过莲花能够取得更好的

越南赠送给纪之川市的小船

发展。

为了实现这一梦想，重要的是国家、县、市在各自的立场上进行合作。这是中村内心深处的想法。

在日本的门户成田机场当中，大贺莲也彰显出其存在感。

成田国际机场公司与大贺莲的渊源始于2008年二阶俊博提供了大贺莲的莲根。

该莲根栽种于位于成田机场南侧、为当地人提供休憩之地的"芝山水边之里"。现在还修建了莲池，在莲文化研究会南定雄会长的指导下精心地培育大贺莲。

2014年，由于航空公司陆续新设航班与增加航班，成田机场的运行航班数量、外国旅客与国内旅客人数等都创自1978年5月机场建成以来的最高纪录。

现在成田机场与海外百余家机场、国内17家机场相连。

每天的旅客吞吐量约为10万人，自机场建成以来到2014年12月22日旅客吞吐量达到9亿人，年末年初也有121万旅客吞吐量。

此外，第三航站楼也于4月8日启用，计划不断扩大机场的服务与功能，将其建设为每年运行30万次航班的机场设施。

2014年，访问日本的外国人超过了1300万人，达到历史最高值，远远超过了前一年的1000万人。

这一数值增长的原因在于，经济取得显著发展的中国大陆和台湾地区、泰国、越南等亚洲各国和地区的人们，由于日元汇率低以及出行手续方便而访问日本更加容易。

日本以即将举办 2020 年东京奥运会为契机，将"观光立国"制定为增长战略的支柱，目标是每年吸引 2000 万外国人访日。

为迎接东京奥运会的召开，成田机场作为世界各国人们喜爱的机场，为了欢迎每年增加的外国游客，也在讨论采用何物作为表达"和"（日本人）之精神的象征。

最终，自古以来被视为高贵之花的莲花，尤其是从日本传至整个世界的古代莲"大贺莲"被推选为最理想的象征物。

莲被誉为"东洋之花"，它不光与佛教文化关系密切，而且与包括饮食文化在内的日本文化有着千丝万缕的关系。

可以说，莲花正是适合装点日本的门户——成田机场的花卉。

在成田机场第一航站楼的大楼前方建造以莲池为中心的日式庭园，通过四季不同的花卉吸引世界各地的旅客——如今这一计划正在紧锣密鼓地进行。

尤其是通过大贺莲，向拥有共同的莲花传统与文化的中国及东南亚各国传递国际观光交流与世界和平（"莲之路"）的信息具有颇为深远的意义。

观光是指"观看国家的风光"，即了解国家与地区的文化、人民与生活。

同时，通过这种观光，还能够产生对对方的尊敬与体谅之情，以及珍惜和平的心情。

现在成田国际机场公司上下一心，努力修建以大贺莲为中心的日式庭园，并将其打造为名副其实的国际观光交流的门户。

厚生劳动省官僚堀江裕 1994 年到二阶俊博的故乡和歌山县时，与二阶相识。

堀江曾经在和歌山县担任过两年高龄社会政策课课长、一年医务课课长。当时对莲花产生兴趣的堀江从和歌山县农业试验场获得了包括大贺莲在内的莲根，并将其种植在自己家中。

回到东京后的堀江，从 2000 年 12 月开始作为厚生劳动大臣坂口力的秘书工作了三年多时间。由于二阶与坂口很熟，所以堀江与二阶接触的机会也比在和歌山县时更多。

成田机场第一航站楼的大楼前方，建造以"大贺池"
为中心的日式庭园的计划正在进行

堀江和二阶聊起莲的话题。

"我在自己东京的家中栽培了和歌山县给我的莲。"

二阶说：

"那么我们一起去东京大学的检见川试验场吧！"

于是，堀江与二阶一起访问了千叶县千叶市花见川区东京大学检见川综合体育场内的农学生命科学研究科附属的绿地植物实验所。这里与大贺一郎博士有着很深的渊源。

堀江在这里初次遇见东京大学特任专员南定雄，并且获知了不少关于莲的轶闻。

2003年，SARS来势汹汹地席卷了以中国为中心的地区。在这个时期，厚生劳动大臣坂口力为了防止SARS传至日本，日夜奔走地采取措施，要求中国公开信息以及在亚洲地区加强合作。

5月11日，以加强在SARS问题方面合作为目的的APEC卫生部长会议在泰国紧急召开，厚生劳动大臣坂口代表日本访问泰国，堀江秘书长也与其同行。

国际会议肩负着阻止传染病扩大的重要使命，在这一紧迫情况下，堀江刚抵达位于曼谷的泰国外交部会议厅，就不禁大吃一惊。入口处有硕大的莲花优美地绽放。

在佛教国家泰国，莲花是神圣吉祥的象征，到处都分布着莲池。而且，莲花不光用于观赏，还用于供奉佛祖，莲根与莲子也作为甜点食用。泰国外交部壮丽的莲花令各国卫生当局的相关人员缓解了一些紧张感。

堀江似乎与泰国特别有缘。他从 2007 年 11 月开始作为 JICA（日本国际协力机构）的专家，为了帮助制定高龄者对策而被派往泰国政府的公共卫生部。泰国正需要他在和歌山担任高龄社会政策课课长时的经验。

堀江马上跟二阶打了个招呼：

"我被派遣至泰国公共卫生部，要离开日本一阵子。"

听到这儿，二阶说：

"那我跟泰国的小林大使联系一下吧。"

二阶给日本驻泰国特命全权大使小林秀明打了电话，不巧的是，小林大使刚好不在。于是二阶当场写了介绍信交给堀江。

堀江到泰国后，小林大使马上举办了对堀江的欢迎会。小林为人温文尔雅，总是为堀江提供各种建议。

小林大使说泰国也栽种了大贺莲。

"以前在泰国北部的城市清迈举办国际园艺博览会时，通过二阶先生的帮忙，在会场内日本庭园的池塘中栽种了大贺莲。现在去清迈的话，应该也能够看到大贺莲。"

堀江深深感到，二阶作为"大贺莲亲善大使"，在亚洲各国努力地介绍大贺莲。

堀江在往海外赴任之前，将东京家里栽种的莲赠送给母校目黑区五本木小学。在泰国任职期间，他在自家阳台上种植了用 100 泰铢（约 300 日元）左右就能买到的莲花盆栽，每天都能欣赏到美丽的莲花。

没过多久，堀江还感受到热带性睡莲的魅力。

莲与睡莲非常相似，容易混淆。最明显的不同是开花的位置，莲的花离水面较高，并且会结种，而睡莲的花浮在水面上，也不会结种。

堀江也被睡莲的魅力吸引，他在曼谷家里的阳台上种植了大量睡莲与莲花。回到日本后，也继续在东京的家中栽培莲与睡莲。

2010 年 9 月，堀江裕从泰国回国后担任厚生劳动省健康局生活卫生课课长一职。此时原经济产业大臣二阶俊博联系了他。

"为了庆祝你回国，请和原大使小林先生一起吃饭吧。"

前任驻泰国特命全权大使小林秀明回国后担任内阁府迎宾馆赤坂离宫的馆长。三人一起到东京都内的一家餐厅享用晚餐。

小林对二阶与堀江说：

"有机会请来迎宾馆参观一次吧。"

过了一段时间，在 2011 年 2 月，二阶与堀江受小林秀明馆长的邀请前往迎宾馆赤坂离宫。

迎宾馆赤坂离宫因稳重的新巴洛克风格西式建筑而闻名，东侧的森林中有一家名为"游心亭"的日式小楼。

二阶眺望着游心亭前的小池塘，说：

"在这个池塘里栽种大贺莲怎么样？"

听到这一建议，小林高兴地回答：

"这真是值得期盼的事啊，您能帮助我吗？"

二阶点了点头。

"那么我们一起商量一下吧。"

除了堀江以外，原东京大学特任专员南定雄也参与了这件事。

不过在计划的中途，小林馆长于 2011 年 3 月末退休，继任者为原驻荷兰特命全权大使涩谷实。

于是，二阶、小林、涩谷、堀江四人在涩谷的欢迎会上讨论了大贺莲的相关事项。

之后，堀江与南定雄及迎宾馆园艺负责人等一起商谈了具体事项。遗憾的是，迎宾馆的员工没有栽培莲的经验。由于莲根会深深地扎在地底，并且不断向外蔓延，所以难以进行管理；同时还需要使用肥料，这样可能会对池塘中的鲤鱼造成影响。

因此，在南的建议下，最后决定采用定制提供的方式，即挑选几盆绽放的莲花盆栽运送至迎宾馆，将花盆直接置于池塘中供宾客们欣赏。

2012 年 7 月 17 日，津巴布韦共和国总理摩根·茨万吉拉伊访问日本，日方在迎宾馆举办了欢迎仪式。南定雄在其访日的前一天，在游心亭莲池的四周分别放置了栽种大贺莲等莲花的 5 个 65 升黑色塑料花盆。同时，为了让人们可以近距离地欣赏莲花，还在外面的通道上放置了 8 盆大贺莲。

第二天早上，游心亭的莲池与通道中的大贺莲娇然盛放，茨万吉拉伊总理也觉得赏心悦目。

今后在莲花绽放的季节迎接外国首脑级别的来宾时，也有可能在游心亭中放置莲花。

滋贺县知事三日月与莲的缘分

三日月大造在 2014 年 7 月的滋贺县知事选举中首次当选，现在担任滋贺县知事。他与莲之间有着很深的缘分。

三日月在参加知事选举之前，在 2003 年 11 月的众议院议员选举中当选，之后的四期十年间都是民主党的众议院议员。在参加知事选举之际，三日月离开了民主党，不过他在鸠山由纪夫内阁时期任国土交通省大臣政务官，在菅直人内阁时期任国土交通副大臣。

三日月与莲的缘分可以追溯至 2007 年 8 月。

当时，众议院派遣三日月代表民主党参加跨党派的海外视察团，视察地为印度、越南、中国三国。海外视察从 8 月 17 日开始持续八天。

这段海外视察的经历不仅加深了三日月与莲之间的缘分，而且也加深了他与二阶俊博之间的缘分。

二阶担任视察团的团长，当时他的职务是自民党的国会对策委员长。

参加跨党派的海外视察团的议员们与三日月的党派及出生年代都不同，因此他多少感觉有些紧张。但是，这同时也是增长自己的见闻，与不同的议员进行接触的宝贵机会。

三日月在参加视察团时心想：

"我要通过自己的双眼亲自确认亚洲各国取得显著发展的实际情况，以供思考今后的日本战略时参考。"

视察工作始于印度德里，经由泰国曼谷后转向越南河内。

第三天，8 月 19 日上午 10 点过后，众人到达了河内。这是三日月首次访问越南。

服部则夫大使迎接了众人，带领他们前往河内市内的酒店。

之后，三日月等人组成的视察团参加了大使主办的午餐会，并且参观了红河上正在建设的将河内市一分为二的"红河桥"。

之后赶往果实蔬菜试验场。

三日月一开始并不清楚为什么要视察这一试验场。然而到达后听到设施的相关介绍时，他终于明白了访问的缘由。经过二阶的努力，日本送来的"大贺莲"作为日本与越南的友好象征，精心地栽培于试验场中。

三日月不仅感受到自己与莲的缘分，而且体会到二阶为了日本与越南建立友好关系而四处奔走的热情。越南本地人也非常欢迎二阶的来访，他们对二阶十分感谢。

三日月原来的选举区滋贺县第三区原本就与莲有着很深的渊源。草津市的鸟丸半岛是日本屈指可数的莲的群生地区。守山市近江妙莲公园的大日池与瑞莲池中绽放着全国罕见的"近江妙莲"。"近江妙莲"的花瓣尖端呈红色，莲花一般为重瓣，一根茎上绽放了 2～12 朵莲花，花瓣数量达 2000～5000 枚，极为特殊。

实际上，近江妙莲也与大贺一郎有一定的关系。近江妙莲从 1896 年开始有一段时间没有开花。到了 1956 年，大贺一郎受当地人委托而致力于复兴妙莲池。

后来大贺研究得知，加贺妙莲原本就是近江妙莲移植后的产物。大贺在 1960 年将加贺妙莲的莲根再次移植于近江妙莲，1963 年，近江妙莲时隔六十八年再次成功开花。

三日月此时一边介绍滋贺县的本地莲，一边饶有兴趣地参观了试验场。

三日月在这次海外视察中深深地感受到二阶俊博议员在外交方面的无微不至、擅长与当地人构建网络，以及重视人际关系的政治态度等。

二阶在视察中途的第四天紧急回国，参加自民党的干部会，因此，他与三日月同行的日子并不长。但是三日月依然对二阶印象深刻。

当时三日月在报告议员活动的博客中，对二阶给自己留下的印象做出如下记述：

"尽管时间很短，政党与出生年代也不同，但是我坚信此次视察与'二阶俊博'这名政治家同行，从另一种意义上来说拓展了自己的宽度与深度。从点到线，从线到面，还有时间上的持续性，他仿佛教给我将它们'联系在一起'的重要性。"

海外视察结束后，三日月与二阶依然保持着交流。两人分别属于民主党与自民党，政党立场并不相同。但是两人很多时候都与国土交通相关政策有着密切的关联，在国会上经常会有接触。

议员经验丰富的二阶跨越了所属政党的框架，获得大量执政党与在野党议员的信任。这与外交有着异曲同工之处。正是因为二阶尊重不同立场的议员的意见，并且对必要的政策能够跨越政党的立场进行合作，才构建了良好的人际关系。

在三日月担任民主党众议院议员期间，二阶也在国会的各种场合中为他提供帮助。

2013 年 11 月 27 日订立的《交通政策基本法》也是其中之一。该法案规定了政府推进交通相关措施的基本理念，如"提高地区活力""应对大规模灾害"等。自民主党政权时代以来，国会就开始讨论制定该法案。

遗憾的是，在民主党政权时代该法案并没有通过。不过在安倍政权成立后，国土交通大臣太田昭宏提出了该法案，尽管内容多少有些改变，但总算是得到了通过。

当时，三日月是在野党的国土交通委员会理事。因此，他的立场是努力在法案中反映出民主党的主张。通过二阶与林干雄的努力，法案中还加入了民主党的意见与立场。

此外，二阶努力参与的国土强韧化法案也与三日月有一定关系。

三日月担任滋贺县知事后不久的 2014 年 8 月，国土强韧化地区计划制定模式调查中指定滋贺县为第二次实施团体。因此，如今滋贺县正在制定地方版的国土强韧化计划。

滋贺县被指定承担这一职责时，滋贺县厅与县政界都大吃一惊。

虽然已经离开了民主党，但是三日月在民主党的支持下担任了知事一职。因此，他也担心滋贺县是否会被选中。

三日月当选滋贺县知事之际，二阶也直接打电话过来祝福他。

接到电话的三日月感觉诚惶诚恐，二阶对他说：

"知事选举真是赢得漂亮啊。我一直都说，三日月很适合这个职位。"

二阶十分热衷于议员外交。他与近年来关系持续恶化的韩国与中国都有着非常深的交情。

三日月也在众议院时代担任了日韩议员联盟的未来委员长等职，热心参与和亚洲近邻各国的外交。

三日月计划在今年夏天组织滋贺县县民访华团，访问地点选在 1983 年与滋贺县签订友好协议的湖南省，打算与其进行交流。

三日月心想：

"我也希望自己像二阶先生一样，努力推进亚洲各国与日本之间的交流。"

埼玉行田市"古代莲之乡"的人气

埼玉县行田市小针的下沼从 1943 年开始开垦。下沼耕地建设事业一共开垦了 34 公顷水田。大概是在工程中挖掘出的莲子，在当时诞生的池塘中自然地发芽开花。

1951 年左右，10 公亩的池塘里开满了莲花。在该池塘中盛开的莲花于 1960 年 3 月 29 日作为行田市的文化遗产，被指定为天然纪念物。

1961 年 7 月，大贺一郎在埼玉大学江森贯一教授的带领下访问了行田市，并且对该莲花进行了鉴定。

然而，这些莲花从 1965 年左右开始急剧衰败，一直没有弄清楚是什么原因，最后在 1967 年彻底消失了。

行田市由于垃圾焚化炉老化，从 1971 年 6 月开始建设新的设施，于是买下小针埜路范围内的 4.7 公顷水田用于修建工程。工程中使用大型篮筐与推土机，将约 5000 平方米的土地挖掘至 2.5～3 米的深度，并用挖出的土来修建设施。

伴随挖掘作业同时出土的遗物里可以确认的土器仅有 30 多个。没有人注意到莲子的存在。然而，挖掘工程导致在地底深眠的莲子受伤，莲子与芦苇、茭白、野慈姑等植物一起发芽了。但是当时没有任何人注意到。

到了 1973 年 5 月 15 日，池塘的水面上浮现了大量圆形叶子。垃圾焚化厂的员工注意到了这点。调查后发现，这些都是莲叶。

接到这一通知后，市教育委员会委托埼玉大学教授、植物学家江森贯一进行调查。

江森于 6 月 17 日实施调查。调查结果为："该莲具有大量古代莲的条件，因此可以推测其为古代莲，不过我还是想看过开花之后再做最后结论。"

之后，莲叶数量逐渐增加，包括浮叶、立叶在内，叶子数量达到约 200 枚时，花蕾也浮出了水面。

到 7 月 13 日，莲花终于绽放了。花朵呈优美可爱的粉红色。江森教授确认这是古代莲。

莲叶和莲花继续增加，到 7 月 19 日为止，总共有 52 株莲开花。

行田市委托江森教授测定莲的年代。在用考古学方法鉴定与莲子一起出土的土器年代后，推测其为两千五百至三千年前的产物。

1974 年 3 月 25 日开始的三天内，莲研究家、神奈川齿科大学的丰田清修教授和学生们一起，在市教育委员会的帮助下采集了莲子。当时委托日本同位素协会调查、测定年代，但是并没有获得期待的结果。

1975 年 4 月 7 日，丰田教授再次获得学生与市教育委员的帮助，进行调查与采集工作。

日本同位素协会第二次测定的结果显示，其为约一千四百年前的产物。之后被命名为"行田莲"的这一古代莲，在考古学上被视为两千五百至三千年前的产物，丰田教授推测其年代约为一千四百至三千年前。

行田莲与大贺莲相比，特点为花瓣稍大，颜色较深。它被指定为行田市的天然纪念物。

行田市为了参与当时的竹下登内阁推进的"故乡建设事业"，不仅致力于保护被指定为市天然纪念物的"行田莲"，整治行田莲自然发芽的小针周边环境，而且计划在小针地区内修建以行田莲为象征物的风致公园。

行田市购买了 14 公顷的田地作为公园用地，古代莲之故乡建设事业的工程于 1992 年开工，计划于 2001 年完工。

1995 年，3000 平方米与 1800 平方米的池塘、600 平方米的混凝土池塘以及 20 个 50 平方米的池塘修建完毕。

混凝土池塘中栽种了从东京大学植物实验所与埼玉县日高市泷泉寺等处分根的 19 种莲与行田莲，一共有 20 种莲。

1995 年 7 月 5 日，古代莲之故乡的部分设施临时对外开放。

工程继续进行。2001 年 4 月 22 日，行田古代莲之故乡历时八年终于修建完毕，其中包括古代莲会馆和商店。会馆附设可以俯瞰莲池的 50 平方米的展望塔、花莲立体模型、画廊及图书室。相关人员齐聚一堂，举行了盛大的开园仪式。在"古代莲之故乡"约 14 公顷的用地中，7 月份可以欣赏到包括阪本佑二培育的新型莲在内的，从世界各地收集的 40 种约 10 万株莲花。

大贺莲也列居其中。这一花莲公园中展示了单瓣、重瓣、红、白、黄、爪红等各个品种的莲，成为日本规模最大的莲花公园。

最佳的赏莲时段是从刚开花的早上开始到莲花蔫谢的傍晚为止，但是晚上莲池附近有萤火虫四处飞舞。当地的"古代莲之故乡萤火虫会"放出了 1 万只萤火虫。到 7 月末期为止，每天晚上都会有 100 只左右的萤火虫在空中飞舞，营造出与白天迥异的氛围。

"DARK DUCKS"的成员"木屦先生"喜早哲于2000年7月访问了"古代莲之故乡"。"木屦先生"为莲花之美而感动不已，于是委托热门歌曲的作曲人，也是自己的朋友小林亚星作曲。

小林于2001年夏天访问该园，写下了词曲。歌名为《莲之故乡》。

同年11月，在行田市内举办的"DARK DUCKS成立50周年纪念音乐会"上首次公开演奏了该曲目：

> 在水之故乡行田的池塘中，如同告知夏日的来临一般。清晨的光芒照耀着神秘之莲绽放，跨越两千年的时光。尊贵的生命在今日复苏，娇艳、高雅、优美……

借此机会还成立了市民合唱队"歌颂'莲之故乡'会"等，这首歌在市民当中逐渐普及开来。

"古代莲之故乡"在2002年7月7日举行了"莲之故乡"歌碑的揭幕仪式。

歌碑宽2.1米、高1.7米，使用神奈川县小田原市产的根府川石建造。

当天的揭幕仪式邀请了小林与"DARK DUCKS"的三名成员参加。

小林在致辞中感谢说：

"建立这一歌碑我感觉非常光荣。请一直歌唱下去吧！"

之后，四人在约10万株莲花迎来盛放期的"古代莲之故乡"园内的临时舞台上，与市民合唱队一起演唱了《莲之故乡》。

2002年10月20日，东京大学植物实验所举办了"大贺莲20周年"纪念仪式。从早上10点开始举行观莲会，阪本佑二的夫人弘子也应邀参加。会后，阪本弘子前往埼玉县行田市。当晚住在旅馆。

第二天早上6点半，弘子出席了"古代莲之故乡"的观莲会，其间不仅欣赏了大贺莲，而且还有她赠送给美智子皇后的舞妃莲等。

来"古代莲之故乡"古代莲会馆参观的在2012年9月达到60万人，工藤正司市长向他们赠送了纪念品。

第60万名参观者是弘子初中时代的同学，住在东京都世田谷区的池田由利子。她非常高兴地说："真是太惊人了！我希望在古代莲绽放时再来参观。"

同时，在上越市的高田公园（旧高田城址）中，埼玉县行田市赠送的莲"甲斐姬"首次开花，为参观的市民带来赏心悦目的美景。

"甲斐姬"是 2009 年行田市的天然纪念物——古代莲"行田莲"与美国黄莲杂交后诞生的新型莲。行田市的人偶制作家同时也是"行田市莲大使"的木暮照子，去年在上越市内举办了作品展。借此机会，2014 年 4 月，行田市将三株甲斐姬赠送给上越市。

高田公园内极乐桥旁边的水缸中种植的两株莲在 6 月 30 日早上开花。城址的外护城河中莲花陆续绽放，前来参观的女性们纷纷表示："能够看到许多莲花，心里非常高兴。"

工藤市长正计划通过不丹王国名誉总领事德田瞳将行田莲带至不丹，让行田莲在不丹的一个日本莲池中开花。

埼玉县知事上田清司非常关注行田市拥有的丰富的观光资源。

其中"古代莲之故乡"是极具吸引力的观光景点。

"古代莲之故乡"是故乡建设事业的一部分，该公园以行田市的天然纪念物——市花"古代莲（行田莲）"为象征物，于 1992～2000 年在古代莲自然生长的地区附近（旧小针沼）修建而成。2001 年 4 月 22 日，园内的"古代莲会馆"开馆。

古代莲是在公共设施建设之际，莲子在挖掘地的池塘中自然发芽、开花的产物。从出土的遗物与木片的放射性碳的年代测定，可推测出其为距今约一千四百至三千年前的产物，于是被称为古代莲。

上田知事认为，从发现古代莲的过程及其历史价值来看，古代莲是极具社会性意义的观光资源。

同时，除了古代莲，行田市还有许多富有历史价值的史迹。

埼玉县县名的发祥地埼玉古坟群也位于行田市。该古坟群中遗留了八座前方后圆的坟与一座圆坟，是全国屈指可数的大型古坟群，现在正作为国家史迹进行整修。

一般认为，古坟群是在 5 世纪后半期到 7 世纪前半期建立的，其对于阐明日本古代史来说，也是重要的史迹。

其中，丸墓山古坟是日本最大的圆坟。

据说，丸墓山古坟是天正十八年（1590 年）丰臣秀吉征讨小田原之际，石田三成奉秀吉攻打忍城之命在山顶上布的阵。此外，传说上杉谦信在出征关东之际，也将其作为大本营。

当时石田三成想要用水攻拿下的忍城最近也受到了人们的关注。

因为这里是作家和田龙的小说《傀儡之城》的舞台。《傀儡之城》还被拍成了电影，讲述的是当时的忍城城主成田长亲与丰臣方苦苦战斗的故事。由于野村万斋的幽默表演，影片红极一时。

现在忍城城址成了公园。行田市乡土博物馆开馆后，人们根据《忍城鸟瞰图》与文献等，使用钢筋混凝土将御三阶橹的外观复原，其也作为博物馆的一部分。

此外，古坟群之一稻荷山古坟在 1968 年出土了名为"金错铭铁剑"的铁剑。

该铁剑与其他随葬品被指定为国宝。

金错铭铁剑的两面用金象嵌刻撰了 115 个文字。根据文字记述可知，在 5 世纪前后，关东地区也处于大和王权的统治下。

此外，行田市过去还是日式布袜的一大产地。

生产日式布袜从江户时代中期开始盛兴，当时主要是下级武士的副业。之后，随着明治时代的到来，行田市也成为机械生产日式布袜的一大产地。战后，由于服饰向西式化发展，所以产业也有所衰退，不过现在仍然在进行生产，从日式布袜转型的纺织业在当地产业当中依然占据了一定的地位。

另外，虽然现在主要是在中国制造拖鞋，但是过去这里还是日本最大的拖鞋产地。

行田市内现在依然存留着许多商业仓库与日式布袜仓库。

据说，这是由于过去发生大火之际，仓库具有耐火性，所以人们修建了许多带土墙仓库的店铺等储物建筑物。

埼玉县的川越市以仓库之城而闻名。上田知事认为，行田市或许也可作为仓库之城进行宣传。

上田知事心想：

"以古代莲之故乡为首的这些历史遗迹是十分丰富的观光资源，可以全方位对行田市进行宣传。"

现在行田市正在完善交通网络，以及修整流经附近的河流。

此外，如果能够有效利用租赁自行车等服务，完善环游的各类设施，也应该更容易吸引游客。

行田市原本是谷仓地带。

因此，"古代莲之故乡"的东侧田地成为田地艺术的舞台。

2014 年的作品名称为《古昔行田》，田地中央和睦友好的古人举起金光闪闪的"金错铭铁剑"，其后方是世纪大发现的舞台"稻荷山古坟"，右侧将全国唯一的出土品、行田市乡土博物馆收藏的重要文化遗产"竖旗的马形植轮"陈列为吉利的左马形状，左侧则是充满古代浪漫气息的天然纪念物"行田莲"。

人们可以从"古代莲之故乡"的展望塔上清楚地眺望到这一田地艺术。田地艺术始于 2008 年，之后每年都会增加更复杂的图案。

上田知事心想：

"古代莲不光可以用来宣传行田市，而且蕴藏着向全世界宣传整个埼玉县的可能性。今后埼玉县也应该做出更多的努力。"

现在，御坊市正着手将大贺莲池推广为新的观光景点。

2015 年 3 月，御坊市藤田町北吉田区的志愿者们组成的"大贺莲池之会"（暂称）获得和歌山县大贺莲保存会的协助，从美滨町三尾的大贺莲池中分根了五根莲根，并将其栽种于该地区由休耕地改建的池塘中。

大贺一郎的爱徒、原日高高中教师、已故的阪本佑二出生在这一地区附近，因此志愿者们计划了这一分根事项，在阪本的长子、印南中学教师阪本尚生的帮助下实现了分根。

志愿者为山本达区长与阪本久佳、早川义孝、中桥一马四人。四人听说当地选出的县会议员中村裕一参加了自民党总务会长二阶俊博以世界为舞台普及"和平的象征·莲"的运动时，都表示十分赞同。

2014 年秋天，志愿者们找到继承了莲的阪本佑二的妻子弘子商谈，弘子为他们介绍了尚生。

之后，四人在尚生的指导下，于 2 月左右决定将休耕地修建为莲池，3 月 12 日割草、平整土地，17 日进行引入用水、施肥等作业。从 22 日早上开始，尚生等保存会的成员们也参与其中，挖出了五根莲根。之后回到北吉田，将莲根栽种于约 5 公亩的水田中。

今后，大贺莲还需要数年时间才能开满整个池塘，绽放满池莲花。区内还有扩建县级道路的计划，完成的话道成寺将会迎来更多的参拜者。此外，"宫子姬表彰会"与"宫子姬故乡创建会"也在努力采取措施吸引游客，将大贺莲池打造为新的观光景点，可以预见，两者的乘数效果会促使游客增加。

志愿者们意气高昂地说：

"阪本佑二先生的祖先在建立吉田地区氏族神吉田八幡的神社时是一名宫司，这件事当地人都知道。大贺莲池修建于吉田八幡神社所在地北吉田地区，这是一件非常可喜的事情。希望美丽的莲花早日绽放，同时也能促进城市的振兴！"

2014 年，阪本佑二曾经担任过教师的和歌山县立日高高中迎来创建 100 周年。

二阶考虑借此机会在和歌山内修建与莲相关的纪念馆。

二阶现在有时会与阪本过去的学生们一起讨论这件事。不过，由于二阶自己每天政务繁忙，没有时间对其进行正式讨论。

但是二阶下定决心，总有一天要以正式的形式留下纪念！这一事业具有极大的价值。

为此，二阶希望找到事业的合作伙伴，最好是阪本过去的学生。虽然有许多人研究莲的学问，但是又会有多少人愿意热情地投入到新的纪念馆建设呢？

虽然暂时没有找到良好的解决途径，但是现在二阶仍然在摸索。

第七章　二阶俊博与亚洲

将莲带去"东亚版OECD"的"ERIA"之地

除了大贺莲以外，本书还想提及与东南亚相关的另一种花卉毛兰（ERIA）。毛兰是兰科毛兰属植物的总称，广泛分布于以热带为中心的地区，从日本南部，西至印度，南至澳大利亚自然生长，约有500个品种。生长于日本的，主要从春季到夏季绽放小型花朵。

该地区中有开得如火如荼的"ERIA"。这不是植物，而是国际机构"ERIA"，即"Economic Research Institute for ASEAN and East Asia"，日文名称为"东亚·东盟经济研究中心"。

ERIA的构想，是二阶在2006年担任当时小泉内阁的经济产业大臣时，获得小泉首相同意之后提出的。

亚洲如今光是东亚的GDP就达到了120亿美元，占世界的1/4，人口为34亿人，约占全球人口的1/2。

二阶在提出ERIA构想时，主张东亚32亿人携手并进，亚洲各国应该互相努力合作，不能各自为营地致力于地区共通课题，而必须在政策上推进整个亚洲地区的合作，或是对政策进行调整。

因此需要设立ERIA作为其核心机构，同时为了的亚洲未来，亚洲的领导人们希望日本作为大哥发挥出自己的领导能力，二阶也强烈地感受到应该满足他们的这一要求。

二阶想到了OECD（经济合作与发展组织）。OECD的前身诞生于第二次世界大战后的废墟中，其为欧洲的复兴做出了贡献。之后，除了欧洲复兴以外，还为世界经济的发展做出了巨大的贡献。亚洲也需要一个像OECD这样具有智囊团作用的政策调整机构，也就是说应该设置"东亚版OECD"。二阶于2006年在经济产业省总结的《全球经济战略》中提出了这一构想，并向经济财政咨询会议做了报告。

当二阶提出成立 ERIA 时，内外都有人对其实现的可能性提出疑问。此外，二阶在日本·东盟经济部长会议中提出这一构想时，也并非所有的国家都表示赞同。但是考虑到日本在亚洲的立场，或者日本与周边各国的关系，面临这一困难从政治上来说是必然的。

二阶分别与除日本以外的东亚 15 个国家的经济部长进行了开诚布公的讨论，他坦率地说："为了亚洲能够以亚洲的力量推进经济融合，消除发展差异，让所有国家都逐渐变得富裕，需要有一个协商政策的地方，以便让东亚作为一个整体对能源及环境等整个地区面临的问题进行讨论。"

功夫不负有心人。后来二阶逐渐获得了东亚各国的理解。为了能让政府首脑级别的人物在 2007 年末的东亚峰会上对成立 ERIA 达成一致意见，二阶对内对外都进行了积极的号召。最终，在新加坡举办的东亚首脑会议上，由于时任首相安倍等人的热情呼吁，终于获得各国首脑的一致同意。

在获得东亚各国理解的同时，还需要获得美国的理解。在不损害日美关系的基础上，推进"东亚的 ERIA 构想"是极为重要的事情。

2008 年 5 月，二阶请求与当时的美国驻日本大使希弗进行会谈，向其解释东亚版 ERIA 构想的提议计划。

希弗大使对这一构想表示理解，不过同时他也担心美国被排除在外，并且提出包括美国与亚洲在内的 APEC 流程不能变得形式化。

面对美国的这一担心，二阶强调，关于这一构想会与美国充分地共享信息，在决定主要事项之前希望与美国进行商谈。同时，日本也非常重视 APEC，这一构想与 APEC 并不矛盾，相反，其通过在亚洲地区内确立明确的目标，还能与整个 APEC 建立起联系，因此请美方放心。

通过这一交涉，二阶确信希弗大使能够理解日本会在重视日美关系的同时推进 ERIA 构想。

在获得美方的理解后，日本谨慎地推进了建立 ERIA 的流程。之后 ERIA 顺利成立，也没有对日美关系带来不好的影响。

2008 年 6 月 3 日，东亚 16 国代表聚集于东盟秘书处的所在地雅加达，举办了 ERIA 成立理事会。从提出构想后历经两年多时间，ERIA 正式成立并且开始活动。

二阶一直认为，不应该将 ERIA 设立于日本，而应该与亚洲各国进行商谈后，将总部置于东盟地区。

二阶在小泉首相的指导下，历经种种曲折，最后将 ERIA 的秘书处总部设立于雅加达。小泉首相承诺出资 100 亿日元的启动资金。这也见证了首相强大的领导力。

2008 年 8 月，二阶再次作为福田内阁的经济产业大臣，为了出席与东盟相关的经济部长会议而访问了新加坡。当时，东亚 16 国经济部长汇聚一堂庆祝 ERIA 的生日。在东亚经济领导人的见证下，二阶、东盟秘书长素林以及担任 ERIA 秘书长的西村英俊三人，为了庆祝 ERIA 的生日而切开蛋糕。在这一瞬间，人们因 ERIA 经历万难后终于成立而百感交集。

此时，在新加坡举行了"东盟 + 6"（东盟加中国、日本、韩国、印度、澳大利亚、新西兰六国）经济部长工作午餐会、日本·东盟经济部长会议、"东盟 + 3"（东盟加中国、日本、韩国）经济部长会议。

切蛋糕庆祝 ERIA 成立（2008 年 8 月）

东盟由文莱第二外交和贸易部部长林玉成、柬埔寨商业部部长占蒲拉西、印度尼西亚商业部部长玛丽·邦格斯都、老挝贸易工业部部长南·维亚凯、马来西亚贸易产业部部长穆哈德因·亚瑟、缅甸国家计划经济开发部部长吴梭达、菲律宾贸易产业部长官彼得·法维拉、新加坡贸易和工业部部长林勋强、泰国商业部副部长代理皮切德·汤加伦、越南商业部副部长代理阮锦秀、东盟秘书长素林·比素万参加，日本由经济产业大臣二阶俊博、中国由商务部代理副部长陈健、韩国由产业通商交涉总部部长金宗埙、澳大利亚由贸易部部长西蒙·克林、印度由工商部部长卡迈勒·纳斯、新西兰由贸易部部长菲尔·戈夫参加。

"东盟＋6"经济部长工作午餐会上讨论了以下几点：

● 各国同意将 2008 年 6 月成立的 ERIA（东亚·东盟经济研究中心）定位为支持亚洲发展的核心机构，在 ERIA 上讨论能源、环境、粮食危机等广泛的课题。并同意在东亚峰会上向首脑报告 ERIA 的活动成果。

● 二阶表示希望基于"新福田主义"的观点，有效利用 ERIA 推进始于亚洲的政策发展。

● 在具体项目方面，二阶提出制定东亚的综合性开发计划"东亚产业大动脉构想"，并获得各国的赞同。计划的开发对象为从曼谷到金边、胡志明市等湄公河地区，湄公河与印度南部的合作等需要进行广泛开发的地区和领域。今后，ERIA 将推进概念的形成，并且与感兴趣的国家进行具体合作。

● 关于东亚全面经济伙伴关系协定（CEPEA），介绍了民间专家的研究成果，并同意在东亚峰会上向首脑报告。

● 二阶提议日本与 ERIA 进行合作，2008 年 12 月上旬在东京举办"关于能源、粮食价格高涨相关的国际研讨会"，这一提议获得各国的赞同。针对地区共同课题，汇集地区内有识之士的睿智见解，并向东亚峰会报告其成果。

● 在 12 月的东亚峰会上设置 ERIA 理事成员与首脑及经济部长进行对话的场所，这一提议获得各国的欢迎。

● 会上一致同意，为了实现 WTO 圆桌会议的早期协议，以及通过农业及非农产品市场准入（NAMA）的协议，各国需要进行合作。

"东盟＋6"经济部长工作午餐会上的议事内容如下所示。

ERIA 的秘书长西村说：

> 我非常荣幸地应邀参加"东盟＋6"经济部长会议。我在本次会议中报告了 ERIA 项目，并且请各位部长进行讨论，对此不胜感激。
>
> 关于 ERIA 应该组织的政策研究课题，非常欢迎各国的提议，请多多提出宝贵的建议与意见。
>
> 正如素林秘书长报告的一样，ERIA 才刚刚开始正式进行政策研究。
>
> 我们希望积极地致力于刚才介绍的课题。我们将向大家报告研究成果，并且希望在 12 月召开的东亚峰会上提出具体的政策建议。
>
> 为了让 ERIA 发展成东亚地区的"Center of Excellence"，并且成为

开辟东亚新时代的先锋，我作为 ERIA 秘书长，将为了整个东亚的发展而全力以赴。

二阶陈述道：

时隔大约一年时间，我再次担任了经济产业大臣，能够再次与各位讨论东亚的未来，我感到非常高兴。我首次与各位见面是两年前在吉隆坡，当时我提出设立 ERIA 作为亚洲团结一致解决课题的核心机构，致力于东亚 31 亿人互相帮助、共创繁荣、经济融合、调整差距、能源与环境问题等共同课题。

在各位领导的努力与素林秘书长的领导下，ERIA 构想从提出仅经过两年时间就正式成立。今天能够与各位共同庆祝 ERIA 的生日，我感慨良深。同时我想由衷地感谢素林·比素万部长提供了通过切蛋糕来表示祝福的机会。

ERIA 诞生或许只是迈出的很小一步，但我相信这是留名历史的重要的第一步。我希望 ERIA 成为支撑东盟事务局、为整个东亚地区的发展做出贡献的核心机构，希望与各位一起培育"东亚版 OECD"。

ERIA 今后将正式雇用员工。我听说 ERIA 计划从以东盟为首的 16 个国家根据实力公开招募研究部长与研究员。ERIA 秘书长西村与东盟秘书长素林也会全力支持这一工作，希望能够获得各位的协助。

新加坡贸易和工业部部长林勋强说：

两年前，二阶大臣提出了 ERIA 的概念。非常感谢二阶大臣的政治领导力。

柬埔寨商业部部长占蒲拉西说：

我也感谢二阶大臣提出如此重要的创意。ERIA 的成立有着非常深远的意义。我希望这一机构提出东亚未来的指针。对东亚来说，重要的是调整发展差距。我希望"东亚产业大动脉构想"能够通过 ERIA 发挥出领导力。

过去也有过各种各样的产业动脉，但连接曼谷与胡志明市的道路有可能会成为重要的动脉。通过高速公路将两个城市连接在一起，还能推进周边地区的产业开发，可谓是具有乘数效果。我希望能够与其他项目一起制定整体规划。

文莱第二外交和贸易部部长林玉成说：

我想特别感谢提议创立 ERIA 的二阶大臣。

我只想对两点进行评论。我非常欢迎正式成立 ERIA，同时期待今后能够进行高质量的研究。尤其是希望我们致力于对东盟各国具有意义的研究。

比如说引进早期警戒系统等，希望 ERIA 在讨论地区开发时还考虑到灾害对策。

此外，能源、粮食的安全保障也是重要的课题。

缅甸国家计划经济开发部部长吴梭达说：

在 ERIA 成立之际，我想向二阶大臣等各位部长表示祝贺。此外，也欢迎西村 ERIA 今后的活动。

我想支持菲律宾及印度尼西亚与 CEPEA 相关的提议。关于 CEPEA 民间报告书，我希望在报告首脑之前由经济部长们进行讨论。

印度尼西亚商业部部长玛丽·邦格斯都说：

感谢二阶大臣提出 ERIA 构想，同时推进 ERIA 事业的实施。现在 ERIA 已经进入了具体实施的阶段。希望今后能够进行优质的独立研究。印度尼西亚也会全面地支持。希望能够与 ERIA 秘书长进行合作。

听到各位部长的议论后，我认为 Track2（民间研究）、Phase2、ERIA 之间的关系存在着一定的混乱。

Track2（民间研究）是与 CEPEA 相关的民间研究小组。Phase2 的参加者与 ERIA 研究者进行交流具有深远的意义。参加与 CEPEA 相关的民间研究小组，以及担任 ERIA 专家的印度尼西亚代表是同一个人。我认为两者之间的研究有一定的关联。

关于 ERIA 理事与首脑的会议，由于在外务省需要对手续方面进行一些讨论，所以现阶段不需要急着得出结论。在 12 月举办峰会之前，首先要进行事务性的调整。

老挝贸易工业部部长南·维亚凯说：

我由衷地感谢二阶大臣以及东盟秘书处。

老挝国内也举办了 ERIA 国际研讨会。比如说今年的国际研讨会上讨论了老挝的开发战略。今后在东亚地区的融合过程中，老挝将如何取得发展？我们在会上获得了启发，如有效利用经济特区等十分重要。ERIA 的活动取得了不菲的成果，对此我想给予极高的评价。如果能在缅甸与越南也举办同样的活动，我认为是十分有意义的。真的非常感谢二阶大臣。

印度工商部部长卡迈勒·纳斯说：

没想到 ERIA 构想提出后仅经过两年时间就正式成立了。我想要赞扬二阶大臣。

在地区中贯彻统一的措施是极其重要的。此外，为了将各国的心声反映于 ERIA 的活动当中，各国与 ERIA 秘书处的对话也非常关键。除了推进 ERIA 自身的独特研究以外，我们还希望 ERIA 成为强化地区研究机构网络的核心。

新西兰贸易部部长菲尔·戈夫说：

我想向提出 ERIA 构想并实现该构想的二阶大臣表示祝贺。在ERIA 进行独立的研究是重要的事情。新西兰也举办了三次研讨会。我认为 ERIA 理事成员与东亚首脑在东亚峰会上进行对话是一个非常好的机会。

我想要感谢日本与二阶大臣。为了将 ERIA 打造成整个亚洲地区的财产，需要我们自身的努力。ERIA 拥有这一能力。

马来西亚贸易产业部部长穆哈德因·亚瑟说：

我想要感谢日本履行的职责。为了加强经济融合，需要推进加快流程。现在依然存在着没有参与经济融合的部门与副部门。我们还需要民间部门的参与。尤其是考虑到中小企业的作用，我希望可以对参与的方法进行讨论。此外，我们是否可以在结构改革等方面进行讨论呢？为此应该研究一些因素。ERIA 可以在这些领域做出贡献。发达国家有 OECD，让我们有效利用 ERIA 来推进地区融合吧。

新加坡贸易和工业部部长林勋强说：

各国提出了许多与 ERIA 活动相关的评论。在此希望经济产业大臣二阶点评。

二阶总结道：

感谢各国参加 ERIA 的相关事业，并提出各种建议与意见。

日本提议成立 ERIA 这一国际机构，但是并没有希望将其招揽至本国，在总部的设置等方面也是交给东盟各国自行判断。结果决定将总部设在雅加达，这也是东盟各国的判断结果。我认为，采取这一程序对 ERIA 今后的发展来说是非常重要的。

东亚 16 个国家共有 31 亿人，构成了实际达到 11 万亿美元的巨大经济圈。各国都有自己难以解决的课题，但是汇集 16 个国家的力量进行合作的话，我相信这些问题基本上都能得到解决。

各国在发言中都提到了"东亚版 OECD"。这一认识是极为重要的。我曾经有机会与 OECD 的秘书长古里亚进行过讨论。其中就 OECD 的事业与 ERIA 的事业不要重复、互相保持合作是极为重要的这一点达成了共识。

ERIA 的事业中最为重要的是"东亚产业大动脉构想"。日本也希望积极地提供帮助。此外，能源价格高涨、粮食价格高的问题也是东亚各国共同面临的紧急课题，亚洲各国需要互相合作寻找解决的道路。为此，日本在 12 月东亚峰会召开之前，希望以举办 ERIA 与能源、粮食价格高涨相关的国际研讨会的形式来做出自己的一份贡献。同时，我希望将该国际研讨会的结果在东亚峰会上进行报告。希望能够获得各国的协助。

此外，在日本东盟经济部长会议上，就以下几点进行了讨论：

● 为了在东盟进一步推进高度的市场融合与加强人才培养，二阶经济产业大臣提出了"亚洲知识经济化议案"作为 EPA 后日本与东盟的中长期合作框架，各国表示强烈的关注与赞赏。该议案为了有效利用以 IT 为核心的技术革新，构建更高的知识经济圈，以日本的经验、知识技术为基础实施面向未来的合作项目。考虑到东盟各国之间的发展差异，设置多种多样的选项，并且逐步完善适合东盟各国的制度。

- 此外，二阶还提出了将"亚洲人财资金构想"拓展成"ERIA 下一代领导项目"，并获得了各国的赞同。

- 关于日本与东盟经济合作伙伴协议（AJCEP），2008 年 4 月已签署完毕，并且就各国进行合作、能够在年内尽早生效达成一致协议。

在"东盟＋3"经济部长会议上，做了东亚 FTA 构想的中期报告，并与东亚商务理事会（EABC）的代表成员交换了意见。

ERIA 图标

二阶认为，新成立的 ERIA 需要有自己的图标。ERIA 是为了各国齐心协力解决整个亚洲地区的共同课题而成立的核心机构。ERIA 的图标最好也能表达出这一概念。在对图标的设计进行商榷时，二阶提出了将东亚 16 国的国旗与东盟旗围在 ERIA 标志四周的设计。该提议被正式采用。

ERIA 顺利成立。为了发展成"东亚版 OECD"，即为整个东亚地区的发展做出贡献的核心机构，还有许多工作需要去做，如建立组织体制、拓展为亚洲经济融合做出贡献的活动内容等。

在组织方面，ERIA 的理事由前任日本经济团体联合会会长奥田、韩国全国经济人联合会会长赵锡来、印度塔塔集团的拉坦·塔塔会长、新加坡产业联盟的托尼·邱会长等人担任。这正体现出东亚各国对 ERIA 拥有极大的关心与期待。

秘书长由经济产业省的西村英俊先生担任。在西村先生卓越的领导下，ERIA 的活动内容变得越来越充实。为了达到东亚经济融合，并且解决地区性的共同课题，需要在制度设计、人才培养、基础设施开发、能源环境等极为广泛的领域进行多重政策合作。

二阶认为，对 ERIA 今后的发展来说，关键是与 OECD 进行合作与协助。这一合作包含着双重意义。第一，为了让 ERIA 发展为"东亚版 OECD"，可以通过与前辈 OECD 进行亲密的交流，学习其方法与见解等。

第二，亚洲在世界经济中的重要性不断提高，ERIA 作为东亚的智囊团，向 OECD 提供统计、制度以及其他相关分析，对 OECD 来说也非常有意义。也就是说，重要的是 ERIA 与 OECD 通过合作与协助构建互补的关系。

二阶从提出 ERIA 构想阶段开始就与 OECD 秘书长见过面，将自己的这种想法告诉对方，并且获得了对方的同意。古里亚秘书长出生于墨西哥，历任财务部部长、外交部部长等，是一名强力的政治家。古里亚秘书长对二阶的提议马上表示全面赞同，并且就今后 ERIA – OECD 的合作做出积极的指示。ERIA 与 OECD 之间已经开始了具体的项目，并且收到了两者的合作关系逐渐取得成果的报告。

ERIA 的诞生或许只是迈出的一小步，但是二阶坚信，这是在亚洲外交历史中留下的重要一步。ERIA 成立仅一年半时间，要实现"东亚版 OECD"的目标还需要加强 ERIA 的基础能力。幸运的是，东亚各国对 ERIA 重要性的认识越来越高，继日本之后，新西兰、澳大利亚、印度也决定为 ERIA 出资，这点非常令人高兴。二阶强烈地感到，自己今后有责任关注 ERIA 的发展。

日本·东盟经济部长会议上的集体纪念发布会 （在新加坡）

在 ERIA 东亚 16 国中，有好几个国家都与佛教有渊源，或许气候上适合培育莲。

二阶希望在这些土地上也栽种莲。

印度总理莫迪访日

自民党二阶派的众议院议员松本洋平在 2014 年 9 月组阁的第二届安倍改造内阁中担任了内阁府大臣政务官。

松本自 2013 年 10 月开始，担任了约一年时间的自民党青年局局长。

青年局由 45 岁以下的国会议员及地方议员、个体户、公司职员、学生等自民党党员构成，是年轻党员们的交流之地、活跃之地。

青年局局长的职位被称为"年轻政治家的登龙门"。之前担任过青年局局长的政治家中，竹下登、宇野宗佑、海部俊树、安倍晋三、麻生太郎五人之后荣升为总理大臣。

最近，由于松本的前任青年局局长是小泉进次郎，所以这一位置更加引人注目。

当年夏天，自民党青年局的成员们在 8 月 26 日到 30 日的 5 天中进行了海外研修，访问了越南。

海外研修的团长由青年局局长松本担任，12 名国会议员、约 50 名地方议员，总共 60 多人参加了海外研修。

此次青年局将越南定为海外研修的地点有几大原因。

2012 年 12 月，再次执政的安倍晋三首相首次访问的国家即是越南。而且，越南取得了显著的发展，预计其今后在亚洲中会占据重要的位置。

此外，松本等青年局成员在 2013 年末也曾经访问过一次越南。在当时的会议中，松本等人接受了越南方提出的"希望扩大青年一代交流"的建议。

此次海外研修即是对这一提议做出的回应。

青年局成员们来到越南后，第一个访问的城市就是越南最大的经济都市胡志明市。

松本等人礼节性访问了胡志明市市长、人民委员会主席黎黄君。

黎黄君委员长亲切地接待了松本等人：

"日本与越南自建立邦交以来，现在处于关系最好的时期。"

松本也对黎黄君委员长的欢迎致辞表示感谢：

"希望年轻一代能够构建更好的日越关系。"

在胡志明市之后，松本等人还访问了越南首都河内市。

众人在河内礼节性访问了国家主席张晋创。

张主席在主席府接待了"至今为止最大规模的日本使节团"的青年局全体成员。这是极为破例的欢迎。

在当时的会谈中，松本强调了日越关系的重要性：

"越南是安倍首相选择首次出国访问的国家。"

此外，熊本县议会议员沟口幸治副团长在代表地方进行致辞时，强调了日越两国经济方面的关系。

"我们当地都认为以研修生身份赴日的越南青年十分热情。"

在访问河内期间，众人还礼节性访问了阮生雄国会议长与越日友好联盟的苏辉若会长。

此外，还举办了与越南青年政治家的意见交换会，日越双方都依依不舍地感觉"时间太少了"，并约定青年之间今后将继续进行交流。

松本等青年局的成员在此次赠送给越南政府的特产当中，主要准备的是描绘了越南国花莲花的日本画，这幅画是青年局成员的同代人楚里勇己的作品。

由于这幅日本画采用传统技巧描绘而成，同时适合任何需要装饰的地方，所以大家认为越南方面应该也容易接受，于是挑选了它。

国家主席张晋创欣然接受了青年局怀着促进日越两国友好的心愿赠送的礼物。

此次海外研修中，松本等人在与越南政府的精英政治家们交换意见之际，经常听到他们谈论现在的日本越南友好议员联盟会长二阶俊博所进行的"莲花外交"。

他们常说：

"与二阶先生交换莲花，对日本与越南的友好来说是非常具有象征意义的事情。"

松本听到他们所说的话，心里强烈感受到：

"二阶先生为了日本的未来而精心培育了与越南的友好纽带，我们今后也必须要努力加强这一纽带。"

2014 年 5 月，印度最大的在野党人民党在印度大选中获得压倒性胜利，再次取得政权。以经济手段而获得极高评价的纳伦德拉·莫迪担任了总理一职。

美国在莫迪担任总理的一年多前，就确信他以后肯定会执政，于是急忙批准了之前一直禁止的签证。莫迪怒道："以前一直拒绝签证，现在这算什么？"但是美国的预料是正确的。

莫迪总理联系日本说："想选择日本作为正式访问的第一个国家。"这是为了表现出印度最为重视日本，并且向世界展现两国的良好关系。

与莫迪素有深交的印度中心代表 Vibhav Kant Upadhyay 于 6 月下旬秘密访日，与安倍晋三首相商量调整日程，内定于 7 月 3 日访日。

莫迪总理对特使 Vibhav 说：

"请还和二阶先生进行商量。"

二阶与印度特使就莫迪总理 7 月访日一事召开了事先碰头会。

6 月，莫迪总理的特使向二阶俊博提出要求：

"既然诞生了新的政权，不如让青年政治家们互相交流吧。"

二阶曾经担任会长的日印友好议员联盟当时交给了町村信孝。但是，议联已经流于形式化，印度希望获得其他的交流机会。

"请推荐十名左右真心想与印度进行交流的青年议员。想要了解印度这样巨大的国家需要花费一定的时间，希望今后脚踏实地地培养这些人才。我们也十分重视日本，准备培养相同人数的青年议员来日本学习。我还希望两边的议员能够定期见面。"

二阶欣然同意，他马上列出了属于自己派系的一期生、二期生议员名单，并交给石川好过目。

"这里面如果有你觉得还不错的人就画个圈。我与莫迪总理单独见面时，带他们一起去。"

石川心想：

"町村先生知道的话肯定会有所抱怨的。"

二阶首先给秘书打电话：

"你把现在能够赶过来的年轻人先带到这里来。"

秘书找到了山梨的众议院议员（二期）长崎幸太郎、和歌山的众议院议员（一期）门博文两人。

二阶说：

"你俩今后就做印度方面的事情。"

突然提到印度，两人一时不知所措，惊讶地愣住了。

莫迪总理访问日本的日程预定为 8 月 31 日至 9 月 3 日。

在莫迪总理即将访日的大约三周前，印度政府的相关人员找到石川与印度中心代表、与莫迪总理素有深交的 Vibhav Kant Upadhyay 商谈一些事情。

商谈的内容是莫迪总理访问日本时希望视察京都市，并且希望位于印度东北部的印度教圣地瓦拉纳西（旧称贝拿勒斯）与京都市结为伙伴城市。

虔诚的印度教教徒莫迪总理对瓦拉纳西市拥有强烈的感情。

京都市在治理城市环境等方面采取大量对策，成为全球屈指可数的旅游城市。莫迪认为，印度可以在不少方面向京都市学习。

然而，莫迪总理访问日本的日期近在眼前。

一般来说，两市之间需要花费很长的时间慢慢协商，才能结成合作关系。印度政府的相关人员过去也尝试找到京都市的负责部门，但是并没有获得理想的回复。

不过，印度政府的相关人员一直在摸索两市之间合作的可能性，希望在莫迪总理访问日本时两市签订协议。

石川与 Vibhav 在接受印度政府相关人员的商谈后，找到旧友自民党众议院议员二阶俊博商量。

因为大贺莲的关系，二阶与莫迪总理所属的政党印度人民党的相关人士一直保持联系，他对日本与印度两国之间的外交也非常热心。

自在 5 月的印度大选中确定夺回政权时，至今一直保持交流的印度人民党的相关人士通过电话通知了二阶当选一事。

石川找到二阶商量说：

"二阶先生，能不能够在莫迪首相访问日本时，让京都市与瓦拉纳西结为伙伴城市呢？这对两国的友谊来说也是一件很好的事情。"

日本的代表性旅游城市京都市与印度的旅游城市瓦拉纳西进行合作，对日本与印度双方的交流来说具有重要的意义。而且，在莫迪首相访问日本时结为伙伴城市，能够进一步加深两国的友谊，对京都市来说也具有宣传效果。

听到石川的这番话，二阶心想：

"我一定要帮助京都市与瓦拉纳西的合作。"

二阶对石川说：

"之前我与京都市长门川见了一面，现在我给他打个电话商量一下。"

实际上，在石川找到二阶商量的大约十天前，二阶就与京都市的门川大作市长见过一面。

门川市长作为旅游城市京都市的市长，十分关注振兴旅游观光的措施。

担任全国旅行业协会会长一职的二阶也希望以政治家的身份大力投入到这一领域。

另外，门川市长在过去由二阶担任会长的自民党国土强化综合调查会的学习会上也发表过演讲。

身穿和服的门川市长与二阶见面时，感慨良深地说：

"二阶先生一直在强调振兴观光的问题，现在终于迎来了这一时代。"

"我这次过来正是想要为此道谢。"

二阶询问门川市长：

"接下去准备做什么呢？"

门川市长毫不犹豫地回答：

"国际观光、国际交流。"

当时门川市长的话语给二阶留下了很深的印象。

"印度方面的希望与市长的想法是一致的。找门川市长来帮忙吧。"

二阶从石川等处听说了印度方面的要求后，马上联系了京都市长门川大作。

这一天是星期天。二阶来到和歌山县有田川町的葡萄田。

二阶之后马上联系了门川市长。

"门川市长，印度的莫迪总理希望京都市与瓦拉纳西结为伙伴城市。我认为这一提议对两国来说具有重要的意义，希望您可以给予帮助。"

门川市长立刻对二阶的提议做出了回复。他安排人向印度方面的负责人送去了京都市的相关资料。

印度政府的相关人士立刻带着京都市送来的相关资料回国，在政府内部进行调整。

京都市一开始觉得这件事情过于突然，有些犹豫不决。

但是在印度政府的热情与二阶的再三请求下，京都市也开始进行筹备了。

为了制定协议文件，并在莫迪总理访日一周前的 8 月 23 日与京都市进行谈判，带着资料回国的 Vibhav 先生再次访问日本。此次访日是为了签订京都市与瓦拉纳西合作的临时协议。

在 8 月 24 日的谈判当中，石川与 Vibhav 代表一起访问了京都市负责部门的管理事务所。

石川等人早上 7 点乘坐新干线离开东京站去往京都。

管理事务所的负责人一开始也为这突如其来的请求而惊呆了。

但是听了石川等人所说的话后，他们逐渐认识到这件事的必要性与重要性。

二阶也再次给门川市长打电话，请求他：

"门川市长，我为了伙伴城市合作一事，从东京赶来访问京都市政府，能否请您在莫迪总理访日之前签订临时协议呢？"

在此之前，城市之间签订合作协议都只需由行政最高层的领导决定。

然而，现在的条例规定不能这样做了。需要由两个城市的民间 NPO 与大学等联合作申请。

因此，京都市方面的进展一直停滞不前。不能光凭市长的独断来决定，于是京都市想要拒绝这件事。

但是由于二阶的请求，以及莫迪总理本人将在访问日本时出席正式协议的签订式，谈判也逐渐取得了进展。

印度政府方面也准备了用英文写给京都市长的文章等，态度十分热情。

结果，谈判得以顺利进行，当天成功地签订了伙伴城市合作的临时协议。日本外务省也为这一突如其来的事情感到惊讶。

成功签订临时协议的消息马上传至了身在印度的莫迪总理那里。

莫迪总理听到这一报告，非常高兴。

于是，在莫迪总理访问日本之际，决定一开始从京都入境，而且莫迪总理本人也将出席伙伴城市合作的正式协议的签订仪式。

访问日程也比计划提早一天，改为 8 月 30 日到 9 月 3 日。

京都市与瓦拉纳西结为友好城市

2014 年 8 月 30 日，印度总理纳伦德拉·莫迪访问日本。

日本政府非常隆重地欢迎莫迪总理，安倍晋三首相来到京都迎接，在第二天，8 月 31 日，两人一起游览了古寺东寺。

莫迪总理访日时，最初访问的城市不是日本的首都东京，而是京都市。

　　这是因为借此次莫迪总理访问的机会，京都市与位于印度东北部的印度教圣地瓦拉纳西（旧称贝拿勒斯）签订了"伙伴城市合作"协议，在文化与学术等方面推进民间交流。

　　莫迪总理计划首先从关西国际机场入境，游览京都后再去东京。安倍晋三首相提出："那么就在京都的迎宾馆进行接待吧。与京都市的伙伴城市合作协议也在京都迎宾馆签订。"

　　伙伴城市合作的正式协议本来应该由瓦拉纳西的市长亲自来日本签订，但是因为他不方便访日，而由驻日本的印度大使代其出席。不过，在正式签订协议时，日本首相与印度总理均在场，这是历史上前所未有的待遇。

　　当天，在莫迪总理与安倍晋三首相的见证下，门川大作市长与印度驻日大使 Deepa Gopa Lan Wadhwa 在位于京都市上京区的京都迎宾馆签署了意向书。

　　伙伴城市合作与进行综合性交流的姐妹城市合作不同，是京都市为了支援在特定领域进行民间交流而制定的独特制度。

　　在此之前，京都市与韩国晋州市、土耳其伊斯坦布尔和科尼亚、中国青岛市、越南顺化市进行了合作。瓦拉纳西市是第六个合作城市。

　　瓦拉纳西市位于恒河中流，其历史可追溯至公元前6世纪，可谓是印度的古都。

　　瓦拉纳西市人口约为120万，由于每年有百万以上人因为想要朝拜圣地而造访此地，所以还是著名的景点。同时瓦拉纳西市还是一座学术城市，市内有约1万名学生就读的国立大学。其与日本的古都京都市有许多共通之处。

　　这一伙伴城市合作是出自莫迪总理"政治、经济希望以东京为中心，文化艺术、学术希望以京都为中心进行交流"的心愿，同时在二阶与石川的不懈努力之下，短时间内成功地推进了合作。

　　签字仪式中，在两国首脑的见证下，门川市长与 Wadhwa 大使握手，确认在文化、艺术、学术、保护历史遗产、城市现代化五个领域推进合作。

　　门川市长说：

　　"京都在实现现代化的同时，没有失去自己的个性，积极从事环保活动，这一点获得了人们的瞩目。我希望两市能够加深交流，实现亚洲与世界的和平。"

　　今后京都市与瓦拉纳西市将以一年后的正式合作为目标，成立准备组织并展开活动。

就这样，京都市与瓦拉纳西市顺利开展了合作，日本与印度的友好关系也更上了一层台阶。

在签订正式协议的 8 月 30 日，以京都市长与京都市议会议长为首的，政界、经济界、佛教界的代表人士，京都大学校长松本纮等京都各界的著名人物汇集于会场京都迎宾馆。

参加者们与莫迪总理积极地交换了意见。在用餐之际，应莫迪总理的要求提供了斋宴。

第二天，8 月 31 日，莫迪总理视察了京都市内。

当天早上，莫迪总理与安倍晋三首相在空海建立的东寺散步。

两位领导人一边在讲经堂内并排前行，一边听寺里人介绍佛像。两人在大日如来佛像前双手合十，之后在寺内一边谈笑风生一边散步。莫迪总理当天还访问了金阁寺。

莫迪总理在访问京都大学 iPS 细胞研究所时，聆听了山中伸弥所长对研究内容的介绍。

山中所长对新闻记者说：

"莫迪总理提到，是否可以将我们的研究应用于治疗印度经常出现的血液病，他希望在印度也进行研究。"

安倍首相在上午与莫迪总理会见，之后返回了东京。

石川和二阶与莫迪总理见面是在安倍首相离开当天的午餐会上。

到了午餐时间，京都的佛教界人士等汇集于京都市左京区的老字号高级日式饭店"冈崎 TSURU 家"参加宴席。参加人员有本愿寺等京都的主要神社寺庙的相关人员，以及京都大学校长松本纮等人士。作家石川好也在二阶俊博的邀请下参加了宴席。

欢迎莫迪总理的午餐会上聚集了京都鼎鼎大名的一众人士。

莫迪总理也非常高兴。

他尤其注意到一名宗教家身上穿着的袈裟。

"我想买这样的衣服作为特产带回去。"

听到莫迪总理的这番话后，该宗教家回答说：

"那不如将我的送给您吧。"

莫迪总理欣然接受了这一礼物。

之后，参加者一起拍摄了纪念照片，都感觉十分高兴。京都的工商业界也提供了大量帮助。

午饭后，众人前往京都威斯汀都酒店，京都市长门川进行了大约一小时的演讲。二阶与石川不光参加了午餐会，还出席了该演讲，与莫迪总理一起聆听了门川市长的介绍。

莫迪总理听京都市的门川大作市长介绍了在维持传统文化的同时作为旅游景点取得发展的方法，如垃圾收集制度、室外广告限制的内容等。

出席该演讲的人员仅有 10 名，日方 5 名，印方 5 名。

门川市长使用幻灯片，热情地介绍了京都街景的历史、对环境采取的措施等。

门川市长还介绍了京都市的广告限制条例。8 月 31 日正好是七年前制定的条例终止的日子。

市长以从酒店会场的窗口处俯瞰到的京都街景为背景，详细介绍了根据条例限制在京都街道上设置巨大的商业广告等问题。

莫迪总理饶有兴趣地聆听了市长的介绍。

莫迪总理还通过口译人员向门川市长提问：

"撤除广告会导致税金减少吧。"

门川市长回答说：

"税金是会减少。但是我们希望外国游客来到京都时，能够看到京都美丽的街景。这就要看城市如何进行选择了。"

莫迪总理似乎对市长的这番话感触良深。

莫迪总理知道二阶对这次的伙伴城市合作做出了很大努力。对莫迪总理来说，二阶甚至可以算是恩人。

他向二阶致谢："多亏了二阶先生的努力，才能够签订伙伴城市合作的协议。"

此外，莫迪总理还提到："希望二阶先生能够作为团长，在今年年内来到我们的庭园中栽种古代莲的种子。到时候，我们将铺上红地毯来迎接您。"

之后，二阶还收到莫迪总理留下的口信："我希望我们能有更多的时间进行交谈。"

对二阶来说，印度与日本两国之间的交流也是非常重要的事情。

在二阶一直积极从事的地热发电等课题方面，与印度进行更多交流并与莫迪总理结交也极为重要。

在莫迪总理访问日本后，一些对日本十分熟悉的中国朋友多次给石川打电话。

他们异口同声地提到：

"石川先生，我们知道二阶先生在中国很有名，但是在印度的莫迪总理访问日本时，为什么他和总理坐在一起呢？他与印度也有什么关系吗？"

他们好像是从中国的国家电视台 CCTV（中国中央电视台）中看到了莫迪总理访日的相关新闻。

不光是 CCTV，BBC（英国广播公司）等世界各国电视台都报道了这一新闻。

在新闻画面当中，莫迪总理与二阶并排在一起的样子受到人们的瞩目。

石川的朋友们也非常关注与中国拥有很深渊源的二阶的动向。

释迦诞生地蓝毗尼与高野山合作

10 月 17 日，尼泊尔的特命全权大使马丹·巴特拉伊夫妇访问了和歌山县的高野山。

两人的这次访问是受到担任自民党总务会长的众议院议员二阶俊博的邀请。

二阶自从 2006 年担任日本·尼泊尔友好议员联盟的会长以来，已经连续任职八年时间了。

二阶之所以担任了日本·尼泊尔友好议员联盟的会长，是因为一名前辈议员的委托。这名议员是二阶曾经所属的竹下派的一名干部，即被称为"竹下派七奉行"之一的奥田敬和。

1998 年 7 月去世的奥田曾经历任运输大臣、自治大臣、邮政大臣等职务，是政治界一名极具实力的人物。

奥田非常热情地推进日本与尼泊尔两国之间构筑友好关系。奥田曾经对二阶说过：

"尼泊尔这个国家虽然是被中国与印度包围的小国，但它是非常亲日的国家。它与日本自古以来就有来往，同时也是日本人信仰的佛教的鼻祖释迦牟尼出生的国家。尼泊尔是非常重要的国家，希望二阶君你也能为尼泊尔与日本的友好做出贡献。"

1991 年 5 月，在尼泊尔多政党制时隔 30 年进行大选时，奥田带领二阶前往了尼泊尔。

当时，日本以奥田为团长，派遣了由各个党派的国会议员组成的选举监视团。二阶也应奥田之邀，作为一名团员同行。

当时，二阶还参加了参观喜马拉雅山脉的旅行团。

该旅行团乘坐小型飞机，从天空中俯瞰喜马拉雅山脉的绵延群山，参加费用为每人3万日元。从空中远眺喜马拉雅山脉宏伟雄壮，如同宝石一般熠熠发光。

自此，二阶以政治家的身份为日本与尼泊尔两国之间的友好付出了诸多努力。

二阶曾经在日本·尼泊尔友好议员联盟的会议上见过巴特拉伊大使。

二阶当时对巴特拉伊大使说：

"希望大使您有机会来到我的家乡和歌山县的高野山。"

巴特拉伊大使对二阶的邀请非常高兴。

"谢谢您。我们一定会去访问的。"

和歌山县的高野山与尼泊尔有着十分久远的关系。

高野山是平安时代的弘仁十年（819年）左右，弘法大师空海作为修行之地开辟的高野山真言宗的圣地。

现在以被称为"檀上伽蓝"的根本道场为中心，形成了宗教城市。

山内有高野山真言宗总本山金刚峰寺（山号为高野山）等117个寺院，其中大约一半的寺内有住宿处。

此外，2004年7月7日，高野山町石道和山中的六座建筑物与熊野、吉野、大峰一起作为"纪伊山地的灵地与参拜道"被登录为联合国教科文组织的世界遗产，之后获得了全世界的瞩目。

高野山这一地名是指被山峦环绕，东西呈长条形、南北狭窄的盆地上的平原地区。

高野山与莲花有着很深的渊源。

平安时代后期，人们将高野山比喻为如同净土象征的莲花台座，并将附近的山峦称作内八叶、外八叶，比喻为二重莲的八叶（花瓣）。被大约1000米高的山峦环绕的高野山正如被莲花簇拥一般。十六叶的群山赐予所有生灵生存的喜悦与生活。

高野山是由真言宗的鼻祖弘法大师空海开辟的。弘仁八年（817年），空海派遣泰范与实惠等弟子开创高野山。弘仁九年（818年）十一月，空海自己接到敕令后首次登上高野山，一直待到了第二年。弘仁十年（819年）春天，在七里四方布下结界，开始修建寺院。

高野山上有七家代表性的弁天社，俗称"七弁天"，深受人们的信仰。

弁财天是佛教守护神的天部之一。这是佛教与神道引入印度教的女神萨罗斯瓦蒂所取的名字。原名萨罗斯瓦蒂在梵语中意为神圣的河流。由于其原本是印度的河神，所以日本也多在水边、岛屿、池塘、泉水等与水有着很深渊源的地方进行祭祀。

传说中，弘法大师将确保水源视为最重要的事情，他在主要的山谷中分祀了七弁天。据说，高野山水源丰富也是因为祭祀了弁财天。高野山的水流往奈良县吉野川，之后又流入和歌山县纪之川。河流滋润大地，孕育生物。被群山环绕的高野山作为河流的源泉，是非常适合修行的地方。

高野山最中心的区域修建了修行的道场根本大塔。大塔的旁边是金堂。其附近有一个被称为莲池的1000平方米左右的大池塘。到了盛夏季节，一片片莲花竞相怒放，象征着高野山的"莲台"形象。莲台是指模仿佛祖坐在莲花上的台座。

莲自古以来就被人们视为佛教的象征性花卉。

在高野山中，通往弘法大师御庙奥之院的路上有三座桥，分别为一之桥、中之桥与御庙桥。

一之桥附近曾经有50家寺院。不过现在只剩下几家了。

高野山用"谷"来表示寺院分布的区域。现在分为五个区域，其中之一被称为莲花谷。

据说，过去高野山各个寺院的庭园中都有池塘，这些池塘里栽满了莲花。尤其是该谷现在依然被称为莲花谷。

由于佛像的关系，高野山与奈良县的唐招提寺非常亲近。

大约30年前，唐招提寺的桥本凝胤大师询问："要不要在高野山也栽种大贺莲？"他将大贺莲分根给了高野山。

但是，或许是由于水土不同，尽管大贺莲在第一年顺利开花，但是第二年却颓然凋谢了。

曼荼罗原本是梵语中"Mandala"的音译，"Mandala"是由意为"中心""心髓"的"Manda"与意为"拥有"的"la"合成的词语。也就是说，曼荼罗意味着"通过诸佛的配置表现出大宇宙的本质现象，能够从感觉、现象上进行把握之物"。

空海开辟高野山后，在京都建立了东寺。该寺院中有两界曼荼罗，这是弘法大师直接从中国的寺院中带回的。两界曼荼罗中的"胎藏曼荼罗"，由于基于宇宙的物质生成原理，即五大世界的观点，被誉为"理"，即客体、客观世界的曼荼罗。而"金刚界曼荼罗"，由于基于精神原理的"识大"世界的观点，被誉为"智"，即主观世界的曼荼罗。

金刚界是到达开悟终点的世界。胎藏分别表现出所有事物作为宇宙表现生存的情景。

位于其中心的便是大日如来。大日如来坐的台座就是八叶，即莲的花瓣。

高野山的无量光院住持土生川正道（原高野山宗务总长）说：

"莲台是佛的世界具象的、象征性的事物。形成莲台的莲现在在高野山中以现实地区的名字（莲花台）、代表十六叶的山峦形状、莲花绽放的池塘、各种各样的形式具体存在。我十分尊敬莲。"

此外，二阶曾于2004年率领"新波浪"小组在高野山举办了学习会。

学习会上，当时的中国驻日大使、中国政府外交部部长王毅也发表了演讲。王毅当时住在无量光院。

令二阶吃惊的是，越来越多的外国游客选择住在高野山的寺内住宿处。或许也是因为被指定为联合国教科文组织的世界遗产，最近几年来，高野山获得了许多国家的关注。

而尼泊尔是佛教鼻祖释迦牟尼诞生的国家。

释迦出生于尼泊尔南部台拉平原一个叫蓝毗尼的小村庄。

蓝毗尼是佛教八大圣地之一，如今还残留着摩耶夫人寺院、阿育王朝拜圣地时修建的石柱，以及据说从中汲水为刚刚出生的释迦进行第一次沐浴的池塘等。

现在蓝毗尼也因朝拜者而兴旺，尤其是从12月到1月这段时间，众多朝拜者访问此地。

而且，蓝毗尼在1997年就被登录为联合国教科文组织的世界遗产，比高野山要更早。

二阶一直在考虑：

"能不能让蓝毗尼与和歌山县，或是高野山所在的高野町结为姐妹合作城市，通过佛教加深相互之间的交流呢？"

高野山所在的和歌山县伊都郡高野町是以高野山真言宗的圣地高野山为中心的城市，其中有许多宝贵的文化遗产、建筑物、著名景点。由于人口老龄化，最近数十年人口逐渐减少，现在的人口约为 3500 人。

此次巴特拉伊大使夫妇访问和歌山之际，和歌山县知事仁坂吉伸、企划部部长野田宽芳、高野町长平野嘉也等人一起迎接。

大使夫妇这次住在了高野山的无量光院。无量光院住持土生川正道曾经担任过整个高野山的宗务总长，是一名非常卓越的人物。

二阶也与巴特拉伊大使等人一起住在无量光院。

二阶说过，住在高野山时，不仅可以呼吸清新的空气，感受静谧的寺院，而且能够接触到佛教殿堂高野山独特的传统，体会文化与历史的厚重感。

巴特拉伊大使夫妇也对高野山的独特氛围以及扎根于此的佛教文化感慨良多。

弘仁七年（816 年），空海接到受赐高野山的敕令。在今年，2015 年，高野山正好建立 1200 年。

对于与释迦的诞生之地尼泊尔的蓝毗尼结为姐妹合作城市来说，这是再好不过的时机了。

10 月 17 日晚上，巴特拉伊大使夫妇、二阶俊博、当地和歌山县选出的参议院议员鹤保庸介、和歌山县知事仁坂吉伸、高野町长平野嘉也等人参加了晚餐会。众人在和谐友好的氛围中享用了斋宴。

平野町长也对蓝毗尼与高野山结为姐妹城市的协议表现出积极的态度。

二阶也希望为了让日本与尼泊尔的关系取得进一步的发展做出力所能及的努力。

"如果蓝毗尼能够与高野山结为姐妹城市的话，肯定会对两国今后的发展带来很大的帮助。蓝毗尼拥有喜马拉雅山脉的雄伟景色，同时又是历史上著名的释迦牟尼的诞生地，它应该会成为尼泊尔发展观光产业的重点地区。为了两国的友好，今后我也希望以政治家的身份做出力所能及的贡献。"

此外，今年是空海接到受赐高野山的敕令 1200 周年的纪念年份。借此机会，金堂旁边的莲池上修建了一座桥梁。穿过这座桥梁就能到达寺院的正门——中门。

二阶创始的"莲之路"从中国海南省博鳌通往中国全境，此外还延伸至种有莲花的越南、印度尼西亚、柬埔寨、泰国、缅甸、印度、卡塔尔，以莲花为圣花的埃及，将来还有可能扩展至中南美洲。

为了实现将莲花打造为和平的纽带，二阶一直在鞠躬尽瘁地付出努力……

协助人员、参考文献一览

在笔者执笔本书之际，获得自民党总务会长二阶俊博、阪本弘子、阪本尚生、东京大学绿地植物实验所南定雄、惠泉女学院短期大学教授长岛时子、自民党二阶派的众议院议员松本洋平、厚生劳动省官僚堀江裕、作家石川好、高野山无量光院住持土生川正道、原驻越南特命全权大使服部则夫、埼玉县知事上田清司、行田市市长工藤正司、滋贺县知事三日月大造、纪之川市市长中村慎司等人士的帮助。

书中刊载的照片包括阪本家收藏的宝贵照片、阪本尚生拍摄的莲花照片，以及纪之川市提供的多张照片。

此外，本书参考了以下书籍：

- 大贺一郎：《讲述莲的故事》，忍书院，1954 年；
- 大贺一郎：《莲》内田老鹤圃，1960 年；
- 大贺一郎：《与莲相随六十年》，阿波罗社，1965 年；
- 《莲为和平的象征也　追忆大贺一郎博士》，大贺一郎博士追忆文集刊行会，1967 年；
- 阪本佑二：《莲（物与人的文化史 21）》，法政大学出版局，1977 年；
- 斋田功太郎、佐藤礼介、矢部吉祯、大贺一郎编《内外植物志最新图说》，大日本图书，1934 年。

图书在版编目（CIP）数据

　　大贺莲　花开世界：日本的莲花外交／（日）大下
英治著；李斌瑛译. -- 北京：社会科学文献出版社，
2019.4
　　（清华东方文库）
　　ISBN 978 - 7 - 5201 - 3673 - 0

　　Ⅰ. ①大… 　Ⅱ. ①大… ②李… 　Ⅲ. ①外交 - 研究 -
日本 　Ⅳ. ①D831.3

　　中国版本图书馆 CIP 数据核字（2018）第 230467 号

·清华东方文库·

大贺莲　花开世界
—— 日本的莲花外交

著　　者／ 〔日〕大下英治
译　　者／ 李斌瑛

出 版 人／ 谢寿光
责任编辑／ 赵晶华

出　　版／ 社会科学文献出版社 · 人文分社 （010）59367215
　　　　　　地址：北京市北三环中路甲 29 号院华龙大厦　邮编：100029
　　　　　　网址：www.ssap.com.cn
发　　行／ 市场营销中心（010）59367081　59367083
印　　装／ 三河市尚艺印装有限公司

规　　格／ 开　本：787mm × 1092mm　1/16
　　　　　　印　张：20.25　插　页：0.75　字　数：327 千字
版　　次／ 2019 年 4 月第 1 版　2019 年 4 月第 1 次印刷
书　　号／ ISBN 978 - 7 - 5201 - 3673 - 0
著作权合同
　　　　　　／ 图字 01 - 2019 - 1978 号
登 记 号
定　　价／ 129.00 元

本书如有印装质量问题，请与读者服务中心（010 - 59367028）联系